中国旅游业普通高等教育应用型规划教材
中国高等教育学会“十二五”规划教材
山西省特色专业支撑教材

旅游学概论（第二版）

主　编　张建忠
副主编　张俊英　郝金连

中国旅游出版社

再版前言

为适应中国旅游业的飞速发展，培养更多具有创新思维和实践能力的应用型、实用型高级人才，编写一本与市场接轨、特色突出、题材广泛、形式活泼、内容新颖的旅游专业教科书势在必然。

本书出版后，深受广大读者的喜爱。为了更好地推进教材向立体化方向发展，决定对教材进行修订再版。《旅游学概论（第二版）》最大的特点就是能够运用信息技术的新载体来体现和承载课程的信息量。该书信息量较大，打破了传统的纸质教科书的局限，将纸质媒体与新媒体有效结合起来，让学生能够时刻感受到新的信息、新的知识、新的信息技术在该教科书中的运用。将有关的补充材料以二维码的形式加入纸质媒体，既减少了传统纸质媒体过多的问题，又最大限度地增加了课程信息量，能够让学生学习到更多、更实用的知识。作为一部教材，本书不仅追求体系的完整和理论的成熟，而且更多强调教材的实用性。本次修订工作力求吸纳国内外近几年来在旅游学理论研究领域的最新成果和旅游产业实践领域的经验，博采众家之长，以使理论体系更加完善，研究更加深入，总体上更符合当前旅游学理论研究的发展趋势和旅游产业的发展潮流。

我们衷心地希望，通过我们的努力，本书能够以新的面貌带给广大读者朋友一些新的内容、新的知识。

张建忠

前 言

为适应中国旅游业的飞速发展，培养更多在旅游业领域胜任导游、管理等工作，具有创新思维和实践能力的应用型、实用型高级人才，编写一本与市场接轨、特色突出、题材广泛、形式活泼、内容新颖的新概念旅游业务专业教材势在必行。

本教材编写时针对普通高等教育的特点，准确定位教材的广度和深度，强调以能力为本位，从专业的实际出发，选择最基本和必需的内容，着眼于实际应用，并广泛吸收了国内外旅游领域的最新研究成果和旅游产业实践领域的经验，博采众长，理论体系更加完善，研究更加深入，总体上更符合当前旅游学理论研究的发展趋势和旅游产业的发展潮流。

本教材在编写体例和编写思路上有很大的创新，以项目和任务为导向进行编写，突出综合实训，重在培养学生的行为能力，以适应时代对人才培养的新要求。本教材体现以下几个特点：

（1）编写团队阵容强大。本教材由资深教师和企业行家联合编写，“双师”型编写队伍是教材建设的保证。

（2）突出综合实训，理论与实践结合紧密。本教材的编写围绕学生技术应用能力这条主线来设计知识点、能力要求和组织结构，突出对学生的能力培养。

（3）信息资料新，体现知识的前沿性。本教材编写所采用的各种数据、图片、信息均较新，来自旅游官方行政管理部门、知名网站和权威学者的学术研究，并考虑到行业和专业的发展速度和方向，具有一定的前瞻性和引导性。

本教材由具有多年教材编写经验的晋中学院旅游管理学院院长张建忠博士担任主编，青海民族大学张俊英博士，山西大同大学郝金连博士，晋中学院白瑞芸、柴焰等老师，以及山西省文华国旅董事长李瑛参与了教材的编写。本书分工：第一章（白瑞芸、张建忠）；第二章、第六章（柴焰、白瑞芸、张建忠）；

第三章（郝金连）；第四章、第五章（张俊英）；第七章（郝金连、李瑛）；第八章、第九章（张建忠、白瑞芸）。张建忠负责全书的统稿和校对，郝金连参与了其中部分章节的修改以及校对工作。

本教材参考学时为48~54个。建议讲授时间安排40个学时左右，项目实训安排8~14个学时。

目录
CONTENTS

第一章

旅游学导读

导言

旅游是当今世界的一种社会现象，对社会产生了巨大影响。作为一种社会文化经济现象，旅游有其复杂的运动过程及深刻内涵。旅游学是以人类的旅游活动为研究对象的新兴学科。

当你开始学习这门课程的时候，你已经加入到这个行业之中了。经过200年左右的发展，无论是在国内还是国外，旅游业都已演变成一个生机盎然、蒸蒸日上、充满魅力的行业。

【教学目标】

本章要求学习者：了解旅游相关常识；了解旅游概念的几个不同学术界定；熟悉旅游的本质与社会属性；掌握旅游活动的构成与特点；灵活把握旅游学科体系和学会旅游学的基本研究方法。

【关键术语】

旅游；艾斯特（AIEST）定义；旅游活动；旅游学科体系；旅游学研究方法

【案例导入】

行走的历史

“行走”从哪儿开始呢？——从肌肉紧张开始。一条腿像根柱子，将身体托起在天地之间；另一条腿则像一个钟摆，从后边摇晃到前边。脚后跟着地，身体的重量就前倾到脚趾上；大脚趾伸展开，自动平衡的身体再接着前移。就这样，两条腿不停地交换着位置。从第一步开始，然后是另一步，再后来，就像是有节奏的鼓点，构成了行走的韵律。行走，这个世界上再明显不过也再神奇不过的东西，竟然与宗教、哲学、风景、市政、解剖、寓言还有感伤有着天然的默契！

行走的历史是一部神秘的、没有用文字记载的历史，你只能在一些书籍当中发现只言片语的描述，或者，在歌曲当中、街头巷尾以及几乎每个人的历险故事中寻找到它们的踪迹。有关身体运动的历史只是那些两足动物演化以及人类解剖学的历史。在很多时候，行走只是一种练习，是两地之间习惯性的运动工具……

（资料来源：谢彦君．基础旅游学［M］．北京：中国旅游出版社，2011：96.）

案例问题：

1. 旅游与“行走”是什么关系？

2. 结合本章的知识，请思考：如果把旅游与旅行甚至走路等同起来，会造成什么后果？旅游史应该这样编写吗？

分析提示：

1.《辞海》中对“旅游”的释义是“旅行游览”，对“行走”的释义是“行路；走动”。由此可见，“行走”只是“旅游”的内容要素之一。

2. 不能把旅游等同于旅行或走路，否则会造成对“旅游”内容的片面理解。旅游史在编写中亦既要注重“行”层面的内容，更要注重“游”层面的内容。

大师观点

第一节　旅游的概念

一、旅游概念的形成

旅游作为人类一项特殊活动和一种社会现象，有好几千年的历史。有人说，“旅游”这个词是外来语，19 世纪出现于英语中。在《韦伯斯特大字典》中，“旅游”（tour）一词被解释成“是一个人回到其出发地所经历的旅程；一次出自商务、娱乐或教育的目的所进行的旅行，旅行期间通常按计划的线路访问不同的地方”。然而，在我国“旅游”一词最早出现在南朝诗人沈约的《悲哉行》一诗中，“旅游媚年春，年春媚游人”。在此之前，汉语中表现旅游活动和旅游现象的词主要是独立的“旅”和“游”字。《周易》中专门有一条“旅”卦，“旅小亨旅贞吉”，旅即旅行的意思。

《诗经·柏舟》中有“微我无酒，以敖以游”。这里的游指遨游、游览。唐孔颖达《周易正义》释“旅”字云：“旅者，客寄之名，羁旅之称；失期本居，而寄他方，谓之为旅。”“谓闲暇无事与之游。”这可以说是我国最早给旅行、游览下的定义了。

人们对旅游的正确认识，是随着社会实践的不断发展而逐步形成的。将旅游作为一种社会现象，进行较系统、全面而科学地研究是 20 世纪的事。由于人们所处的历史时代不同，各时期社会经济发展水平不一，对旅游的认识和确定旅游概念的角度与方法等也存在差异，因而对旅游的定义和内涵有不同的诠释，自然就不足为怪了①。

二、旅游的概念

“旅游”是旅游学研究的最基本概念。人们对于“旅游”有两种解释：一种是日常生活中经常提到的“旅游”，这种“旅游”与“旅游活动”是同一个概念；另一种即本节所讨论的“旅游”概念，是指作为旅游学研究对象的具有科学意义的抽象的“旅游”概念。

各国旅游学者和不同的国际旅游组织出于不同的需要均对旅游的概念进行过解释，从这些解释的发展过程来看，对“旅游”概念的解释大多是从与“旅游活动”相同含义的“旅游”的解释逐渐过渡到作为旅游学研究对象的科学的概念。国外旅游学者和有关国际旅游组织对旅游的认识归纳起来主要有以下几种：

拓展阅读1

（一）艾斯特（AIEST）定义

这是瑞士学者对旅游的定义。瑞士学者汉泽克尔和克拉普夫在 1942 年合著的《普通旅游学纲要》一书中，给旅游下的定义是，旅游是非定居者的旅行和暂时居留而引起的现象和关系的总和。这些人不会导致永久居留，并且不从事任何赚钱的活动。

这一定义于 20 世纪 70 年代被“旅游科学专家国际联合会”（AIEST）所采用，所以，被称为“艾斯特（AIEST）定义”或国际定义。

（二）交往定义

这是德国学者对旅游的定义。1927 年以蒙根、罗特为代表的德国学者在出版的《国家科学词典》中对旅游的定义是，狭义的理解是，那些暂时离开自己的住地，为了满足生活和文化的需求或个人各种各样的愿望而作为经济和文化商品的消费者逗留在异地的人的交往。

（三）目的定义

这是奥地利学者对旅游的定义。20 世纪 50 年代，奥地利的维也纳经济大学旅游研究所对旅游所下的定义是，旅游可以理解成暂时在异地的人的空余时间的活动，主要是出于休养目的；其次是出于受教育、扩大知识和交际的原因的旅行；再次是参加这样或那样的组织活动以及改变有关的关系和作用。

（四）动机定义

这是法国学者对旅游的定义。1966 年法国学者让·梅扎森对旅游所下的定义是，所

① 张东明，张建国．旅游学概论［M］．郑州：郑州大学出版社，2006：2.

谓旅游，是为了使人消遣、得到休息，能让人活动在新的环境中和接触未知的自然风景，加深经验和教养而进行的旅行或离开常住地到外地逗留的一项休假活动。

（五）流动定义

这是英国学者对旅游的定义。1972 年，英国萨里大学的伯卡特和梅特利克认为，旅游发生于人们前往和逗留于各种旅游地的流动，是人们离开他平时居住和工作的地方，短期暂时前往一个旅游目的地运动和逗留在该地的各种活动。

拓展阅读2 拓展阅读3

（六）综合定义

这是美国学者对旅游的定义。1979 年，美国通用大西洋集团有限公司马丁·普雷博士到中国讲学时说，旅游是为消遣而进行的旅行，在某一国家逗留的时间至少超过 24 小时。1980 年，美国密执安大学罗伯特·麦金托什和夏希肯特格·波特两位教授在《旅游学——要素、实践、基本原理》一书中指出，旅游可定义为在吸引和接待旅游及其访问者的过程中，由于游客、旅游企业和东道国政府及东道国各地区的居民的相互作用而产生的一切现象和关系的总和。

这一定义实际上是对艾斯特定义的补充和发挥。

拓展阅读4 拓展阅读5

（七）狭义和广义定义

这是日本学者对旅游的定义。日本学者铃木忠义主编的《现代观光论》对旅游作了这样的定义，所谓狭义旅游是指：人离开日常生活圈；预定再次回来；以非营利为目的；欣赏自然风物。所谓广义旅游，就是由这种行为而产生的社会现象的总体。

（八）世界旅游组织定义

1991 年 6 月 25 日至 6 月 28 日，世界旅游组织在加拿大的渥太华召开了“旅游统计国际大会”。经过三次议程，形成了《旅游统计国际大会建议书》。建议书对旅游的概念做出了重新定义，旅游是指一个人旅行到他或她通常环境以外的地方，时间少于一段指定的时段，主要目的不是为了在所访问的地区获得经济效益的活动。其中的表述：“通常环境”是为了排除那些在居住地以内的旅行和日常的旅行；“少于一段”是指定的时段，是为了排除长久的移民活动。这个定义，包括了三种基本类型的旅游：

一是境内旅游，包括国内旅游和入境旅游。其中，国内旅游指一国居民在本国内的旅游，入境旅游指外国居民在本国内的旅游。

二是国民旅游，包括国内旅游和出境旅游。其中，出境旅游指本国居民到其他国家的旅游。

三是国际旅游，包括入境旅游和出境旅游。

会后，世界旅游组织又成立了由政府、国际组织和旅游行业代表组成的指导委员会，负责制订具体贯彻渥太华会议建议的计划。1993 年 2 月，在纽约召开的联合国统计委员会第 27 次会议通过了世界旅游组织的报告《对旅游统计的建议》。该报告内容包括有关旅游统计标准的建议和执行这些标准的工作计划。其中一项计划要求世界旅游组织制订一系列的技术手册及指南，以帮助各国执行有关旅游统计中包含的概念、定义和分类的建议。根据该报告，世界旅游组织制定了5本技术手册，在该报告中对旅游作了明确的定义，即“旅游是指人们为了休闲、商务或其他目的离开他们惯常环境，到某些地方并停留在那里，但连续不超过一年的活动”。

此外，我国有学者提出了新的旅游的定义。王洪滨主编的《旅游学概论》一书给出的定义是，旅游是人们离开常住地到异国他乡访问的旅行和暂时停留所引起的各种现象和关系的总和。孙文昌主编的《旅游学导论》一书给出的定义是，旅游是在不定期的社会经济条件下产生的一种社会经济现象，是以满足人们休息、消遣和文化需要为主要目的的非定居者旅行和暂时居留所引起的一切现象和关系的总和。

综合以上定义，可以看出对旅游的定义主要有两种：一种定义是将旅游作为一种旅游活动，因此旅游的概念定义为“旅游活动”，给出旅游活动的原因（目的或动机）、活动方式和类型（如定义2~5和7）；另一种定义指出了旅游是一种旅游活动，同时还指出了旅游也是旅游活动引起的各种现象和关系的总和（定义1和6）。而世界旅游组织给出的旅游的定义（定义8）是一种统计学上的定义[①]。

本书借鉴东北财经大学谢彦君教授的观点：旅游是个人以前往异地寻求审美和愉悦为主要目的而度过的一种具有社会、休闲和消费属性的短暂经历。

这个定义强调了以下几方面内容：（1）旅游的根本目的在于需求审美和愉悦体验。这是旅游的本质属性。（2）旅游是一种个人的行为，至少在某个环节上表现为个人有目的、有计划、能加以决策的主动行为，即使在某些被动的情况下，个人也有决定取舍的权利。（3）旅游是一种经历，一种活动，是它本身，而不是它所引起的什么“关系”或“综合现象”。这种活动具有社会性、休闲性和消费性。（4）旅游的两个最突出的外部特征是异地性和暂时性[②]。

第二节　旅游的本质与社会属性

一、旅游的本质

大师观点1　管理评论

（一）旅游现象的复杂性

把旅游现象作为一个研究领域，却还仅仅是最近几十年的事情，并且这种研究一直以来局限于对旅游世界进行某种直观的描述和单一视角的审视。直到今天，关于什么是

① 黄安民．休闲与旅游学概论［M］．北京：机械工业出版社，2010：7-10.

② 张东明，张建国．旅游学概论［M］．郑州：郑州大学出版社，2006：4.

旅游我们还未能获得一致而满意的答案，而由此所造成的旅游知识共同体（学科）不能够有效建立、理论研究不能够解决实际问题等影响，也似乎始终没有得到解决。有关旅游内涵的一些功利性的、泛化论的学术观点仍弥漫在学术丛林之中，我们难以拨云见日。

作为一种极其复杂的社会现象，旅游的本质规定性会表现在不同的层次上。从作为内核的本质规定性，到它所展示的一般属性，再到其外部可见的种种特征，甚至由这些综合因素所决定的旅游行为特点，都在不同的层面诠释着旅游的本质。因此，我们只能在一个高度整合的框架下才能认识旅游的全貌。图 1-1 是描述这一观点的示意图。在图中由上至下各层级之间具有规定或统辖关系，而由下至上则具有解释关系。

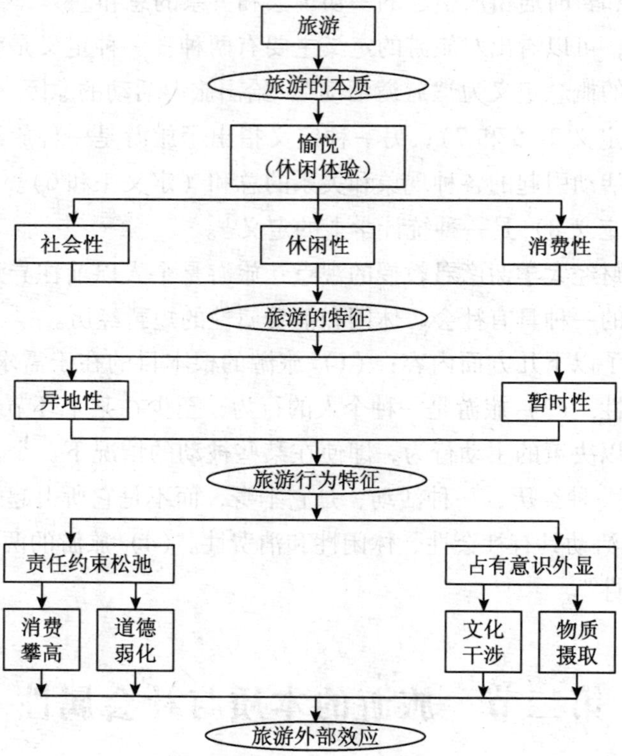

图 1-1　旅游本质的认识框架

从图 1-1 所表示的关系来看，在旅游者的旅游目的与旅游者的实际行为之间，存在着层次众多、构成复杂的干涉因素。由于这些因素的复杂作用，旅游行为最终会以极不相同的外部形式体现出来。然而，在这些复杂的因素之中，却有主次之分，彼此存在着决定与被决定的关系，由此也使得我们能够在认识旅游现象的时候抓住主要矛盾以及矛盾的主导方面，从而正确地认识旅游现象的本质，确立旅游知识共同体的内核。从图中我们可以看出，旅游行为特征与旅游本质之间就似乎存在着某种矛盾，但在理解这种矛盾时必须将基点建立在旅游的本质规定性的基础上，因为在现实当中，这些矛盾往往会化解于旅游本质的主导力量之下，甚至旅游本质这种带有根本性的主导力量会为某种看似有悖于旅游本质的异常行为规范出一个适当的阈值，从而使旅游者在旅游世界中的各种行为都可以在旅游的理性框架中予以解释。

大师观点2

（二）旅游的本质规定

旅游的本质从根本上说是由旅游的目的决定的，而这种目的最终会弥漫到整个旅游过程中，体现在旅游者的具体行为上，成为决定旅游者行为的根本力量。旅游在根本上是一种主要以获得心理快感为目的的审美过程和自娱过程，它发生在人们的余暇时间，也发生在有别于人们日常生活所在的空间。这样的一种行为只能是人类社会发展到一定阶段时才产生的一种活动。随着社会的不断发展，这种行为有可能构成人类最基本的活动之一，甚至体现着人类存在的根本意义。

旅游活动过程有三种表现形式：第一种是纯以审美为目的，在旅游过程中始终以审美为唯一活动内容。第二种是纯粹以获得生理上的愉快为目的，并在旅游过程（如果这时也算得上是旅游过程的话）中始终谋求生理愉悦。第三种就是上述两极之间的所有复杂的组合，表现为既有明显的审美倾向，又不完全排斥对立的快感形式。这种概括的分类实际上很容易造成一种假象，似乎第二种纯粹以获得生理愉悦的旅游者在现实中确实存在，换言之，对于一些旅游者来说，审美的成分并不是肯定地存在于其旅游过程之中。

所以，那种在整个旅游过程中始终以获得生理快感为唯一目标的行为主体，事实上是不存在的。

从旅游发生和运行过程上看，由于愉悦性的休闲体验是旅游的内核，因此，旅游就表现为一种个人的行为，并且是在个人的意愿、志趣支配下受个人支付能力及其他能力的影响而发生的行为。以散客或以组团的形式旅游，均是如此。这种目的性行为，是旅游主体在寻求愉悦的意识的支配下与客体之间建立的一种关系，并借助某种审美或自娱的渠道表现出来。单就旅游的主客体而言，他们各自都不能独立构成旅游，只是旅游发生的条件。当旅游主体高度社会化并成为集体现象，而旅游客体同时高度产业化时，旅游便被纳入旅游业的总体框架之下而成为这个框架中最核心的成分，并仍始终保持着自身的这种能满足旅游者寻求愉悦目的的特性。

一言以蔽之，愉悦性的休闲体验构成了旅游这个范畴的基本硬核。任何被称为“旅游”的现象，都不能离开这个硬核而存在。当然，这并不是说，任何出自休闲体验目的而发生的个人行为都是旅游。只有那些暂时的、异地的，以追求愉悦为目的的休闲行为才可以被称为旅游。

大师观点3　大师观点4

二、旅游的基本属性

旅游因其本质上属于那种借助于休闲体验而获得愉悦的活动而呈现出消费属性、休闲属性和社会属性。这一点，从旅游活动的内容构成上也可以看得很清楚。

(一) 旅游的消费属性

人生的活动包括两个基本领域：生产领域和消费领域。生产领域肩负着物质生活资料和精神生活资料的生产的使命，而消费活动是出于维持个体生存、保证劳动能力的再生产乃至实现个人社会发展等目的而对生产活动成果的耗用（在这里，不能因为旅游具有恢复或生产一个人的劳动能力的功能而把旅游看作生产行为，错误地置换生产和消费的真实内涵）。旅游在其全过程中既不为社会也不为旅游者个人创造任何外在的可供消费的资料，相反，却吞噬着旅游者以往的积蓄和他人的劳动成果。即使在比较极端的情况下，如仅限于个人的流连山水，陶醉于大自然（而非人工化）的美的恩赐，他也是在消磨本可以用来创造财富的生产时间。所以，旅游无疑是消费行为，不是生产行为。

由于旅游是从人的生命波谱中截取的一个波段，因此旅游消费不会完全超脱于一般的日常消费，但又有别于一般的日常消费。然而，从消费的导向和构成以及各部分的意义上看，旅游消费确有大不同于日常消费之处，突出地表现在重视精神内容、追求愉悦体验，甚至在某些方面表现出对日常生活消费的畸变，而这些均决定于旅游的本质规定性以及旅游所具有的外部特征。

(二) 旅游的休闲属性

如果把旅游置放到劳动与休闲的框架当中衡量的话，那么，旅游是一种休闲，而不是工作，不是劳动。旅游所具有的休闲属性是由以下几个方面决定的：

1. 旅游的目的表现为借助各种可以娱情悦性的活动达到愉悦体验

这显然区别于为谋生而进行的劳动，也不同于为维持生存而必须从事的活动，如睡眠、吃饭、操持家务等，与出于社交目的而进行的应景往来也有区别。在旅游的全过程中，总是随意性自娱的目的性占据着主导地位，表现出与一切休闲行为相一致的基本品性。

2. 旅游是发生于自由时间或余暇的行为

自由时间的规定性是厘定旅游与其他一些旅行现象的界限的一个关键性的尺度。与其他休闲方式相比，旅游在使用自由时间时有一个明显的特点，即要求用于旅游的自由时间的相对完整性。

自由时间有四种存在状态，即每日余暇、周末公休日、公共假日和带薪假期。每日余暇虽可用于娱乐和休息，但因其过于短暂和零散而不可用于旅游。周末公休日是现代社会经常的、稳定的短期休假日，适合于近距离旅游。尤其是目前大多数工业化国家都实行每周5天工作制（我国从1993年5月开始实行），2天的自由时间对于拥有发达的交通系统的社会来说，足可以使旅游者到相当远的地方去旅游了。公共假日即人们通常所说的节假日，分布在一年中的几个时期，一般为时较短，而且又多有传统活动内容的约束，因此限制了人们外出旅游；但随着人们生活观念的变化，公共假日用于旅游的趋势也在明显增加。带薪假期是大规模推动度假旅游的基本自由时间形式。随着各国陆续颁布有关的法律，公民享有的法定带薪假期不断增多，带薪假期也就成了人们外出旅游的绝好时机。

3. **从旅游的活动构成上看，旅游这种休闲行为实际上又是众多的休闲活动的再组合**

换言之，旅游是生活的休闲阶段。旅游者在目的地停留期间，除了吃、喝、拉、撒、睡这些满足生理需要的活动之外（实际上这些活动也都有“闲极无奈”的色彩），所有其他活动都几乎是休闲行为，包括观光、游览、与人交往、看电视、听广播和音乐、阅读书报、聊天、室内消遣、体育锻炼、观看节目演出、参加俱乐部活动等。与日常休闲行为相比，旅游过程中所发生的休闲行为的特殊性就体现在旅游的异地性当中。换言之，旅游这种休闲活动与日常休闲活动的差异在于，旅游休闲被嵌入一种完全新奇、异样甚至陌生的美好环境当中。这种异地性的嵌入，使某种休闲活动变成了旅游，获得了不同于日常休闲的品质，即旅游的品质。

（三）旅游的社会属性

以往人们在分析旅游的性质时，主要强调它具有经济属性，或充其量认为旅游是一种“社会经济现象”。这种判断的依据是旅游全过程中所离不开的消费（支付）行为。

但判断一种现象所具有的性质，必先认识现象本质的规定。经济对于旅游这种本质上属于个人的审美与愉悦体验范畴的现象只是一种外部支持条件，却不是内在本质构成。没有这种经济上的外部支持，仍可以有旅游，否则就无法解释古人靠两腿的推动而旅游，今人靠自制的或早先购入以备他用的交通工具外出旅游的情形。如果认定旅游本质上具有经济的属性，那么它就必须是旅游须臾不可或缺的东西，而事实上却不是。

旅游的社会属性的存在不仅因为审美意识作为旅游的前提条件而存在，而且，在不同的社会条件下，人们的旅游需要还表现为受时代的强烈社会影响所具有的特征。例如，中国古代的旅游就好像是中国文化的一面折光镜，在这面镜子里，或隐或现地反映出时代文化的影子，或强或弱地袒露着中国文化的灵魂。先秦的朦胧，魏晋的颓废，隋唐的高昂，明清的恬静，以至于20世纪60年代在西方兴起的追逐“3s”和今天普遍倡导的生态旅游，无不反映了不同时代、不同社会在旅游价值观方面的变化。这种变化的根源当然不是经济的，而是社会的①。

课堂讨论　拓展阅读1　拓展阅读2

① 谢彦君. 基础旅游学［M］. 北京：中国旅游出版社，2011：52-59.

第三节　旅游活动的要素与特点

拓展阅读

一、旅游活动的要素

人们在谈论旅游活动的要素及其构成时，由于讨论背景的不同，往往会有不同的含义所指。具体地讲，在有些情况下，旅游活动的要素指的是旅游活动内容的构成要素；而在另外有些情况下，旅游活动的要素指的是旅游活动体系的构成要素。

（一）旅游活动内容的构成要素

就旅游活动的开展所涉及的内容而言，其基本要素一般可概括为食、住、行、游、购、娱六个方面。这便是国人通常所称的旅游活动六要素。显然，这六要素实际上指的是旅游活动内容的构成要素。对个体旅游者来说，在旅游活动的开展中，某些要素（特别是购、娱）实际上并非不可或缺。

（二）旅游活动体系的构成要素

就旅游活动得以开展的体系而言，其构成需涉及三项基本要素：旅游活动的主体、旅游活动的客体以及旅游活动的中介体。它们是旅游活动体系中缺一不可的构成要素。

1. 旅游活动的主体

旅游活动的主体即旅游活动的施动者，也即旅游者。并非任何个人都可以无条件成为现实的旅游者。就个体旅游需求的产生和实现而言，只有当一个人同时具备外出旅游的主观意愿和实现这一意愿的客观条件时，才有可能形成旅游需求，成为现实的旅游者。

2. 旅游活动的客体

旅游活动的客体即旅游活动的对象，也即既能够吸引旅游者来访又使其来访目的得以实现的旅游吸引物或旅游资源。旅游资源不仅是旅游者来访活动的对象物，而且是一个国家或地区能够吸引旅游者前来光顾的根本基础。对于一个旅游目的地来说，虽然旅游服务的质量状况可以助长或削弱该地对旅游者的吸引力，但该地旅游吸引力的本源永远是当地的旅游资源①。

3. 旅游活动的中介体

旅游活动构成要素中，旅游业是旅游活动的中介体。旅游业把旅游者和旅游资源联系在一起，使旅游活动顺利开展，成为实现旅游活动的条件和手段。旅游业是旅游发展的产物，也是旅游发展的推动者。在近代旅游业产生之前，旅游活动主要是一种自发

---

① 李天元．旅游学［M］．3 版．北京：高等教育出版社，2011.

的、少数人参加的活动，旅游主体和客体直接联系；旅游者外出旅游活动大多表现为漫游探险等方式，缺乏对旅游客体的了解和认识；同时也没有基本的旅游设施和旅游服务，旅游者旅游活动缺乏组织性，并存在诸多不便。因此，早期旅游活动规模小、范围小。而旅游业诞生之后，它在旅游者和旅游资源之间起着一种媒介和桥梁作用。通过旅游业提供各种旅游供给以及对旅游市场进行组织，旅游活动方便易行，从而大大推动了旅游发展。

二、旅游活动的特点

大师观点

旅游活动类型众多，但普遍具有以下几个方面的基本特点。

（一）旅行与逗留的合成性

旅游活动由旅行活动和逗留活动两大部分组成。前者指的是旅游者在其惯常居住地与旅游目的地之间的交通往返，以及在不同旅游目的地之间往来的空间转移活动；后者是指旅游者在旅游目的地停留期间开展的生活和访问活动。

（二）异地性

旅游是人们离开自己的长住地去异国他乡访问的活动，可见旅游是在异地环境中实现的。每个人都生活在一定的时间和空间，这一定的时间和空间既是人们认识客观世界的基础，也是其认识客观世界的限制。出于“求新、求乐”的心理动机，人们借助旅游以开阔眼界，增长知识，这是旅游异地性产生的主观基础。而另一方面，对旅游者产生吸引力的旅游资源，由于与旅游目的地的时空环境紧密相连，具有地理上不可移动的特点。旅游者只有克服空间障碍，离开其长住地前往旅游目的地才能实现旅游活动，这是旅游异地性产生的客观前提。一个地区的异地性越强，其对旅游者产生的吸引力就越大。

在线案例

（三）暂时性

从时间的角度看，旅游就是人们前往旅游目的地，并在那里做短期停留的访问活动。这种短期停留有别于移民性的永久居留，表现为旅游的暂时性。对于大多数旅游者而言，旅游是其利用社会工作之余的闲暇时间所从事的活动。其动机或是为了恢复体力、愉悦身心，或是为了扩大眼界，增长见识，但不论出于何种动机的旅游都是一种短期的生活方式。因为闲暇时间只是人全部时间构成中的一小部分，而休闲娱乐也只是人们在工作之余才能从事的活动，旅游是人们暂时性的行为。

（四）非移民性和非就业性

旅游活动是出于移民和就业打工目的之外的外出旅行和访问活动。换言之，不论是举家搬迁或移居他乡的外出旅行，还是因去异国他乡打工挣钱而发生的旅行行为，都不属于旅游活动的范畴。有必要注意的是，“打工挣钱”或“就业”这一排除性条件并不适用于差旅型的外出旅行和访问活动，例如销售人员去他乡开展推销活动，技工人员去他乡为客户安装设备，专业人员去他乡出席会议，等等。原因在于，这些差旅人员的雇主单位不在该目的地。换言之，这些差旅人员的出差目的虽然也可以说是“挣钱”，但却不是从到访之地获得报酬①。

【案例分析 1-1】

央视国际频道曾经有报道：在八达岭长城开放段 3700 多米的范围内，却很难找出一段完整的城墙。这里是通往好汉坡的一段长城，几乎每一块砖都被刻上了“到此一游”等字样。痛心于游客留下的“到此一游”等字迹将长城划得遍体鳞伤，中国长城学会与八达岭长城管理委员会发起了一项去除长城墙体字迹活动，向社会征求在不破坏墙体的前提下为长城整容的办法。

（资料来源：张东明，张建国．旅游学概论［M］．郑州：郑州大学出版社，2006：12.）

分析内容：根据上述资料分析旅游特征的表现形式。

分析提示：请从旅游活动异地性和暂时性两个方面分析。

第四节　旅游活动的基本类型

随着当代社会经济的发展和旅游活动的普及，旅游活动参加者的人员范围越来越广，旅游活动的地域范围越来越大，旅游活动的类型也在不断多样化。因此，不论是旅游市场营销工作，还是以测量和评价旅游的影响为代表的旅游学术研究，都需要人们对旅游活动进行必要的类型划分。

大师观点1　大师观点2

一、旅游类型的划分标准

人们在划分旅游活动的类型时，较为常用的划分标准主要如下：

（1）按活动开展所涉及的地理范围进行划分，可分为国内旅游和国际旅游两个基本类型。

（2）按客源地与目的地之间的旅行距离进行划分，可分为远程旅游、近程旅游或短程旅游等。

（3）按外出旅游的目的进行划分，可分为消遣旅游、商务旅游、公务旅游、会议旅游、探亲旅游、修学旅游等。

（4）按旅游活动的组织形式进行划分，可分为团体旅游、散客旅游或自行旅游等。

① 苏勤．旅游学概论［M］．北京：高等教育出版社，2002.

（5）按所采用的旅行方式进行划分，可分为航空旅游、铁路旅游、汽车旅游、游船旅游、徒步旅游等。

（6）按主要的活动内容进行划分，可分为观光旅游、度假旅游、文化旅游、宗教旅游、商务旅游、购物旅游和生态旅游等。

二、按地理范围划分的旅游类型

（一）国内旅游

国内旅游是指人们在居住国境内开展的旅游活动，通常是指一个国家的居民离开自己的常住地到本国境内其他地方的旅游活动。但按照世界旅游组织（UNWTO）的解释，常住性外国人在所在国境内进行的旅游活动属国内旅游。例如，常住我国的外国使、领馆人员，外国专家、记者等在我国境内进行的旅游活动，对我国而言，仍属国内旅游。

根据在旅游目的地的停留时间，国内旅游活动又划分为过夜旅游和不过夜的一日游。世界各国对国内旅游的界定和统计口径不一致，因此，国内一日游活动是否纳入国内旅游统计之中，各国的做法也不一样。

综合考察旅行距离、旅游消费水平等，国内旅游还可具体分为地方性旅游、区域性旅游和全国性旅游三种形式。地方性旅游通常是指当地居民在本省、区范围内进行的旅游。区域性旅游是指居民离开长住地到邻近省、区进行的旅游。全国性旅游主要是指跨省、区的旅游。

（二）国际旅游

国际旅游是指跨国旅游，即一个国家的居民跨越国界到另一个或几个国家或地区旅游活动。包括入境旅游和出境旅游。入境旅游是指其他国家或地区的居民前来本国或地区的旅游；出境旅游则是本国或地区的居民到其他国家或地区的旅游，也称出国旅游。

根据在旅游目的国停留时间的长短，国际旅游可划分为过夜的国际旅游和不过夜的国际一日游。在一些接壤的国家，这种国际一日游游客是一个重要的客源市场。但是，在国际旅游统计中，一般都不包括国际一日游人数，而把国际一日游游客的消费当作国际旅游收入统计在内，因为这些国际一日游游客在目的地的消费很难从当地的国际旅游收入中分出。

国际旅游还可具体分为跨国旅游、洲际旅游和环球旅游几种形式。

（三）国内旅游和国际旅游的关系

国内旅游和国际旅游作为两个不同的旅游类型，彼此之间既有联系又有区别。国内旅游是国际旅游的先导，国际旅游则是国内旅游的延伸与发展。国内旅游在旅游距离、旅游时间、旅游费用、旅游的方便程度等方面比较容易得到满足，因此，国内旅游的发展先于国际旅游的发展。随着国内旅游的发展，在旅游设施、旅游服务、旅游管理等方面逐步由低级到高级，由简单到复杂，为国际旅游的发展奠定了物质和精神基础，国际旅游进而发展起来。从需求方面来看，旅游活动是由近及远渐进地发展的，这也是旅游活动发展的普遍规律之一。现今国际旅游业发达的国家，大都是在其国内旅游业的发展与成熟奠定了经验与物质条件的基础上发展起来的。

国际旅游与国内旅游的根本差别在于是否跨越国界。此外，二者在消费水平、逗留时间、便利程度、经济作用等方面还有一些具体差别，如表 1-1 所示。

表 1-1　国际旅游与国内旅游的比较

	国际旅游	国内旅游
消费水平	较高	较低
逗留时间	较长	较短
便利程度	手续繁杂（涉及出入证件、海关报关与验关、货币兑换等），大多有语言障碍	手续简单，较少语言障碍
经济作用	财富在国家之间转移，增加接待国外汇收入	财富在国家内部地区之间转移，不能创汇

三、按旅游活动内容划分的旅游类型

（一）观光旅游

观光旅游是指以观赏游览自然风光、城市风光、名胜古迹为目的的旅游。这是世界上最古老、最常见、最基本的旅游类型。

传统观光旅游产品主要有自然风光、城市风光、名胜古迹。但随着旅游需求的日益增长，旅游市场竞争也日趋激烈，世界各国为适应旅游市场的需求竞相开发新的观光旅游产品，其中主要有：

（1）微缩景观。指以较小的比例人工再现实际景观。例如深圳“锦绣中华”。

（2）“外国村”或“外国城”。指将体现异国风格的民居或名胜，照样或微缩建造起来供游人参观的景观。例如深圳“世界之窗”。

（3）“旅游村”或“时代村”。指仿建本国古代社会某个阶段具有典型意义的村落或民宅等，并恢复那个时代的生活习俗，让游人亲身体验那个时代社会风情及民间习俗，以增加旅游情趣。例如深圳“中华民俗村”。

（4）国家公园。指一国政府为保护本国珍贵的植物、动物和自然景观而设立的旅游区域。例如美国黄石公园。

（5）主题公园。指围绕某一个中心主题而规划、设计的公园形式。其突出特点是除了观光和娱乐之外，还具有寓教育于主题之中的功能。欧洲人笼统地把主题公园看成娱乐公园。主题公园的发源地——美国以土地资本密集、季节性就业为典型特征；亚洲主题公园的发展注重与当地文化相结合，强调老少同乐。比较受欢迎的主题有：教育展览、珍禽异兽、植物园林、原野丛林、外国文化、历史陈列、河流探险、生活娱乐、水上乐园、动物表演与花卉展览。

（6）野生动物园。指集中了世界各地珍禽异兽，按野生动物栖息的环境设计，游客乘导游车近距离观赏野生动物的近似大自然的动物园。例如四川成都野生动物园、四川雅安碧峰峡野生动物园。

（7）海洋观光。水族馆、海洋动物表演、海底观光均属此类。例如香港海洋公园、大连圣亚海洋世界。

值得指出的是，无论是传统观光旅游产品还是新开发的观光旅游产品，都十分注重其文化内涵，并且观光旅游产品仍处于不断发展之中。

（二）度假旅游

度假旅游是指利用假期进行休养和娱乐的旅游。人们通过度假旅游，适时改换环境，探求新的经历，调节身心节律，消除紧张与疲劳。度假旅游产生时间虽不长，但发展迅速。随着社会经济的发展，人民收入的提高，闲暇时间的增多，以及交通条件的改善，度假旅游逐渐得到普及，形式也十分多样。

度假旅游产品种类较多，以往多是“3S”休闲型（阳光、沙滩、海洋），即传统长盛不衰的海滨旅游。海滨旅游最早兴起于加勒比海地区，后逐渐扩展到欧美和亚太地区。海滨旅游可以避暑、避寒、充分享受阳光浴和海水浴，有利于开展水上运动和海底观光，还可以领略当地的田园风光和民俗风情。因此，海滨旅游流行于世界各地，而且涌现了一批著名的海滨旅游度假地。例如，西班牙的“太阳海岸”，法国的“蓝色海岸”，意大利亚得利亚海滨，美国的夏威夷海岸，澳大利亚布里斯班的“黄金海岸”。

随着度假旅游者需求的日益现代化，度假旅游产品的发展也越来越丰富，现在更多的是体育运动型、主题教育型、历险型等。目前度假区开发有两种趋势：主题式与运动式。许多海滩度假区及滑雪度假区属于运动式。

教学视频1

（三）文化旅游

文化旅游是指以精神文化和物质文化为主要考察对象的旅游。人们通过对异国他乡文化艺术、风土人情、生活方式等的了解，扩大视野，丰富知识。随着科学技术的高度发展和教育的普及，人们对文化旅游的需要也越来越强烈。现代大众旅游的发展实践表明，相当数量旅游者的旅游动机包含有探新求异的文化需要。

文化旅游内涵丰富，具有不可替代性。各国各地区历史发展进程不同，所形成的文化景观各具魅力。文化旅游已经成为世界旅游业的一个发展方向。越来越多的国家致力于将本国的文化艺术资源推向世界，以促进本国旅游业发展，一些具有鲜明民族或地方特色的文化艺术更被视为珍宝。文化旅游产品主要有：

（1）博物馆旅游。指以参观博物馆为目的的旅游活动。旅游业的大发展驱动着博物馆的大发展，博物馆是一个浓缩的自然和人文的专题学术研究成果的物化展示场所。据统计，世界上博物馆总数已超过 3.5 万个。可以说，博物馆已成为城市旅游业的生命线。

（2）艺术欣赏旅游。指包括戏剧、影视、音乐、绘画、雕塑、工艺品等艺术作品欣赏为主要目的的旅游活动。

（3）民俗旅游。指以比较接近生活的民间习俗、民间娱乐、民间节日、民间文艺等民间文化为主要观赏对象的旅游活动。

（4）怀旧旅游。指专门为寻觅古代社会风情、古代建筑、古代生活用具、古代名人故居或墓地等古代文化为目的的旅游活动。

（5）大型艺术节庆旅游。指以一定规模、一定文化品位的大型艺术节庆活动为主的旅游活动。包括电影节、音乐节、杂技节、艺术节等。例如，美国的玫瑰花节、西班牙的奔牛节、澳大利亚的亚蒙巴节、日本御堂游、歌德堡旅游节等世界著名节庆。我国有北京国际旅游文化节、青岛国际啤酒节、南京国际梅花节、杭州西湖国际烟花节、大连服装节等。

（6）修学考察旅游。是一种特殊的教育旅游形式，内容丰富，方式灵活。包括工业旅游、农业旅游、地质考察旅游、生物考察旅游及其他专项文化考察旅游等。

（四）宗教旅游

宗教旅游是指以朝圣、拜佛、求法、取经或宗教考察等宗教活动为主的旅游。它是世界上最古老的旅游类型。宗教旅游是一个巨大而稳定的客源市场，世界各国都有一些著名的宗教圣地，大多数都已成为宗教旅游热点。宗教圣地往往环境幽雅，具有很高的历史价值和艺术价值，不仅是宗教信徒的活动场所，也是宗教旅游的热点。例如，法国巴黎圣母院、意大利罗马圣母教堂、沙特阿拉伯的麦地那城，我国四大佛教名山（五台山、峨眉山、普陀山、九华山）、布达拉宫。

宗教旅游多与庙会或祭祀活动相结合，使旅游活动达到高潮，表现出一定的周期性和规律性。

教学视频2

（五）商务旅游

商务旅游是指以商务为主要目的的旅游活动，也称差旅型旅游，是旅游市场的重要组成部分。

商务旅游是随着市场经济的发展而发展起来的。早期的商务旅游产品内容比较简单。随着市场经济的飞速发展，商务旅游不仅内容越来越丰富，产品类型也更加多样化。

会议旅游就是一种商务旅游产品，它是指以参加会议为主要目的的旅游。会议旅游有利于扩大举办国或举办地的知名度，促进旅游地旅游设施的建设，有效调节淡旺季客源差异，还可以给当地带来可观的经济收入。因此，会议旅游不但是商务旅游最重要的组成部分，而且仍在迅猛发展中。世界许多国家都十分重视会议旅游，有的还成立专门机构，积极进行会议旅游的联络宣传、招揽和组织工作。

教学视频3　大师观点3

（六）购物旅游

购物旅游是指以购买商品为主要目的的旅游。购物旅游地一般有丰富的商品且其价格低廉，区位条件优越，交通便利且景色优美。购物旅游是集购物与旅游为一体的旅游活动。世界上有不少地方还通过特别关税政策吸引购物旅游者，被誉为“购物天堂”，如我国香港。旅游者以购物为主，对旅游目的地商品的质量和价格较为敏感①。

拓展阅读1　拓展阅读2

（七）生态旅游

生态旅游是指为了解当地环境的文化与自然历史知识，有目的地到自然区域所进行的旅游。这种旅游活动的开展在尽量不改变生态系统完整的同时，创造经济发展机会，让自然资源的保护在财政上使当地居民受益。

生态旅游以自然环境为资源基础。回归自然是生态旅游的基本特性。旅游者通过到自然界观赏、旅行、考察、探险等，认识自然奥秘，提高环境意识，促进生态平衡。需要指出的是，生态旅游目的地也包括那些社会文化环境独特的区域。

开展生态旅游，对旅游各要素都有严格的要求。这些特殊要求构成了生态旅游的必要条件。例如，对游客的要求包括：事先学习访问地域的相关知识、尊重旅游地的文化、不给目的地的自然环境造成不良影响、积极参加保护自然生态的各种有益活动等。对旅游开发商的要求包括：选择具备生态旅游条件的目的地，并充分听取地域生态科研人员的意见；旅游团队规模要控制在适当的范围内、对游客进行事前教育、引导游客保护自然的意识、培养生态旅游的专业领队与导游、指导游客加强与当地人交流等。对旅游设施的要求包括：住宿设施要方便简洁、规模不应太大、不对游客提供过分舒适的服务、采用节能设备；餐饮产品和旅游纪念品应以地域产品为主；减少或完全限制机动交通工具等。此外，生态旅游还要求制订生态旅游管理措施。

第五节　旅游学科体系和基本研究方法

大师观点1　大师观点2

一、旅游学的学科性质

在旅游学研究过程中，人们对旅游学学科性质的认识，一般只是笼统地认为它是一门“交叉学科”，或者认为它是一门“综合性的社会学科”，许多旅游学论著甚至回避了这一问题。这说明在我国关于旅游学学科性质的研究还很不充分，也从一个侧

---

① 苏勤．旅游学概论［M］．北京：高等教育出版社，2002.

面证明了旅游学的学科体系尚不成熟，理论建设尚不完善。从发展旅游学学科体系、完善旅游学理论的角度，明确旅游学的学科性质是十分必要的。这一问题又关系到旅游学的学科归属，因而从某种意义上甚至可以认为这是一个关系到旅游学学科命运的重大问题。

根据旅游学产生的条件和内容，准确地说，它应是一门综合性的边缘学科。边缘学科的产生一般要具备三个条件：一是社会上有一个特殊的领域，这个领域里的问题是现有的学科理论解决不了的。二是这个领域的周围或与这一领域有关的相邻学科是成熟的，都能或多或少给这一领域里问题的解决提供理论和方法的借鉴。三是当这一领域里的问题、矛盾尖锐到非解决不可的时候，人们开始关注这一领域，并为解决该领域里的问题而进行不懈的探索。回顾世界旅游研究的历史，我们能很清楚地认识到人们最初是从经济的角度来认识旅游现象和旅游学的。这与社会的发展、历史的演进和当时社会的经济水准有密切关系。但人们在从经济学的角度来分析旅游现象的过程中又发现，旅游并不仅仅是一种经济现象，对旅游地来讲可以从经济上来理解，但站在旅游者的角度，旅游活动则更多地体现为一种社会文化现象，并且这种社会活动与其他社会活动是不一样的。旅游活动的内容所涉及的范围之广是以往许多社会活动所不可比拟的，它是一种十分复杂的综合社会现象。于是随着研究工作的深入，人们对旅游现象的研究逐渐由经济研究转向把旅游作为一种综合现象来进行研究，从而使旅游学研究走出了单纯经济研究的狭窄领域，也开阔了人们的视野，逐渐找到了解释“旅游现象”、解决“旅游问题”的途径，并逐步构建起了旅游学理论的基本框架。

旅游活动作为一种综合的社会现象，所涉及的范围十分广泛，而要解决由此而引发的各种社会问题也必然涉及许多社会领域和相关学科，如社会学、心理学、经济学、管理学、地理学、文化学、历史学、资源与环境科学、建筑学、统计学等，这些学科的理论和方法都能为上述问题的解决提供一定的借鉴和帮助；但其中任何一门学科都不可能单纯解决旅游现象所发生的全部问题和矛盾，只能在综合上述学科的某些理论和方法的基础上寻求一个新的途径，即形成一个新的学科——旅游学。由此可见，旅游学的产生完全符合边缘学科产生的条件。

从科学的分化与综合来看，旅游活动内部固有的矛盾使其与社会各个领域、各个学科存在广泛的关联，分化出许多解决旅游学中的某些具体问题的分支学科，如旅游学与社会学结合分化出旅游社会学，旅游学与历史学结合分化出旅游发展史，旅游学与管理学结合分化出旅游管理学，旅游学与地理学结合分化出旅游地理学，此外还有旅游心理学、旅游美学、旅游市场学、旅游经济学等，都是各个相关学科渗透进入旅游领域研究的结果。这种渗透不仅表现在思维上面，而且还表现在研究手段上。如管理学家凭借自身丰富的管理学基础和经验来研究旅游企业发展中的各种管理问题，形成了旅游管理学；经济学者利用深厚的经济学背景、理论和数理方法研究旅游活动过程中的各类经济现象，形成了旅游经济学；建筑设计师将环境景观规划与设计的理念引入旅游景区的开发或旅游饭店的内外部建筑设计中，形成了旅游景观设计学；人们将统计学的原理和方法应用到旅游发展规模的统计上，产生了旅游统计学等。

综上所述，旅游学是一门由多种学科理论和知识交叉的边缘性应用学科①。

二、旅游学的理论体系

大师观点3

国外的旅游学研究中，较少见到有关旅游学学科体系方面的理论探讨。旅游学学科体系的构建是个长期积累的过程，它需要有充分的科研成果的支持和足以支撑一个知识共同体成立的内外部条件。而在其实现路径上，就旅游学科的特殊情况而言，不管是国内还是国外，都存在一个或先或后必须找到的学科内核，并继而以此为基点对相关知识予以综合、整合的过程。与其他学科一样，这种综合将体现在两个层面上：概念与理论（方法）。旅游学学科体系应该是在完成了这种综合的基础上确立起来的。

在概念的层面上，旅游学应该有自己的概念系统，这个系统植根于对旅游现象的系统认识，也得益于相关学科的成熟概念。这些概念在旅游学理论领域中重新获得了独立的意义，成为构筑旅游学理论的基石。这些概念之间的关系，应该是借助于理论线索建立起来的，而不是简单检索的结果。这些概念包括旅游、旅游现象、旅游者、旅游活动、旅游需要、旅游动机、旅游决策、旅游行为、旅游需求、旅游者需求、旅游供给、旅游资源、旅游地、旅游商品、旅游业、旅游体验、旅游愉悦、旅游期望、旅游感受、旅游满意度、旅游观赏、旅游角色、旅游交往、旅游模仿、旅游消费、旅游者消费、旅游流、旅游效应、旅游容量、旅游规划和旅游发展等。而在所有这些概念以及其他尚未提及或仍未发展起来的概念当中，最为重要的概念应该是旅游、旅游资源、旅游商品和旅游业。对这些概念应该赋予旅游学的专门意义，这是旅游学完成综合的基础和表现。当然，在这些基本概念下面，自然还会衍生出更为具体而丰富的概念，如旅游者本身就是一个概念系统，旅游商品也可以加以具体的区分。而在这些概念之外，还会有众多的与之相关的概念，如旅游经济、旅游文化、旅游环境和旅游法规等。但这些概念常常是另一个相关或分支学科的基本概念，甚至就是一个分支学科领域，因此不宜作为旅游学的核心概念来看待。

在理论（方法）层面上，旅游学也同样应该有自己的理论。作为一门新兴学科，旅游学的理论（方法）主要是通过“解决问题”式的途径逐步从其他相关学科移植、渗透和融合而来的。这些理论进入旅游学领域之后，逐渐与旅游学中特有的概念、特有的研究对象、特有的问题类型相结合，经过一个相当长的过滤、积淀、整合过程，最后成为旅游学的独特的理论系统。不经过这个过程，就不会有旅游学产生。实现了这种理论的积累和养成过程，旅游学就将以一种作为其他所有的旅游相关学科的基础学科——而不是概论性的东西——的面貌出现。它所探讨的是旅游活动的基础、发生原因、运行机

① 黄安民．休闲与旅游学概论［M］．北京：机械工业出版社，2010：20-21.

制、性质、形态结构和特征以及对社会的影响等范围广泛的问题，它所要解决的问题是这些旅游现象当中最基本、最共性的方面。

这样一门基础理论学科，与它所统御的分支学科以及相关的交叉学科一起，构成了研究旅游现象的综合学科体系（见图 1-2）。

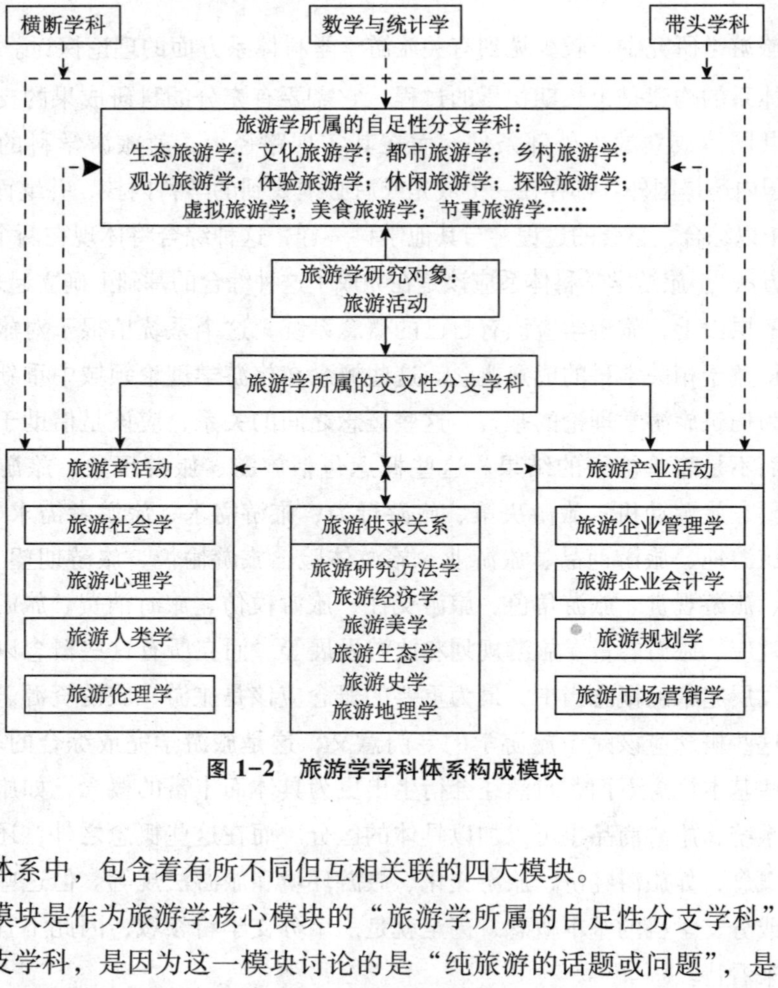

图 1-2　旅游学学科体系构成模块

在这个体系中，包含着有所不同但互相关联的四大模块。

第一个模块是作为旅游学核心模块的“旅游学所属的自足性分支学科”，之所以称为自足性分支学科，是因为这一模块讨论的是“纯旅游的话题或问题”，是依据不同类型的旅游活动、旅游方式和旅游诉求所划分的旅游学核心知识领域。这些领域的系统知识的积累，意味着独立的旅游学的存在和走向成熟，因此，这是旅游学的核心领域。需要指出的是，这一模块中的这些分支学科目前大都还没有出现，这里加上了“学”字，仅仅表示一个判断，一个有关旅游学分支学科未来发展方向上的推断。

第二个模块是针对旅游者活动所展开的交叉学科研究，由此形成了诸如旅游社会学、旅游心理学、旅游人类学等分支学科。这些分支学科往往既有借用传统的学科理论从事旅游研究的内容，又有针对旅游的特殊问题如社会问题、心理问题所进行的专门研究，具有明显的交叉学科及应用性学科的特点。这一模块在方法论上也比较广泛地吸收了诸多人文学科的成果。

第三个模块集中研究旅游产业活动，这是旅游学的扩展领域，在方法论上比较多地吸收了管理学和经济学的成果。

第四个模块是由一些研究旅游者需要（或需求）与旅游产业供给之间的关系（宽泛意义上的旅游供求关系，不单纯指经济意义上的供求关系）的学科构成的。

在学科罗列方面，该模型未必全面，但这些学科可以说是最基本的。在有些学科领域，当然存在继续细分的可能和必要，但层次上已在其次。如旅游企业管理学，可以分为旅行社管理、风景区管理、娱乐企业管理、旅游饭店管理、交通运输企业管理等；旅游经济学可以分为旅游消费经济学、旅游生产经济学、旅游环境经济学等；旅游规划学也可以分为旅游总体规划、旅游概念性规划、旅游详细规划等具体研究领域。有些学者在罗列分支学科科目时所做的扩展很大，给人一些启迪。但这里需要注意三点：一是目前有些学科并不成熟，不宜轻率地以“学”冠之（如旅游资源学等）。二是有些学科即使在将来恐怕也难成立（如所谓“技能旅游学”“过程旅游学”或“交通旅游学”等）。三是有些学科虽然现在还没有出现，但将来成为独立的旅游学分支学科的必然性似乎很显然（比如旅游伦理学）①。

大师观点4　教学视频

三、旅游学的基本研究方法

旅游活动和旅游现象具有综合性和复杂性的特点，因而其研究方法具有跨学科的一般特征。由于旅游学科是一门综合性的学科，因而旅游学科有其独特的研究方法，同时更要借鉴其他学科的研究方法。其研究方法借鉴自然科学和社会科学中的许多方法，这些方法包括定量研究、定性研究和定性与定量相结合的综合研究。概括起来，旅游学科的研究方法主要有以下几种。

拓展阅读1　拓展阅读2

（一）田野工作与社区分析

田野工作与社区分析是在文化人类学、社会学和环境科学中广为使用的研究方法，也是一种实证性的研究方法。

田野工作与社区分析，都强调直接的观察、访问、记录和测量等方法和手段，因此在旅游研究中有着广泛的应用领域。尤其在对旅游的社会文化影响（效应）方面的研究，这种方法是最重要的方法。运用田野工作与社区分析，对我们研究旅游发展与社会文化变迁、环境演变、传统技艺复兴或衰败、经济发展、社会结构变革、政治与宗教特征、艺术生活等方面的关系都有很大帮助，实际上也是获得这些方面的认识和知识的基本渠道。由于我国受时间条件和经费条件的限制，田野工作与社区分析的研究方法目前应用不多，但随着我国旅游人类学的发展，这一研究方法将是旅游学科今后越来越注重的研究方法。

---

① 谢彦君．基础旅游学［M］．北京：中国旅游出版社，2011：21-26.

（二）统计分析

统计分析是借助统计工具，运用统计资料，对旅游现象进行研究的一种常见的旅游研究方法。旅游统计资料是旅游活动最客观、最现实的反映，它对于旅游活动规律性的研究，具有重要的作用。

统计分析中常用的统计工具有 Excel、Spss 等统计分析软件。一般的统计工具用来解绝大部分量化资料的分析处理，包括第一手资料和第二手资料的分析处理。统计可以从取得第一手资料开始，经过构筑分析假设、检验假设、理论分析等过程，最终形成研究结论，也可以对第二手资料进行分析。由于统计工具不仅可以用于历时性的时间数据系列分析以预测现象的发展趋势，可以运用统计资料建立各种数量预测模型（如在旅游学研究中往往用历史资料来预测旅游收入和旅游接待人数），而且可以用于共时性分析以研究现象的空间关系，还可以描述现象分布模式与结构（如可以通过统计资料分析地方旅游业的现状、产业结构、增长速度、旅游者的构成、旅游设施构成等），因此统计分析事实上构成了旅游学研究方法中最重要的部分。在旅游学的各个分支学科中，统计学也得到了最为广泛的应用。

（三）模式分析

模式分析是一种趋向于定式化思维的研究方法，试图用单纯的文字叙述、图像描述、数学公式等形式，重构、解释和预测复杂的现象。它是一种描述性分析工具，用于刻画所研究现象的结构、形态、关系和流程。模式分析还试图表明任何结构或过程的主要组成部分以及这些部分之间的相互关系。对于复杂的现象，模式分析可以通过图像形式进行简化的描述。

旅游现象包含复杂的时间运动过程及空间关系，旅游现象本身的结构复杂，旅游现象与各种其他社会经济现象存在着复杂的联系方式，不借助于某种概括的方式就很难把握现象的本质，因此，模式分析在旅游现象研究中就有了广泛的应用领域。在斯蒂芬·史密斯的《旅游决策与分析方法》一书中，大量地介绍了为旅游学研究人员常用的模式。

但正是由于旅游现象的复杂性，模式分析本身客观上有一个适宜性的问题，模式分析不可避免地具有不完整、过分简单以及含有某些未被阐明的假设等缺陷，因而不可避免地带来一些问题。

拓展阅读3　拓展阅读4

（四）科学实验

科学实验是自然科学常用的方法，在社会心理学研究中也常常应用。科学实验主要用于研究具有因果关系的问题。

旅游现象中包含着因果关系。现象本身的自然或社会规定性，有时难以直接观察或马上观察得到。实验作为一种在精心控制的条件下研究因果关系的古典科学技术，在提供有关因果关系方面的知识上有其独特优势。因此，它也成为旅游学研究的一种重要方法。

用实验法研究旅游现象，主要运用在旅游者心理研究、旅游者旅游体验、旅游环境效应研究等领域。虽然其他一些与旅游相关的社会问题也可以在经过精心设计之后采取实验法研究，但在条件控制方面的困难阻碍了这种方法的应用。

一些复杂的旅游现象，由于其中的因果关系比较复杂，特别是有反馈关系的旅游现象，在科学试验中由于有些影响因素的不可控性，因而会影响其研究的结论。

（五）跨学科研究

旅游涉及社会的方方面面。文化旅游和传统旅游要求使用人文的方法进行研究。由于人们的行为方式不同，旅行的原因也不同，所以有必要运用心理学方法确定促销旅游产品的最佳方案。游客需要政府发给护照和签证方可穿越国界，而大多数国家的旅游发展部门属于政府管辖的机构，因此政治机构的参与要求运用政治学方法对旅游进行研究。任何行业一旦形成经济巨头，就会影响很多人的生活，它不仅会引起社会学家、地理学家、经济学家和人文学家的重视，还会引起立法机构的重视。由于立法机构为旅游业制定法律和法规、创造法律环境，因此对旅游的研究又产生了法律学的方法。交通具有重要性，这表明如何运输乘客也可作为一种研究方法。总而言之，旅游的范围如此广泛、复杂、包罗万象，人们有必要运用许多方法来研究该领域，不同的方法适用于不同目的的旅游研究①。

【案例分析 1-2】

我们这些平时深居办公室的现代人类，可能游一次张家界所走的路能顶上我们全年的步行量了。因为张家界游黄石寨要走，游金鞭溪要走，游天子山要走！每次一走少则 2 小时，多则 4 小时，哪个城里人每天走这么多路？大部分人都是摩托车一响，一溜烟到了家门口，上几层台阶都喊累，而在张家界一走台阶就是连走 2 小时，当然是叫苦连天。所以我们全团游完了 4 天的行程，个个都成了瘸子，每当上车下车，人人龇牙咧嘴。包括最后一天到机场，乘客个个腰僵腿疼，像一群残兵败将。每当听到厕所里发出惨叫声时，都会心一笑，当然知道是因为腿疼得连蹲都蹲不下去了。受了这么多的苦累，值不值呢？应该说几乎所有人都说：值！因为那景色太美了，太神奇了，太独特了！过去早就听说过张家界的山神奇，真的没想到竟如此神奇！当我们渐渐走近张家界森林公园大门时，就已被它背后显现出来的奇异山峰所震慑，一座座陡峰兀立，宛如擎天玉柱，又如利剑青锋，大家一齐惊叹：这山怎么这么怪啊！于是众人纷纷举起相机，在一片咔嚓声中摄

① 黄安民．休闲与旅游学概论［M］．北京：机械工业出版社，2010：23-26.

下奇景。展开游程后，一座座奇山异峰不停涌现眼前：那高耸万仞的“天书挂壁”，一页页，一层层，直通到天上；那通体光灿的“金鞭岩”直插入云霄；那号称天然盆景的“西海胜景”宛如万剑簪天；那形象逼真的“石船出海”仿佛在山的森林上空翱翔……上黄石寨乘缆车时，人们从一个个巨柱中间飞掠而过，看着周围飞速向后滑过的笔直峭立的造化弄物，宛如在梦境中飞翔，因为难以相信人间会有这样的奇异景象。一路上大家议论最多的话题就是：张家界的山为何会形成这样奇异的形状。有人说是流水切割而成，可为何切成一个个如此细直的柱体，难道这柱体四面八方都有水流过却只这里没有？有人说是地形隆起，可为何隆成这样纤细的山形却又不倒塌，这里可是松散的层页岩地质啊。连日争论都不能了局，只能多赞叹一声：真是自然奇观！张家界可真是回归大自然的首选！而且这里可以说是既有探险之乐，又无探险之危的绝佳选择。更加上在张家界还可以看到别处所没有的土家风情，在我们游览的途中就常常有穿着民族服装的土家少女唱山歌，还有游客可以参与的土家抢亲活动，真是丰富多彩，让人乐在其中。

（资料来源：张东明，张建国．旅游学概论［M］．郑州：郑州大学出版社，2006：11-12.）

分析内容：阅读上面这段文字，试分析旅游的本质属性。

分析提示：从旅游发生和运行过程上看，愉悦性的休闲体验是旅游的内核。因此，宜结合案例从“愉悦性的休闲体验”这个角度分析旅游的本质属性。

延伸阅读 1-1

随着乡村旅游休闲化升级步伐的加快，乡村旅游产品也经历着从“观光”到“休闲”，从“农家乐”的简单模式到“休闲度假”的体验模式，从传统乡村旅游到现代乡村旅游的转变。这就需要在产品供给的角度和设计的角度，与时俱进，加以提升。以下以日本和中国台湾的乡村旅游发展为例进行研究。

一、日本乡村旅游发展阶段及案例

（一）日本休闲农业与乡村旅游发展阶段

第一阶段：经济高速增长期，政府和民间共同推进了高级度假村的开发与经营。日本的休闲农业与乡村旅游始于20世纪50年代末期，长野县的农民在冬季农闲时期，利用当地得天独厚的自然条件，开设滑雪场和民俗旅馆，吸引了大批游客。

第二阶段：泡沫经济破灭后，生态旅游、农事体验型休闲农业与乡村旅游发展迅速。为了改善经济泡沫带来的恶劣旅游环境，从1993年开始，日本在全国范围内推进休闲观光农业的发展，特别是大城市周边农村地区的水果采摘型农业园区的发展。

第三阶段：休闲农业与乡村旅游的新时期。随着周末休息时间延长，日本城市居民的休闲生活需求逐步增加。同时，由于城市化、工业化导致农业的萎缩，日本农业、农民也需要增进与市民的交流，加大宣传农业的生态保护、文化传承等作用。城乡居民的这些需求，进一步促进了日本休闲观光农业发展，并使之走上了良性发展的轨道。

（二）日本休闲农业与乡村旅游的特点

日本休闲农业与乡村旅游的特点表现在：城市与农村距离近，一日游类型的观光农业居多；过半数的农业休闲观光景点由政府机关或当地集体组织开发经营；重视当地的特色和农业的多功能性。

（三）相关案例

1. 景区边缘与都市郊区型

和歌山县白滨町位于关西大都市圈区域内，距离日本第二大城市大阪府 1 小时车程。该地区早期的乡村旅游主要依托附近的温泉、白良滨浴场、熊野古道等著名景区景点的二次客源开发民宿旅馆，以较低的价格和富有特色的旅游内容、接待设施满足游人需要，并与主要景区景点的旅游活动相互错位，成为其重要补充。近年，随着日本国民消费观念的变化和对休闲农业认知度的提高，白滨町在发展景区边缘型休闲农业与乡村旅游的同时，抓住机遇，发挥距离大城市较近的地理优势，建立了多处农产品直销所，旨在满足周边城市居民周末休闲度假和回归自然的旅游需求的同时，针对乡村旅游消费的新特点，为城市居民提供当地新鲜、安全的农产品，显现了乡村旅游的绿色化，提高了当地农产品附加值。

2. 闲置农地开发利用型

饭田市是位于长野县最南端的一个不足 11 万人口的中心城市，东西紧挨着赤石山脉与木曾山脉。饭田市利用自然资源丰富、四季分明、环境优美、农业历史悠久、生物资源丰富的资源特点，充分发挥该市位于日本本州的中心位置、连接东西日本的区位优势，成立南信州观光公社，大力发展休闲农业与乡村旅游。具体措施是：通过发挥农业教育基地的作用吸引年轻游客群了解农业生产，体会农村生活的乐趣，规划市民农园；吸引中老年游客群进行农业生产活动，从而增加农村人口流动，带动地区活力和增加人气。在此基础之上，当地政府出资修建配套设施，开发滞留型市民农园，吸纳城市居民来此创业、居住，最终达到解决耕地荒废、农家住宅闲置等问题的目的。近年，饭田市休闲农业与乡村旅游的繁荣有效地促进了当地服务业发展，增加了农户与城市居民的互动参与性，为搞活当地农村经济做出了很大的贡献。

二、中国台湾乡村旅游发展历程及案例

（一）台湾观光休闲农业发展历程

20 世纪 70 年代末，台湾人均年收入达到中等小康生活水平，人们的生活方式和消费方式由劳动型转向休闲型，观光果园在台湾一些地区应运而生。历经多年发展，台湾观光农园已经处于普及阶段，各项工作已步入正轨。管理也逐步走向规范化、制度化，特别是观光农园的管理体制已相当健全。另外，文化因素的渗透也在不断提升观光农业的层次和水平。

(二) 相关案例：清境农场

清境农场成立于1961年，坐落于中横公路台14甲线雾社北端8千米处，空气清新、林木苍郁、繁花遍野、具北欧风光，有“雾上桃源”之称。此地海拔1750米，每年5~9月份平均气温15~23℃。农场设有宾馆、青青草原、畜牧中心、旅游服务中心、游客休闲中心、寿山园生态区、清境小瑞士花园、特色步道，将自然景观与农牧生产相结合以发展休闲农业。

清境小瑞士花园年平均温度为15~23℃，可谓全台最佳避暑胜地，主题花园随春夏秋冬更换，园区遍植世界各国奇花、异草与自然休闲景观，在广场品尝薰衣草花茶套餐，让人仿佛成为置身欧洲花园啜饮花茶的王室贵族。园区主要景观景点有挪威森林广场、精致餐饮中心、纪念品贩卖部、阿尔卑斯双塔、欧式喷泉花园、主题花园、幽谷溪瀑、如茵桥、摸鱼区、天鹅湖、星空野营区、野营服务站、亲水健康步道、清境观景台、落羽松步道、香花植物区、赏枫区等。另外，花园设有大型停车场、露营烤肉区、精致餐饮中心、露天咖啡广场等，景观优美，是一座真正的世外桃源。

阅读思考：

1. 日本经验对于中国发展休闲农业与乡村旅游有什么样的启示？
2. 台湾观光休闲农业与乡村旅游的发展对大陆有什么样的启示？

分析提示：

1. 休闲农业与乡村旅游在今后的发展过程中必须处理好农业生产与旅游开发之间的关系。发展休闲农业与乡村旅游必须充分依托农业这一基础产业，在此基础上进行延伸开发，拓展新的产业链。

2. 要发展休闲农业，首先应大力加强休闲农业设施的建设与发展，这是立足城郊资源优势，调整农业、农村产业结构的重要基础步骤之一；其次，国家农业部门应重视发展休闲农业旅游，并成立相应的管理机构进行组织、规划、研究，从而推动大陆乡村休闲旅游的发展，为发展农村这一新型产业提供组织保证；最后，要加强与旅游部门的合作，促进农业与旅游的结合。

【本章小结】

旅游是个人以前往异地寻求审美和愉悦为主要目的而度过的一种具有社会、休闲和消费属性的短暂经历；旅游因其本质上属于那种借助于休闲体验而获得愉悦的活动而呈现出消费属性、休闲属性和社会属性。就旅游活动的开展所涉及的内容而言，其基本要素一般可概括为食、住、行、游、购、娱六个方面。这便是我们通常所称的旅游活动六要素。就旅游活动得以开展的体系而言，其构成需涉及三项基本要素，即旅游活动的主体、旅游活动的客体和旅游活动的中介体。这便是很多旅游理论研究中所称的旅游活动三要素。旅游学是一门由多种学科理论和知识交叉而成的边缘性应用学科。

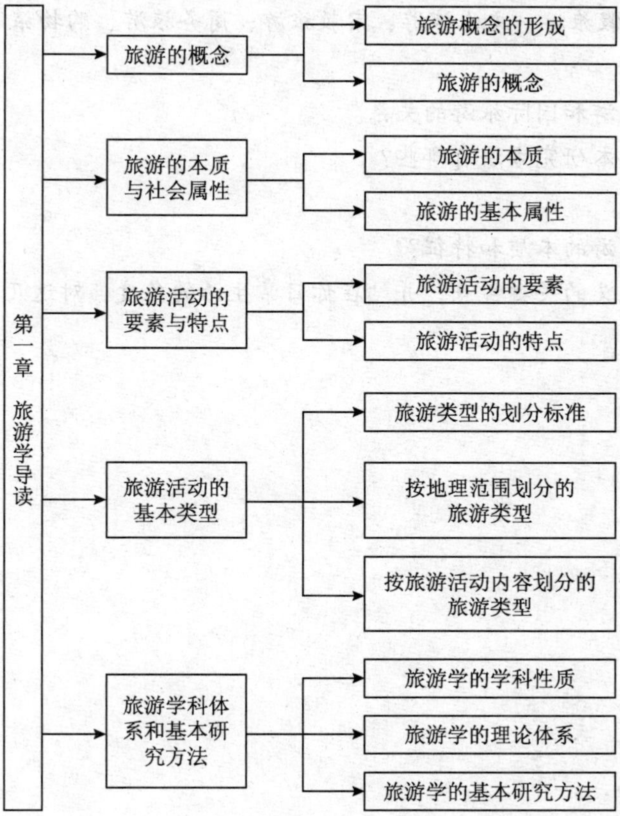

【学习网站】

1. http：//www. cnki. com
2. http：//www. ctnews. com
3. http：//www. cnta. com. cn
4. http：//www. forestry. gov. cn

【复习思考题】

一、填空题

1. 旅游的根本目的在于__________和__________。这是旅游的本质属性。

2. 旅游的两个最突出的外部特征是__________和__________。

3. 旅游因其本质上属于那种借助于休闲体验而获得愉悦的活动而呈现出__________、休闲属性和__________。

4. 旅游活动涉及多种不同的类型。但是，不论是何种类型的旅游活动，普遍具有以下的基本特征：__________、__________、__________、非移民性和非就业性。

二、名词解释

观光旅游、度假旅游、文化旅游、宗教旅游、商务旅游、购物旅游、生态旅游

三、简答题

1. 简述国内旅游和国际旅游的关系。

2. 旅游学的基本研究方法有哪些?

四、论述题

1. 如何理解旅游的本质和特征?

2. 找出旅游定义的关键视点，并站在你日常生活的角度，对这几个视点进行描述。

第二章

旅游的产生与发展

导言

历史在研究旅游的过程中颇具启发性，因为它不仅可以让我们借鉴过去的经验教训，而且还可以从中探索规律，预测未来的发展趋势。

旅游活动虽然历史悠久，但学术界普遍认为，现代意义的旅游活动诞生于工业革命之后。工业革命不仅带来了技术的进步，还深刻地改变了阶级关系。这一时期的旅游活动不再以商务旅游和宗教旅游为主，而是发展成为以消遣度假旅游为主。然而，从整个时代来看，近代旅游活动虽然已有很大发展，但还未发展到能称之为独立的经济行业——旅游业的地步。

第二次世界大战结束后，人类社会进入了一个技术革命、大规模工业发展和变革的时代。随着创造财富速度的加快和可自由支配收入的增加，个人的生活方式发生了具有深远意义的变革。在这一阶段，国际旅游空前发展，旅游方式不断出新，大众旅游潮流也在这一时期兴起，旅游活动也逐渐发展成为一个独立的经济行业——旅游业。

进入20世纪90年代，传统的旅游需求和行为让位于新的时尚和偏好，即大众旅游时代向休闲旅游时代过渡。“团队式”“连队式”的旅游形式渐渐失去了市场吸引力，人们越来越对特殊活动、专门目的的旅游，如体育旅游、文化旅游、特种旅游，或业余爱好等产生兴趣。自由、文化、个性是现代旅游者所共同追求的，旅游活动及旅游业进入了一个新的时代。

【教学目标】

本章要求学习者：了解人类旅行和旅游活动的发展历程；知晓不同历史时期旅行和

旅游活动的特点；能够分析出不同时期推动旅游发展的主要原因；重点掌握近代旅游、现代旅游和后现代旅游时期的旅游活动特点。

【关键术语】

19 世纪中叶以前的旅行；近代旅游；现代旅游；后现代旅游；托马斯·库克

【引导案例】

旅游活动的认识

古希腊的历史学家希罗多德（Herodotus）曾这样记述：

埃及人聚集在一起庆祝节日的活动不是一年一次，而是一年多次。其中，规模最大、人气最旺的是在布巴斯提斯举办的节庆省会……第二位的是在巴西里斯举办的节庆盛会……第三位的是在赛斯举办的节庆盛会……第四位的是在黑利奥波利斯举办的节庆盛会……第五位的是在布陀举办的节庆盛会……第六位的是在帕普莱密斯举办的节庆盛会……每次搞节庆活动都是男男女女一起乘船前往这些地方，每一条船上都挤满了人。在航行过程中，一些妇女打响板，一些男子吹笛子，其余的男男女女则用手打着拍子唱歌……到布巴斯提斯之后，他们献上丰盛的祭品庆贺节日，在这次盛会上，人们喝掉的酒比全年其余时间的饮酒量之和还要多。

澳大利亚塔斯马尼亚大学（University of Tasmania）德雷弗·索菲尔德（Trevor Sofield）曾写道：

早在 4000 年前，中国的皇帝就派大臣们外出旅行——远在罗马帝国和希罗多德之前。所以，这说明，为探索其他文明社会及其发展历史而外出旅行活动不仅早在乔叟（Chaucer）前去坎特伯雷朝拜、马可·波罗离开威尼斯外出探险之前便已有之，并且其出现的时间可以进一步上溯。在诸如印度、中国、尼泊尔、泰国、伊朗、越南、斯里兰卡、缅甸等国家中，有关朝觐旅行活动的历史记载比有关欧洲旅行活动的历史记载要早得多。在这些国家中，客栈以及食宿接待行业的出现也早于欧洲。

从商朝的始建，一直到清朝帝制的最后垮台和 1912 年民国的建立，历代皇帝及其朝廷都注重敬神。在过去的千百年中，这类场所成倍增加，并且，随着佛教逐渐为人们所接受，出现了更多的朝拜圣地。因此，很多古代旅行活动的开展都是出于朝圣目的。

罗宾森（Robinson）在《旅游地理学》一书中曾对“大游学”的情况作了如下描述：

早在 1678 年，让·加亚尔（Jean Gailhard）就在其所著的《有造诣的绅士》（Compleat Gentleman）一书中谈到，作为惯例，大游学活动的开展时间为期三年。并且，书中还谈到了当时人们普遍接受的行程路线，即：在法国，主要是在巴黎，停留很长时间；在意大利停留将近一年，访问热那亚、米兰、佛罗伦萨、罗马、威尼斯等城市；然后借道德国以及各低地国家经瑞士返回。当然，这只是当时最流行的路线，有些人的行程路线会有变化。人们一般认为，“在游历了意大利、法国和那些低地国家之后，在人世间其他地方，除了平庸和野蛮之外，再也见不到其他东西”。

（格德纳，里奇．旅游学［M］．北京：中国人民大学出版社，2008：31.）

案例问题：

1. 旅游活动历史悠久，有人说“旅游自古有之”，早期的人类旅行活动与现代的旅游活动有何异同？

2. 在早期的旅行发展中，有哪些旅游动机？这种动机今天还存在吗？试举例说明。

第一节　19世纪中叶以前的旅行和发展

一、人类旅行的起源

（一）原始社会早期的人类迁移活动

原始社会早期，即考古学上的旧石器时代，由于受到极端低下生产力水平的限制，人类长期过着“茹毛饮血”、以树叶兽皮遮体、以洞穴为居处的艰苦生活，处在时刻遭受饥饿和自然灾难侵袭的威胁之中。因此，当时的人们为了生存不得不到处游荡。直到人类可以支配一种自然力——火之后，才逐步进入相对稳定的定居生活。

进入考古学上的新石器时代，磨制石器开始出现，生产工具得到改善，人类社会的劳动效率有了很大的提高。与此同时，伴随“锄耕农业”的形成以及人类驯养野生动物的成功，人类历史上出现了第一次社会大分工：原始畜牧业从原始农业中分离出来。这一时期，人类社会生产的落后面貌并未得到改变，人们的劳动所得除了满足自己最基本的需求之外，几乎没有什么剩余。

在国内外旅游学术界有这样一种观点：人类诞生之后为了冲破周围环境对自身的束缚，总是不断地扩大自身的活动范围和生存空间，原始人群为了逃避自然灾害而进行的反复迁徙，从某种意义上来说，是人类历史上最早的旅游活动。但是，这种观点是不符合历史事实的。首先，原始社会人类的迁移活动是因某种自然因素（如天灾）或人为因素（如战争）的威胁而被迫进行的，都是出于生存需要而进行的逃荒或避难活动，并不属于我们通常意义上对旅游活动的理解——出于自愿的外出旅行活动。其次，从历史唯物主义认识论的角度看，原始社会前期不具备人类旅游所需的物质条件。人类的旅游史一再证明，无论何时，旅游活动都依赖于一定的物质条件，只有在满足了生存的基本需求之后，人们才可能产生外出旅行的念头。而原始社会前期，人类的劳动所得仅够满足自身生存需要，几乎没有劳动剩余，从而也就缺少了旅游活动所必需的物质基础。总之，在原始社会早期，人类既没有能够外出开展旅行活动的物质基础，也难有外出旅行的主观意愿，当时的迁徙活动具有被迫性和求生性这两大特点①，这些因素决定了原始社会早期并没有出现现今意义上的旅行和旅游活动。

（二）商务旅行的产生

商务旅行是人类最初旅游活动的主要形式。随着生产力的发展，人类社会迎来了所谓的第三次社会大分工，即商业从农业、牧业、手工业中分离出来，商务旅行活动便应运而生。

商人一方面为了了解不同地区的生产和需求情况，另一方面为了在不同地区之间进行商品交换，从而开始了东奔西走，于是，人类最初的旅游活动——商务旅行便产生了。所以，人类最初自愿的外出旅行活动并非出于消遣或度假目的，而是出于现实主义的交换产品或贸易经商的需要而产生的一种经济活动①。联合国和世界旅游组织在许多报告中也认可这一观点。

除了具备一定的经济条件，原始社会末期地理学和天文知识的萌发也为商人的旅行提供了可能。据记载，许多原始人能在沙上、树皮或皮革上绘制简单的地图，各个地点都有明确的名称，而且地图比例也相当正确。这说明，当时的人类已经掌握了一定的地理知识。此外，人们为了农业和畜牧业的丰产还掌握了一定的天文知识，他们观察物候、观测天象、掌握季节变化，产生了最早的天文学和原始立法。虽然原始社会人类掌握的地理知识和天文知识还相当肤浅，但也为商人外出旅行提供了可能性。

（三）中外神话传说与旅行

由于年代久远，史料缺乏，我们无法对原始社会末期人类的旅行活动进行全面的概述，但是中外丰富多彩的神话传说为当时人类的旅行活动提供了佐证。

早在4000多年前的甲骨文中就有了“游”字的出现，说明中国的旅行活动历史悠久。古代神话传说也可证实这一点。中国很早就有“伏羲氏始乘桴”的传说。相传，黄帝经常外出旅行，“作舟车以济不通，旁行天下”，还专门在昆仑山修建了庄严华美的行宫。据说炎、黄二帝曾率部寻找芳草地，离开了曾经生活的昆仑之巅，远涉他乡，定居在今天陕西一带水草丰美的地区。黄帝的后裔尧、舜、禹也曾巡游四方。尧曾“身涉流上沙，西见王母，地封独山”。据《史记》记载，舜在位39年，曾游历名山大川，先后巡游了泰山、衡山、华山、恒山。大禹则为了治水“久旅忘家”。

在西方，有不少反映古希腊英雄时代的神话和英雄传说的书籍，如荷马的《荷马史诗》、赫西奥德的《神谱》、奥维德的《变形记》《古代名媛》、索福克勒斯的《埃阿斯》、欧里庇得斯的《伊菲革涅亚在奥利斯》《安德洛玛克》《赫库芭》、维吉尔的《伊

---

① 李天元．旅游学［M］．3版．北京：高等教育出版社，2011：9.

尼特》等[1]。这些故事中不仅出现了大量反映旅行活动的词汇，而且还有专门描述旅行的故事。

神话传说中的人物与故事虽然属于虚构的范畴，但一定程度上也是原始社会人类现实生活的客观反映。这些神话传说至少从侧面证明，随着生产力的提高，原始社会末期出现了劳动产品剩余，商品交换也不断扩大，人们的旅行天性得到激发，旅行活动也随之产生并频繁起来。

二、人类旅行的发展

（一）奴隶制社会旅行的发展

在奴隶社会时期，人类的旅行活动得到了迅速发展，一方面奴隶社会的建立促使社会各行业分工更加细密，商业更加发达；另一方面奴隶制统一国家建立，社会秩序相对稳定，空间移动的条件更加具备，为旅行活动的发展创造了条件。而促使人们外出旅游的主要原因是进行产品交换和易货经商。

1. 古罗马帝国旅行的发展

古罗马帝国强盛时期，疆域地跨亚非欧三洲，帝国秩序相对稳定，生产技术不断发展，促进了当时矿业、手工业和种植业的发展，此外，其海陆交通都十分发达，这些都在客观上为旅行的发展提供了便利的物质条件。

在旅行交通和设施方面，当时由于政治和军事需要，古罗马帝国大规模地修建道路，在全国范围内形成了较为完善的道路网络系统，所谓“条条大道通罗马”就是对当时罗马道路建设非常发达的概括，这在客观上为民间旅行活动的开展提供了方便。为了满足人们在旅途中歇息、吃住等需求，政府开始在道路沿途设置驿站，这些驿站起初是为了政府公务人员或是国王的使臣提供服务的，但后来也开始接待往来的民间旅客。随着民间旅行人员数量的增多，由官方和私人投资的商业性饭店业随之发展起来。这些旅行条件的改善在为旅行活动发展提供便利的同时，反过来又进一步推动了旅行人数的增加。

旅行活动方面，古罗马帝国主要以商务旅行为主，但也出现了宗教旅行和以享乐为目的的消遣旅行。由于古罗马地跨亚非欧三洲，加上其完善的公路网和海上丝绸之路的兴起，罗马境内与境外的国际商务旅行比较活跃。宗教旅行方面，在罗马帝国后期，基督教被确定为罗马帝国的国教，耶路撒冷和麦加作为圣地，成为众多基督教徒朝拜之地，宗教旅行随之在罗马帝国境内迅速发展起来。在雄厚的物质条件支配下，罗马奴隶主贵族享乐欲望与日俱增，消遣娱乐旅行随之兴起。这些奴隶主消遣娱乐旅行方式多样，既有以消遣为目的的狩猎旅行，也有以娱乐为目的的“竞技”旅行、节庆旅行、海滨旅行。古罗马斗兽场就是为了满足罗马奴隶主贵族享乐的欲望而建设的。

---

① 彭顺生．世界旅游发展史［M］．3 版．北京：中国旅游出版社，2006：26.

古罗马文明是古典奴隶制文明的最高形态，古罗马文化在希腊文明和东方文化的影响下发展起来，它不仅对西方文化乃至世界文化产生了巨大的影响，也为后世留下了众多对游客具有吸引力的历史文化遗产。例如神庙，其除了宗教功能，还由于其所体现的新古典风格、宏伟壮丽的外表以及宗教活动的神秘性，对普通人也具有一定的吸引力。其中，最著名的就是供奉朱庇特等众多神祇的万神庙。此外，科洛西奥竞技场、古罗马广场、凯旋门、记功柱、奥斯蒂亚罗马古城遗址等旅游景观都源于古罗马帝国时期。

2. 商代旅行活动的发展

在中国，奴隶社会时期旅行活动的发展与欧洲大致相同。在奴隶社会鼎盛时期的商代，生产效率的不断提高带来了剩余劳动产品的增加，以交换为目的的生产规模扩大，商人在不同地域间进行着商品的交换，以贸易经商为主要目的的旅行活动有了很大的发展。

在交通运输方面，商代人们用牲畜作为交通运输工具，牛车、马车十分普遍。据记载，当时的商人已经走遍了他们所知道的世界①。旅游活动方面，与欧洲类似，以商务旅行为主，但也出现了以奴隶主阶级享乐为代表的消遣活动。奴隶社会，社会财富集中在奴隶主阶级，除了用于祭祀活动外，其余的都被奴隶主享用，其中就包括外出游历。《易经》中曾有“观国之光”之句，据说便是后来“观光”一词的由来②。此外，人们对于自然美的认识也为旅游业的发展奠定了基础。《诗经》中“桃之夭夭，灼灼其华”“瞻彼淇奥，绿竹猗猗”“昔我往矣，杨柳依依，今我来思，雨雪霏霏”等描写自然景物的佳句反映出当时人们对自然美的意识。能够认识并自主地欣赏大自然之美是人类文明史上值得纪念的事情。

总之，人类真正有意识的外出旅行活动始于原始社会末期，并在奴隶社会时期得到迅速发展。虽然这一时期出现了消遣娱乐旅行，但仅局限于奴隶主阶级，人类最初的外出旅行是因产品交换和贸易经商的需要而出现的一种经济活动。

拓展阅读1

拓展阅读2

（二）封建社会旅行的发展

随着生产力的进一步发展，人类进入封建社会时期。封建社会的基本特点是以封建庄园或一家一户为单位，农业和家庭手工业相结合，男耕女织，自给自足的自然经济占主要地位。虽然仍然存在着剥削与被剥削阶级，即地主阶级与农民阶级，但是相对于奴隶阶级，农民有了一定的人身自由，有自己的私有经济，因而能在一定程度上调动农民的积极性。

1. 中国封建社会时期旅行活动的发展

中国封建社会历时两千余年，在这一时期，特别是在各个统一朝代期间，由于社会政治安定，生产力和社会经济得到了迅速发展。近代以前，中国在社会经济发展方面领

① 翦伯赞．中国史纲（第1卷）．上海：生活书店，1946.

② 李天元．旅游学［M］．3版．北京：高等教育出版社，2011：12.

先于西方世界，农业、手工业、矿冶、纺织、造纸、瓷器等生产技术都处于世界先进水平。社会的安定和经济的繁荣为中国封建社会时期旅行活动的发展提供了新的社会条件和物质基础。

交通运输业的发展为旅行活动的开展提供了可能。在封建社会，中国的水陆交通取得很大发展。自汉朝推出漕运政策开始，此后的历代封建王朝都将发展漕运作为国家的重要政策。其中，隋朝在发展水路交通方面的贡献最为突出。到宋朝时，疆域内的内河基本相连，尤其是南北水路交通较为发达。元、明、清三朝建都于北京，为了弥补内河漕运的不足，又发展海运。除了水路交通外，陆路交通的建设也不断发展，以秦朝的“驰道”和“直道”建设最为著名，当时以咸阳为中心，形成了四通八达的道路网。

旅游设施的发展可以从历代的驿站制度中得到反映。驿站是历代政府沿着国内主要陆路和水路设立的馆舍机构，直接目的在于方便传送官方文书和运送国家物资，供公差往来的人员食宿以及为牲畜补充饲料等。以唐朝的驿制为例，每隔 30 里设一驿站，据史书记载，当时的驿站设置达到 1639 所。到清朝时，驿站设置的地域范围已扩展到内外蒙古、新疆和西藏地区。除了政府设置的驿站外，民间经营的旅馆也逐渐发展起来。民间经营的旅馆通常被称为“逆旅”。“逆旅”作为主要存在于民间的，以家庭为组织的经营性旅馆，一直到晚清都存在，尤其是在魏晋南北朝、唐中后期、两宋时期、元朝，以及明代中后期商品经济政策较为灵活的时期。

社会经济的发展、交通条件的改善、旅游设施的出现为中国封建社会时期旅行活动的扩大发展提供了必要的经济基础和便利条件。在这一时期，旅行活动的规模和开展范围无疑都有了很大发展。并且，旅游类型也多种多样：除了以隋炀帝和清乾隆帝为代表的帝王巡游之外，以李白、杜甫为代表的诗人漫游，以张骞、郑和为代表的公务旅行，以玄奘、鉴真为代表的宗教旅行，以徐霞客、李时珍为代表的科考旅行等，都可谓其中的典型[①]。但是，这一时期，最为常见并且数量最多的旅行活动依然是商人的商务旅行。

2. 欧洲封建社会时期旅行活动的发展

欧洲封建社会时期旅行活动的发展相对于中国明显落后。在欧洲封建社会早期，由于政治上封建主割地称雄，经济上自然经济占主导地位，军事上战乱不休，因此，各个地区的旅行活动都不如古罗马时期发达。到了中期、后期，虽然各地的旅行活动均有一定的发展，但却呈现出明显的不平衡性，即无论在旅行活动的类型，还是在旅行活动的规模方面，西欧都绝非欧洲其他地区所能媲美。

交通是人们实现旅游活动的必要阶段，是旅游业发展的命脉。西欧封建社会初期，旅游交通及其工具极不发达，由于常年战事，罗马人苦心经营建立起来的四通八达的公路网络遭到了致命的破坏。这一时期陆上国际通道也不顺畅，来自中国的丝绸之路也被

① 李天元．旅游学［M］．3 版．北京：高等教育出版社，2011：14-15.

截断了。直到11世纪，交通状况才有所改观，但始终发展缓慢。13世纪，随着西欧商业的复兴，西欧的陆上交通状况得到进一步改进，城市与乡村、城市与城市之间大多有道路相同。步入16世纪之后，出于政治统治需要，多国君主开始重视陆上道路的建设，修桥铺路。然而，需要指出的是，虽然16世纪西欧陆上交通有了一定改善，但是文献表明，即使在16世纪，西欧当时的道路仍然是“冬季泥泞难行，夏天尘埃扑面；积水潭常常可碰到，而桥梁又少又坏”①。

旅行活动离不开食宿，西欧封建社会早期，外出旅行的人不多，人们大多住在相互隔离的社区里，旅游者在旅途中，或是露宿田野，或是在贵族的城堡里过夜，靠施舍，特别是教会的收容与施舍解决食宿问题。从11世纪开始，伴随城市的兴起和商业的发展，旅行也发展起来，对客栈的需求量也大增。早期英国的旅馆在伦敦出现，然后向乡间发展。十字军东征也刺激了当时旅馆业的发展，旅馆成为下层人民和中产阶级活动的社会中心。西欧封建社会中后期，旅游食宿条件有了很大改进，有的地方甚至发展得比较成熟。旅游住宿主要有客栈、客店、旅馆、大旅馆，以及富丽堂皇的接待大厦等不同层次，而且服务能满足不同的需要。

西欧封建社会的旅行活动主要有宗教旅行、商务旅行和国王巡游，此外还出现了求学旅行、休闲旅行、外交旅行、节庆旅行、探险旅行、自然观光旅行等。值得一提的是，从15世纪开始，西欧宗教改革连续不断，这些改变既促进了教育的世俗化，又促进了求学旅行的发展。生活在16世纪晚期一个名叫利普西斯的人，在总结旅行对一个人的影响时曾写道，古往今来，伟人名士皆有旅行经历。而通过这种求知旅行，其增加了对异国他乡风土民情、生活方式以及政体组织等方面的了解，从而开阔了见识②。此外，从13世纪开始，西欧兴起了以休闲保健为目的的温泉旅行活动。起初，参加者只是一些有钱的贵族，后来一些市民也参与其中。16世纪中叶，英国一名叫作威廉·特纳的医生出版了一本关于天然温泉能有效治疗各种体痛病症的著作，随即在西欧引起轰动，温泉保健旅游成为一种潮流。

（三）19世纪以前旅行活动发展的特点

通过对中外19世纪前的旅行活动的观察，我们可以发现，这一阶段的旅行活动的发展普遍具有以下特点：

第一，旅行活动的发展与当时的社会政治经济环境直接相关。在社会安定、生产力发展、经济繁荣的时期，旅行活动的规模和范围也会随之扩大发展；反之，则会出现停滞甚至倒退。

第二，旅游目的逐渐有了新的发展和扩大，但以经济为目的的旅行活动一直占主导地位。以休闲为目的的旅行活动在封建社会后期得到了大发展，但在规模上占主导地位

---

① 马尔萨．阿尔及利亚历史与史学家［M］．巴黎：巴黎出版社，1931：212.

② Young G. Tourism: Blessing or Blight. Penguin Books Ltd, 1973: 16.

的始终是商务旅行。

第三，客源构成呈现多元化趋势，但是统治阶级及其附庸一直是消遣性旅行活动的主要参加者。由于这些特权阶级在人口中所占的比例很小，他们的消遣旅行活动并没有普遍的社会意义，大多人在主观上仍然缺乏对休闲旅行的要求和习惯。由于封建社会自给自足的经济特征，农民被紧紧地束缚在土地上，没有丝毫的迁徙自由，加上农业经济忙闲有致的季节特点，广大农民阶级缺乏休闲旅行的主观要求。

第二节　近代旅游的发展和旅游业的诞生

世界近代旅游始于 19 世纪中期，以托马斯·库克包租车辆组团旅游，并设立了相应的旅游组织机构为标志，止于第二次世界大战结束。它上承世界古代旅游，下启现代旅游，在世界旅游史上占有极其重要的地位。在这一发展阶段中，旅游者，尤其是远距离旅游者，所依赖的交通工具主要为机器动力，旅游者的食宿接待主要为宾馆、饭店。旅游中介机构，如旅行社以及其他为游客服务的人员、业务等已经出现。旅游的目的主要以消遣度假旅游为主。旅游活动的范围开始突破国内的界限，扩展到国际舞台。

一、古代旅行向近代旅游转化

17 世纪中期，人类社会伴随英国资产阶级革命的胜利步入了近代社会。这一划时代的历史巨变虽然给人类旅游活动带来了某些量的变化，如旅游活动较前有所增加，以休闲度假为目的的旅行增多，但并没有从根本上改变人类旅游活动的性质，以经济为目的的旅游活动仍然占主导地位，“旅行更多的是一种朝圣般的行为”①。这种情况一直到 19 世纪中期英国工业革命即将结束才得以彻底改观。随着工业革命的步步深入，旅游交通的根本性改变和社会生产力空前提高，旅游迈入了一个崭新的时代，在很多方面都开始具有了今天意义上的旅游特点。

工业革命给人类社会经济带来了一系列的变化，也给发展中的世界旅游带来巨大的影响（见表 2-1）。

表 2-1　工业革命对旅游的影响

时　间	交通工具变化	城市化进程加快	阶级结构变化	工作、生活方式变化
工业革命前	畜力车、风帆船	分散、农村聚落	城市手工业者	忙闲有致，不愿出门
工业革命后	蒸汽火车、蒸汽轮船（大规模的人员流动成为可能）	集中、城市化（城市居民回归大自然）	产业工人（带薪度假）	工作重复单一，渴望外出休闲

① Smith V L. Hosts and guests: the anthropology of tourism. University of Pennsylvania Press, 1989: 54.

第一，工业革命推动了科学技术的进步，蒸汽火车、蒸汽轮船等交通工具的使用使得大规模的人员流动成为可能。

第二，工业革命加速了城市化的进程。这一变化最终导致人们希望适时摆脱城市生活的紧张节奏和拥挤嘈杂的环境压力，从而产生对回归自然的追求。

第三，工业革命带来了阶级结构的变化。工业革命造就了工业资产阶级，并使其成为新的统治阶级，社会生产的财富不再只是流向封建贵族和大地主，也越来越多地流向了资产阶级，从而有效地扩大了在财力和时间条件方面有能力参加旅游活动的人数。产业革命也造就了以出卖劳动力为生的产业工人。产业工人虽然经济上受资本家剥削，但他们毕竟是自由人，有迁徙外出的自由，加上生产力的提高和工人阶级的不懈斗争，资本家不得不增加工人的工资以及给予他们带薪假日。

第四，工业革命改变了人们的工作和生活方式。随着大量人口进入城市谋生，原先那种随农时变化而忙闲有致的多样性农业劳动，开始被枯燥、重复的机器大工业劳动所取代。单一的劳动重复使得人们对外出休闲充满了渴望。所有这些因素都有助于释放潜在的旅游需求，促进近代旅游，尤其是休闲旅游的发展。

总之，工业革命对世界旅游产生了多方面的影响，这些因素综合在一起，形成了一种合力，最终促成了世界旅游质的飞跃——世界近代旅游的诞生。

大师观点

二、旅游业的诞生

工业革命促进了社会生产力空前提高，给人类社会带来了社会经济的繁荣和巨大财富，加之铁路的廉价运费，更多的人开始有能力支付旅行费用。劳动大众要求享受假日权利的斗争也迫使资本家做出让步，劳动者至少赢得了某些传统节日带薪休假的权利。此外，人们外出旅游的消遣和度假的愿望日益强烈。这一切促使外出旅游的人数大大增加。与此相适应，“旅游”（tourism）一词于 19 世纪早期出现在英语中。

然而，旅游人数的大增也带来了一些新的问题。比如，旅游者由于缺乏旅行经验，对异国他乡的情况并不了解；语言的不通可能导致在当地活动不便。此外，旅游人数的增加与缺乏必要的旅游供给和旅游服务形成了尖锐的矛盾。这些问题的存在推动了旅游中介的产生。英国人托马斯·库克敏锐地认识到了这一点，并为满足这种社会需求做了大量开创性的工作，从而开近代旅游和旅游业之先河。

（一）1841 年的创举

受一些协会组织团体火车旅游的启发，1841 年 7 月 5 日，托马斯·库克以包租火车的方式，组织了一次由莱斯特开往拉夫伯勒的团队旅游专列，目的是参加当地举行的禁酒大会。这次活动规模空前，参加者来自社会各行各业，共 570 人，每人付往返票价 1 先令，单程约 12 英里。

在此之前，早有利用火车做团体旅游的记载，托马斯·库克也是受这些先例的启发而想到利用火车组织旅游的。因此，严格地讲，这次活动并不是世界上第一次团体火车旅游。人们之所以视托马斯·库克的这次活动作为近代旅游及旅游业开端的标志，是因为这次火车团体旅游具有以下不同之处：

第一，活动规模大，具有较为广泛的公众性。与之前的活动不同，这次活动的参加者来自各行各业，甚至包括家庭妇女。他们为了参加这次活动而走到一起来，活动结束后便离去，不再有什么联系。这与现代旅行社组织的旅游团的情况基本相同。

第二，由专人领队和陪同。托马斯·库克不仅发起、筹备和组织这一活动，而且从始至终随团陪同照顾，这可以说是现代旅行社领队和全程陪同的最早体现。此前的其他团队旅行或旅游只是有人筹备，却无人在旅途中负责照顾，由于人们旅行经验的缺乏，事故经常发生。因此，这种随团照顾便具有重要意义。

第三，为托马斯·库克旅行社的建立积累了经验。

拓展阅读

（二）开创了旅行社业务的基本模式

1841 年旅游活动的成功使托马斯·库克名声大噪。在此后的几年中，他又多次应邀组织了旅游活动，但都是他尽义务的“业余活动”。1845 年 8 月 4 日，托马斯·库克首次组织了 350 人从莱斯特到利物浦的团体消遣旅游。出于商业经营目的，托马斯·库克进行了线路考察，预先确定了旅游内容和食宿安排。在旅游活动中，库克不仅陪同和导游，还雇用了地方导游。这次活动开创了旅行社业务的基本模式，具有如下特征：

第一，组织这次旅游完全出于商业目的，不再是过去的“业余活动”。在此之前，托马斯·库克的主要职业是印刷和出版商。随着他组织旅游活动的增多，他渐渐意识到，人们要求参加旅游活动的积极性越来越高，旅游需求已经发展到一定的规模，创办相应业务的时机已经成熟。

第二，此前托马斯·库克组织的旅游活动都是当日往返的一日游，而这次则是在外过夜数天的长途旅游。

第三，组织这次活动前，托马斯·库克做了大量的考察，不仅提前确定了沿途停留参观游览的地点，还了解了廉价旅游的情况，为当时并不富裕的旅游者提供合适的住宿。

第四，编写并出版了世界上第一本旅游指南《利物浦之行手册》。

第五，托马斯·库克不仅本人担任旅行团的陪同和导游，还在沿途一些地方聘用了地方导游。

综上所述，我们不难发现，托马斯·库克在 1845 年组织的两次活动存在着一定的差别：

一是目的不同。前者是为了出席禁酒大会，后者则是为了纯粹的观光消遣。

二是性质不同。前者是托马斯·库克非营利的“业余活动”，后者则是其有意识的商业活动。

三是组织工作的内容不同。前者托马斯·库克只负责组织和护送，后者则是安排和组织线路、担任全程陪同和导游，并雇用了地方导游。

总之，托马斯·库克1845年的这次活动从考察线路、组织产品、广告宣传、销售组团，直至陪同和导游，体现了当今旅行社的基本业务，开创了旅行社业务的基本模式。1845年，托马斯·库克旅行社正式挂牌。托马斯·库克创办旅行社的活动标志着旅游业的诞生。

总之，托马斯·库克独一无二的贡献在于：他创建了旅游供给体系中的核心——旅行社，有了它就可将各自独立存在的旅游双方联结起来，旅游活动开始呈现有组织、有计划的特点，旅游产业的进一步演进成为可能。他还组织了旅游的全过程——运输、住宿和活动，这就是真正的旅游产品。作为主要运输和住宿供应商的一位代理商，他能够满足特殊市场的需求。他创造了一种基本的服务——包价旅游或散客旅游。世界各地都开始效仿他的创新。这一做法使得托马斯·库克比任何其他的企业家都更多地改变了人们的旅游观念。旅游从一种必要的但绝非充满乐趣的活动——一种教育、一项艰巨的任务——变成了一种休闲和娱乐，一种新的观念——“度假”。

第三节　现代旅游的发展

现代旅游是指第二次世界大战结束以后，特别是20世纪60年代以来，迅速普及世界各地的社会化旅游活动。

第二次世界大战全面爆发后，无情的战火使得整个世界都处于动荡之中，由于世界旅游业失去发展的最基本的环境，因而第二次世界大战期间，世界旅游业尤其是那些遭到战火波及的国家遭受到了前所未有的劫难。

幸运的是，在全世界反法西斯的国家共同努力下，第二次世界大战于1945年结束。世界旅游活动不仅很快得到恢复，而且由于世界经济的增长而出现了前所未有的快速发展。

一、现代旅游迅速发展的原因

具体来说，第二次世界大战后促使旅游活动规模迅速增长的主要因素有以下几点。

(一) 世界经济迅速发展

战后世界经济的增长为旅游的发展提供了物质保证。第二次世界大战期间，交战国双方的经济都受到了巨大的影响。战后，各国纷纷采取措施医治战争创伤。美、英、法、西德等国都将恢复经济作为工作的重中之重。在世界主要资本主义强国经济得到复苏，并逐渐走上发展道路的同时，世界其他国家的经济也都有一定程度的发展。据统计，以1979年的美元价值计算，1949年的全世界生产总值为25000亿美元，至20世纪60年代末，则上升为年62000亿美元。几乎所有国家战后的经济增长速度都大大超过了战前的增长速度。经济的发展使得众多国家居民的家庭平均收入迅速增加，在那些原先经济基础就比较雄厚的西方国家中更是如此。人们收入的增加和支付能力的提高对旅游的迅速发展和普及无疑起到了极其重要的刺激作用。

（二）交通运输工具的进步

战后交通运输工具的进步推动了现代旅游的发展。交通运输工具的进步是决定战后旅游发展的关键性因素。战后，铁路和轮船虽然在不少国家中仍为人们重要的旅游方式，但就世界范围而言，特别是在经济发达的工业化国家中，这些传统的旅行方式逐渐为汽车和飞机所代替。战后，航空交通工具在性能上的进步和在数量上的发展大大缩短了旅行的时间和距离，使得人们旅游开支中旅行费用的减少成为可能。

（三）战后世界人口迅速增加和各国城市化迅速发展

战后初期，全世界人口约25亿人，但到20世纪60年代，随着经济的发展，全世界人口迅速回升，增长到36亿。一般来说，人口的多少与旅游的人数成正比，因此，世界人口基数的扩大为战后大众旅游人数的增加奠定了基础。第二次世界大战期间，不少城市，在战火中几乎沦为废墟。但战后，这些城市不仅得到了很快的恢复，而且各国的城市化进程也普遍加快。在欧美，出现了农村人口向城市流动的潮流，这种大规模的移动一方面使各国农村人口不断下降，另一方面也促进了旅游的发展。

（四）科学技术的大发展

始于20世纪40年代中期的世界第三次科学技术革命以原子能、空间技术和电子计算机的广泛使用为内容，它的直接结果是使得各产业生产过程的自动化程度不断提高并且日益普及，从而大大提高了生产效率，减少了生产同样数量的同样产品所需要的时间，这就为带薪假期的普及提供了可能。可以说，第三次科学技术革命促进了大众旅游的出现。

（五）战后各国政府对旅游发展的支持态度

旅游业对整个社会经济的发展具有巨大的拉动作用，各国政府在实践中也逐渐认识到旅游也是人类的社会基本需要之一，因此，战后以来，随着大众旅游的兴起，几乎所有国家的政府都先后在不同程度上支持和推动本国旅游业的发展，采取了各种有利于旅游业发展的干预政策。例如，在便利国际游客来访方面，早在1983年由国际官方旅游组织联盟（世界旅游组织的前身）发起的“联合国国际旅游会议”，曾提出过一套有关便利国际旅游往来的建议。总之，各国政府对旅游发展的支持态度和措施是战后现代旅游业突飞猛进发展不可忽视的重要因素。

（六）战后教育、信息技术的发展及其他因素的作用

战后，各国的教育事业不断向新的广度和深度发展，接受高等教育的人数愈来愈

多。世界旅游发展史证明，一般来说，文化水平越高，外出旅行的愿望越强烈。此外，战后，信息技术取得了长足的进步，电视、计算机尤其是信息高速公路的出现扩大了人们的视野，增强了人们对外界世界的求知欲，这一情况无疑对战后旅游热的兴起和发展起着极其重要的影响。从供给层面来看，各国推出的廉价团体旅游和包价旅游，对战后旅游的发展产生了积极的影响。

总之，影响战后旅游迅速发展的因素是多方面的，既有需求方面的因素，也有供给方面的因素，正是需求和供给两方面因素的综合作用，才推动了战后旅游的迅速发展。

二、现代旅游的特点

现代旅游的特点主要表现在三个方面：活动开展的普及性、空间分布的地理集中性和时间分布的季节性。

大师观点 拓展阅读

（一）活动开展的普及性

1. 大众旅游的出现

所谓“大众旅游”（mass tourism），它具有两层含义：一是指其参加者的范围已经扩展到普通劳动大众。二是指现代旅游开始形成以有组织的团体包价旅游为代表的规范化旅游模式。

世界旅游组织（WTO）在著名的《马尼拉宣言》中明确提出，在现代社会中，旅游度假已经成为人们的一种基本需要，“作为人类自身发展的一个方面，人们在享有工作权的同时，自然也应享有休闲的权利，特别是享有度假和自由旅行的权利”。为此，《马尼拉宣言》倡导“国家有义务为国民参加旅游活动创造条件”，使旅游度假真正成为人人享有的权利。

在国际学术界，很多学者对大众型旅游往往持否定意见，认为这种大规模的旅游方式会加重旅游的负面影响。但实际上，无论是在现代旅游兴起之初，还是在可以预见的未来，包价团体旅游这种大众型旅游方式都十分必要。试想，在普通大众对异国他乡的情况并不熟悉甚至陌生的情况下，如果没有这种团队旅游方式，人们在出游过程中，不仅会困难重重，而且费用开支也会增加很多。因此，如果没有这种大众型旅游方式，全球旅游活动的开展不可能达到如今的规模。

2. 奖励旅游的出现

奖励旅游（incentive tour；incentive travel）最早于20世纪60年代在美国出现，它是指包括企业、社会团体和政府机构在内的各种组织为了表彰和奖励那些工作成绩突出的员工和工作人员，而特别为其组织的免费旅游或度假活动。如今，奖励旅游已经在世界各地流行开来。

奖励旅游自产生起就作为一种企业管理工具，得到社会的普遍认同，具有激励与示范的双重功能。一方面，因产生积极的心理体验而使获奖者的先进思想得到强化激励；另一方面，因作用于周围的人，使其所宣扬的价值观可演化成组织或社会共同认可的行为规范，从而产生对社会的示范效应。

由于奖励旅游自身的特点，这一市场的消费水平和商业价值都很高，从而使得很多旅游目的地和旅游企业都很看重这一市场的经营和接待。如今，奖励旅游迅速地发展成为一个引人瞩目的高端旅游市场。

3. 社会旅游的出现

社会旅游（social tourism）是一种借助第三方力量，旨在帮助社会民众，尤其是各类社会弱势群体（包括低收入者及其家庭、残疾人、老年人、青少年等）实现参与旅游或度假活动，并使各方利益相关者在此过程中获得道德提升的一种特殊旅游形式。社会旅游诞生于欧洲，在以改善民生、提高社会福祉、推动社会平等为宗旨的社会福利政策中发挥了重要作用，甚至被视为政府公共政策的贡献者①。第二次世界大战后，社会旅游在美国、加拿大、日本等工业化国家也获得发展，如今扩展至亚洲、拉丁美洲和非洲。社会旅游的诞生满足了普通民众对伦理道德的需求，使得“旅游是全体公民一项社会权利”的诉求得以实现，它“通过在部分社会人群中所扮演的催化和教育角色，如今已成为人类技术和道德不懈演变中最为积极的领域之一”②。

实现社会旅游的具体做法主要有两类。一类做法是由政府拨款或由社会组织资助兴建一些旅游度假中心，对国民中低收入的家庭实行减免收费；另一类做法则是由有关的组织（例如雇主和工会）以不同的安排方式为这类家庭的员工发放度假补贴。无论如何，社会旅游这一现象的出现，说明旅游活动作为现代社会生活的必要组成部分，其普及性开展已被提到社会发展的工作日程上来。

认识现代旅游活动的普及性有着多方面的意义。其中最重要的两点：一是现代旅游活动的普及性意味着旅游市场的规模及存在和发展的持续性，因而也预示着旅游业未来的市场前景；二是现代旅游活动的普及性不仅意味着旅游活动参加者的范围已经扩展到普通的劳动大众，更反映了其参加者范围的广泛性。对于大多数旅游企业来说，这意味着有必要从中选择适合自己经营的目标市场③。

（二）空间分布的地理集中性

随着现代科学技术的发展和交通运输工具的进步，各地空间方面的时间距离不断缩小，旅游跨度增加。但是，现代旅游者不是较平均地分布在地球表面各个地区，他们往往集中到某些地区或国家去旅游，甚至集中到某些景点参观游览或从事其他旅游活动。对于现代旅游活动的开展在空间分布上的不均衡性这一特点，国际旅游文献中称之为地理集中性（geographic concentration）。

---

① Minnaert L, Maitland R, Miller G. Tourism and social policy: The value of social tourism [J]. Annals of Tourism Research, 2009, 36 (2): 316-334.

② Haulot A. Social tourism: Current dimensions and future developments [J]. International Journal of Tourism Management, 1981 (9): 207-212.

③ 李天元. 旅游学 [M]. 3版. 北京：高等教育出版社，2011：14-15.

现代旅游的地理集中性不仅反映在全世界国际旅游的分布格局上，具体到一个国家同样也呈现这一特性。

首先，从全世界国际旅游接待量的地区分布格局来看，全球国际旅游者集中于欧洲、北美和亚太地区。

其次，就一个国家而言，旅游活动接待量在全国各地的分布格局往往也会呈现出相对集中的特点。以我国的情况为例，无论是入境旅游者还是国内旅游者，都不是相对平均地分散在各个省市开展他们的旅游活动，而是沿着他们所理想路线到他们所理想的地区去旅游。我国每年进行的各省市旅游接待量的统计数字就是这方面的明证（见表2-2）。

表 2-2　2013 年全国国际旅游（外汇）收入和接待入境过夜游客情况

序号	地区	国际旅游（外汇）收入/亿美元	与上年比较/%	接待入境过夜游客/万人次	与上年比较/%
1	广东	162.78	4.3	3397.90	-2.6
2	浙江	53.93	4.7	337.57	-9.6
3	上海	52.45	-4.5	614.09	-5.7
4	北京	47.95	-6.9	450.13	-10.1
5	福建	45.73	8.2	294.02	5.0
6	辽宁	34.77	6.5	256.04	-14.6
7	天津	25.91	16.4	75.86	2.9
8	云南	24.18	24.2	287.88	-5.1
9	江苏	23.80	-6.3	288.03	-9.0
10	山东	22.17	2.1	285.98	-5.6
11	陕西	16.76	4.9	253.47	3.0
12	安徽	16.60	6.3	271.95	4.8
13	广西	15.47	21.0	281.74	6.1
14	重庆	12.68	8.6	115.17	6.2
15	湖北	12.19	1.3	267.96	1.2
16	内蒙古	9.62	24.7	161.61	1.5
17	湖南	8.23	-11.4	230.66	2.7
18	山西	8.23	14.2	53.84	0.3
19	四川	7.65	-4.2	209.56	-4.3

续表

序号	地区	国际旅游（外汇）收入/亿美元	与上年比较/%	接待入境过夜游客/万人次	与上年比较/%
20	黑龙江	6.04	-27.7	152.86	-26.4
21	河　北	5.86	7.5	84.27	-2.1
22	新　疆	5.85	6.3	68.88	10.2
23	吉　林	5.52	11.6	124.30	5.1
24	江　西	5.25	8.3	123.89	-2.3
25	河　南	5.14	3.8	127.38	4.2
26	海　南	3.37	-3.0	75.64	-7.3
27	贵　州	2.01	19.2	62.40	6.1
28	西　藏	1.28	21.0	22.32	14.5
29	甘　肃	0.20	-8.8	9.78	-4.2
30	青　海	0.19	-20.2	4.65	-1.5
31	宁　夏	0.12	121.7	2.54	33.5

最后，从旅游者在一个地区或一个城市中开展活动的地域分布情况来看，也不是各处平均分布的，而是集中在某些区域甚至是某些景点。以山西2013年“五一”小长假为例，在纳入全省旅游统计预报中心监测的36个重点景区中，旅游接待量位居前五位的依次是平遥古城、绵山旅游区、晋城皇城相府、运城死海和壶关太行山大峡谷。

旅游活动地理集中性的存在，对目的地旅游业的发展和旅游企业的经营既有有利的一面，又有不利的一面，因此，认识旅游活动的地理集中性这一特点具有重要的现实意义。一方面，认识这一点有助于指导旅游设施和旅游企业经营地点的选址。经营者应该尽可能地将经营地点选在旅游活动比较集中的区域，以便争取客源。另一方面，有助于指导目的地旅游规划和旅游管理工作。任何一个旅游目的地的承载力都是有限的。多数情况下，目的地旅游承载力极限的突破往往与旅游活动在地理分布上的过度集中有关。例如，“黄金周”期间一些热门景点人满为患，有些景区游客量远远超出了该地的旅游承载量极限，导致游客旅游质量下降、景区环境被破坏等多种不良后果。这些问题，只有通过科学的规划工作和有效的游客管理工作才会得以克服或抑制。

（三）时间分布的季节性

现代旅游的季节性是指人们的出游活动在时间分布上的不均衡现象。根据旅游资源的不同性质和不同的旅游类型，现代旅游的季节性非常突出。一般来说，主要依赖自然旅游资源吸引游客的国家和地区，旅游接待量的季节性波动比较大；主要依靠人文旅游资源吸引游客的国家和地区，旅游接待量的季节性波动比较小。消遣型旅游受季节性制约多一些，事务型旅游几乎不受季节性影响。四季分明的国家和地区，四季中接待游客的波动量比较大些；四季不太分明的国家和地区，四季中接待游客量比较稳定一些。

对于旅游目的地或旅游经营者来说，旅游季节性的实质在于旅游需求的波动性。一年当中，旅游者来访人数明显较多的时期称为旺季，明显较少的时期称为淡季，介于两者之间的其余时期称为平季。这种需求的季节性波动不论是对旅游目的地，还是对旅游服务供应企业，都有诸多不利影响。以对旅游目的地的影响为例，旅游目的地的旅游供给在一定时期内是相对稳定的，不可能随着旅游需求的波动而随时增减。这样，在淡季时会造成资源的闲置和浪费，而在旺季时却会面临供不应求的问题。

因此，认识到现代旅游活动季节性的特点具有重要的现实意义，主要表现在：首先，可以认清季节性对旅游业经营的危害；其次，分析季节性的原因，有利于建设和宣传适合全年来访的旅游目的地；最后，注重旅游产品线的开发和优化，着重打造淡季旅游产品。

第四节　后现代旅游的发展

从20世纪90年代开始，全球经济持续增长，特别是原来不发达的第三世界国家逐渐发展起来，交通、通信技术不断进步，世界交通环境日臻完善，人们闲暇时间和收入增多，西方的带薪假期已经制度化，冷战结束后随着政治隔障的消除，发展中国家越来越开放以及旅游费用下降，所有这些使得世界步入了遍及全球的平民百姓的大众旅游黄金时代。在这个被称为大众旅游的黄金时代，旅游者越来越追求个性化、自由化，那种沿袭了半个世纪的包价团体旅游受到前所未有的冲击。伴随旅游业质和量的新变化，旅游的形式也越来越走向多样化，档次也越来越高。观光旅游和单一的度假旅游已不再受人青睐，为满足旅游者感官需求的专题旅游产品和社会可持续发展需要的后现代旅游产品方兴未艾，旅游业进入一个全新的时代。

一、后现代旅游时代

在线案例

（一）现代旅游的“麦当劳化”

建立在现代性基础上的现代社会是一个高节奏的社会。在这个社会中，生活程式化、人际关系疏远化、工作刻板化。现代性的理性主义、工具主义、福特主义的力量渗透进了社会的各个角落，旅游逐步现代化、商品化、雷同化①。麦当劳餐厅的原则是讲

① 左小斯．现代性、后现代性与乡村旅游［J］．广东社会科学，2005（1）：179-184.

究效率、可计算性、可预测性，一切按照既定的程序标准化运转。它集中体现了现代性的核心——理性。美国社会学家乔治·里兹尔认为这种原则正在向全世界渗透，形成社会的“麦当劳化”，现代旅游是一种商业运作的产物，为了实现成本最小，利润最大，也就是所谓的“最合理”，它难以避免“麦当劳化”①。

（二）后现代主义对现代旅游的反思

1973 年石油危机的爆发，结束了资本主义国家战后黄金发展时期。经济增长缓慢，失业率节节攀升，福特制方式遭遇了前所未有的挑战。福柯、鲍曼、詹姆逊、德里达等学者开始深刻反思现代性的局限，他们针对现代性存在的问题，提出了一系列深刻的批判，由此形成了后现代主义思潮②。

后现代主义视野中现代旅游充分体现出工业社会福特制刚性生产方式的特征，存在着诸多弊病：

1. 商业化的弊端

后现代主义认为现代旅游是商业化的产物。在消费社会中，旅游作为一种特殊的商品，成了一种符号，是某种意义上的文化资本。借助对旅游的消费，游客实现着一种社会地位的安排和群体认同。从旅游企业的角度来看，资本追求的是利润的最大化。理性化、标准化、科学化恰恰是旅游企业实现利润最大化的途径。于是，现代旅游埋没了旅游者的个性和对旅行过程的体验。商业宣传代替了人际交流，导游手册取代了旅游文学，旅游行为和旅游活动简化成“事物的生产—消费—交易”③。

2. 雷同化的尴尬

现代旅游标准化的后果之一是普遍的模仿。雷同的旅游景观、旅游路线、旅游方式带给现代人的只是单调和重复。千千万万人年复一年，日复一日按照旅游企业设定的统一模式进行旅游活动，旅游者像旅游生产线上的制品按照固定的程序走动。

现代旅游把旅游经营的目标锁定在少数知名度很高的景点，组织人们千篇一律地，几乎用同样的方式到这些地点观光，把旅游者的人生与名胜古迹的光环结合起来，成为一种慕名运动。这不仅给生态、古迹造成了巨大压力，也淡化了人对自然与历史文化的实际体验和感悟，泯灭了旅游者的个性。

后现代主义认为，这种雷同造成了游客的审美疲劳。旅游的目的本来是为了躲避日常生活的重复、无聊，但现代旅游却日渐异化成一种千篇一律的机械运动，这是颇耐人寻味的尴尬。

3. 媚俗的难题

现代旅游为了实现利润最大化，实现旅游消费最大化，也会迎合大众的低级趣味。

---

① 何兰萍．大众旅游的社会学批判［J］．社会研究，2002（10）：10-12.

② 陆贵山．试论后现代主义社会文化思潮的二重性［J］．文艺理论与批评，2005（3）：87-93.

③ 郑威．社会生产范畴中现代旅游的“生产”与“交换”［J］．商场现代化，2006（5S）：272-273.

媚俗的结果是层次低下、缺乏品位的旅游产品充斥市场。久而久之，旅游企业也失去了开发高雅旅游产品的动力和能力。现代旅游面临着巨大的难题，一方面是高品位、高要求的游客群壮大，一方面却是低级、媚俗的旅游产品泛滥。

4. 强制性的悲哀

现代旅游的主导者是旅游企业。它单方面决定了游客的旅行线路、旅游时间等。游客如同道具一样，只能被动接受旅游企业的安排。更有甚者，捆绑销售旅游产品，强迫游客购物、参加本非所愿的旅游活动。强制性意味着对游客主动性的抹杀。凭借强制手段，旅游企业获得了较高利润，然而却失去了游客的信赖。

5. 居高临下的压迫

现代旅游者希望旅游目的地能够呈现出与其居住地不同的原生态景观。但同时他们又以现代性的目光来衡量旅游目的地。他们内心深处实际上有着一种文化优越感，缺乏对旅游目的地“同情之了解”，更谈不上与旅游目的居民的互动。他们带来的新的生活习惯，实际上破坏了旅游目的地的人文生态①。

旅游目的地的人们感到一种外来文化的压力：要么模仿，很快失去自我；要么为取悦对方而刻意保留某些形式，而内部实际已发生了蜕变。

实践项目

（三）后现代旅游的内涵

在后现代思潮的影响之下，20 世纪 80 年代以来，国际旅游市场出现了一些明显的变化。步入 20 世纪 90 年代，全球化进程加快，互联网得到广泛传播，旅游的各个环节都具有了新的特点。首先是游客年龄结构中，中青年的比例呈上升趋势；其次是旅游市场不断细分，原来整齐划一的旅游市场不复存在；最后是游客的旅游意识开始发生变化②。在此背景下，一种不同于现代旅游商业取向，纯粹是一种个人生命体验的后现代旅游取得了长足发展。

后现代旅游是一种有生命力的、新的旅游形式。发达国家广泛兴起的背包旅游、自助旅游、探险旅游等都属于后现代旅游。这类旅游流行于青年、白领、退休人员、探险者、文体工作者等社会群体中。

后现代旅游的核心意识是从商业化的旅游向生命体验的回归，变以经历欲、享乐欲的满足为主的现代旅游为体验性、探索性、求知性为基本诉求的新型旅游。工业化时代的家庭生活是工业化生产的附庸，是劳动力再生产的温床，家庭生活中短暂的休息不过是为了生产的需要。现代旅游创造了短暂的观光、度假，人在繁忙的劳动中透一口气，有一个“放风”的时间。而后现代旅游则应当是一种新的生活方式，是第二生活空间，与自然、他人、历史文化接触如同日常工作、学习，是生活的必需。

---

① 曹国新．中国与西方旅游的古代、现代和后现代特征［J］．旅游学刊，2006（6）：11-15.

② 黄燕，涂媛鸿．论后现代思潮对旅游消费行为的影响［J］．企业经济，2006（10）：78-80.

二、后现代旅游时代中国旅游业的发展

后现代旅游的产生与发展并不意味着现代旅游方式的消亡，更不意味着旅游产业价值的丧失；但是旅游产业功能将面临巨大的转变。对此，中国旅游业的发展应该从以下几方面着手进行改变，以适应后现代旅游时代的到来。

（一）突出服务功能

按照旅游费用法（HCK），旅游的费用=交通费+食宿费+旅行时间机会收入+门票。对于一个国家和地区来说，后现代旅游概念下的新型旅游，减少了旅行社的收入，也在一定程度上减少了门票收入，但旅游的交通费、食宿费依然存在。游客仍然需要得到旅游企业提供的旅游服务来保证旅游活动的顺利进行。后现代旅游的主体是游客。旅游企业必须转变以往无所不包、过度参与的角色定位。旅游企业的角色应当是一个服务者。旅游企业从前台退到幕后，为游客提供票务、信息、住宿等服务，而不干涉游客的旅游活动。这样一来，旅游企业的服务质量会因为专业化而得到提升，游客也会有更多的主动权。后现代旅游在此双重动力推动下，发展将更为迅速。

管理评论

（二）健全旅游安全保障体系

后现代旅游往往选择荒僻、具有一定冒险性的旅游目的地，旅游活动相对比较容易发生事故。近年来，因背包旅游等后现代旅游引起的安全事件呈上升态势[1]，充分暴露出旅游安全保障体系存在的问题，如援救队伍业余化、援救器材配备不全等。因此，从国家和地方角度加强旅游安全保障体系的建设，为后现代旅游的发展提供一个安全的环境，迫在眉睫。

拓展阅读　课堂讨论

（三）加强信息流动

信息的流动不仅包含旅游者相互之间的交流，还包括了游客与旅游企业、旅游安全保障部门、旅游目的地居民的互动。加强信息流动，减小信息不对称，可以提高旅游服务质量，减少旅游安全隐患，促进游客与当地人的和谐相处。同时，在不断的交流中，各方能加深了解和认同，在思想的交锋中创造出更多新奇的后现代旅游方式。这就要求互联网、手机、GPS 等现代信息工具的广泛应用，以促进旅游信息产业的发展。例如，国家旅游局将 2014 确定为“智慧旅游年”，旨在加快推动旅游在线服务、网络营销、网上预订、网上支付等智慧旅游服务；运用市场化机制，推动建立全国统一的在线旅游服务平台和景区门票预订系统；制定智慧旅游景区标准，以 5A 级景区为重点，推进智慧旅游景区试点，继续推进智慧旅游企业、智慧旅游城市建设。

---

① 朱璇．背包旅游：基于中国案例的理论和实证研究［D］．上海：华东师范大学，2007.

(四) 发展旅行装备产业

后现代旅游因具有主动性、自主性，对旅游装备也提出了要求。未来的社会人将有两套生活设备：一是家庭—职场生活空间的用具装备，二是户外旅游装备。专用的背包、帐篷、车辆等装备的市场前景看好。这些产品将延长旅游产业价值链，为旅游企业创造更多增值机会。

延伸阅读 2-1

旅行发展的大事年表

下面列出了两份有关旅行发展的大事年表：一是古代人类迁移、早期探险家和杰出旅行家活动的大事年表，二是旅行安排者及其业务、设施、设备和供应商情况的大事年表。入选表中的旅行家和探险家不仅都曾有过长期而艰苦的旅行经历，去过一些当时鲜为人知（并且常常为人们所误解）的地方做探访，而且还亲自或者由别人代笔对这些地方作了生动的记述。他们不仅会遭遇令人难以置信的困难，而且时常遇到危险，甚至九死一生。

今天，人们舒适（有时甚至是鼓舞人心）的旅行条件完全得益于现代工艺、设计和工程技术的发展。

古代人类迁移、早期探险家和杰出旅行家活动的大事年表

100 万年以前	直立人在东部非洲和南部非洲起源，并大范围往北向中东和亚洲迁移
35 万年以前	直立人开始向早期现代人进化；居住于非洲、欧洲和亚洲
3 万—5 万年以前	向解剖学意义上的现代人进化，并从东南亚扩张进入大洋洲和东北亚
15000 年以前	旧石器时代人自东北亚经由大陆桥进入“新世界”北部地区
公元前	
前 4000 年	苏美尔人（美索不达米亚、巴比伦尼亚地区）发明货币、楔形文字和轮子；创造出导游的概念
前 2000—前 332 年	腓尼基人开始海上贸易，航迹遍及整个地中海地区，他们的航行范围可能还远及不列颠群岛、西非沿海地区和亚述尔群岛
前 1501—前 1481 年	哈特希波苏特女王从埃及出发前往蓬特旅行，据说蓬特位于非洲东海岸
前 336—前 323 年	亚历山大大帝率领军队从希腊进入亚洲，翻越兴都库什山脉（位于今天的阿富汗-克什米尔地区）抵达南亚地区的印度河

续表

公元	
500年	波利尼西亚人从社会群岛出发，渡洋至夏威夷，航行距离超过2000英里
800—1100年	生活在斯堪的纳维亚半岛的维京人（Vikings）建立贸易，并探察冰岛、格陵兰岛以及北美沿海地区
1271—1295年	威尼斯商人马可·波罗在波斯（今天的伊朗）、西藏、戈壁沙漠、布尔马（位于约旦）、暹罗（位于泰国）、爪哇岛（位于印度尼西亚）、苏门答腊岛（位于印度尼西亚）、印度、锡兰（现在的斯里兰卡）、西伯利亚以及其他一些地方旅行
1325—1354年	有“伊斯兰的马可·波罗”之誉的摩洛哥人伊本·巴图塔（Ibn Battuwtah）六次前往麦加朝圣，还曾访问印度、中国、西班牙以及非洲的廷巴可图
1492—1502年	克里斯托弗·哥伦布（Christopher Columbus）探察“新世界”，包括巴哈马群岛、古巴、牙买加、中美洲以及南美洲的北部沿海地区
1497年	意大利航海家约翰·卡伯特（John Cabot）从英格兰的布里斯托尔港起航，在今天称为诺瓦斯科舍的地方发现了北美洲
1513年	西班牙探险家巴斯科·巴尔沃亚（Vasco Nunez de Balboa）发现太平洋
1519年	费迪南德·麦哲伦（Ferdinand Magellan）从西班牙起航西行，率队环游世界。其本人在菲律宾被杀身亡，但他的一些船员完成了这次绕地球一周的旅行
1540—1541年	西班牙探险家弗朗西斯科·科罗纳多（Francisco Vasquez de Coronado）到今天的亚利桑那州、新墨西哥州、得克萨斯州、俄克拉何马州以及美国西南部其他一些地方寻找黄金、白银和宝石（但没有成功）
1602年	英格兰探险家和殖民者巴塞洛缪·戈斯诺尔德（Bartholomew Gosnold）从（今天的）美国缅因州起航前往纳拉甘西特湾，在途中，发现并命名了科德角半岛，1606年，他的船将首批殖民者运至弗吉尼亚
1768—1780年	英格兰海军指挥官詹姆士·库克（James Cook）探察北美洲的东北部沿海地区，并在太平洋中发现了新喀里多尼亚、新西兰、澳大利亚和夏威夷，他本人在夏威夷被杀身亡
1784—1808年	苏格兰人亚历山大·马更些（Alexander Mackenzie）首次踏勘墨西哥以北的北美洲内陆，发现了如今以其名字命名的马更些河与弗雷泽河（Fraser River），前者流入北冰洋，后者注入太平洋
1804—1806年	美国人梅里韦瑟·刘易斯（Meriwether Lewis）与威廉·克拉克（William Clark）率先进行了开发美国西部的探险活动，发现了哥伦比亚河，足迹直抵太平洋海岸

续表

公元	
1860—1863 年	英格兰人约翰·斯皮克（John H. Speke）发现尼罗河的源头。尼罗河的源头是从维多利亚湖北岸流出的维多利亚尼罗河
1925—1934 年	美国水下探险家和发明家威廉·毕比（William Beebe）发明深海潜水装置，并在百慕大海域下潜 3034 英尺
1951—1955 年	美国人伊丽莎白·马歇尔·托马斯（Elizabeth Marshall Thomas）完成在非洲中部卡拉哈里沙漠的探险
1969 年	美国宇航员尼尔·阿姆斯特朗（Neil Armstrong）、小埃德温·奥尔德林（Edwin Aldrin. Jr.）和迈克尔·柯林斯（Michael Collins）首次飞往月球，阿姆斯特朗和奥尔德林先后步出登月舱踏上月球表面，科林斯继续驾驶指令舱，后来他们驾驶重新接合起来的指令舱的登月舱返回地球

旅行安排者及其业务设施、设备和供应商情况的大事年表

公元前	
前 2000 年	商队客栈（客店）出现于古代的近东地区和东方诸国。这些住宿设施沿商队行走路线分布，为往来的旅行者和商人提供过夜住宿，并为其骆驼和驴安排歇息的地方。这些人都是结队旅行，以相互协助和抵御盗匪
前 776 年	希腊人开始外出旅行去参加奥林匹克运动会。后来，奥林匹克运动会每 4 年举办一次
公元	
500—1450 年	在欧洲的中世纪时期，皇室在外地举办社交聚会之前，会派一名先遣人员勘查最佳旅行线路、寻找食宿设施，然后返回，为该团体担任向导
1605 年	出租马车在伦敦出现
1801 年	理查德·特里维西克（Richard Trevithick）在英格兰制造出能够牵引有轨列车的蒸汽机车
1815 年	英国人约翰·麦克亚当（John L. Mc. Adam）和托马斯·特尔福德（Thomas Telford）发明全天候道路，之后人们用沥青铺设路面
1822 年	英格兰布里斯托尔的罗伯特·斯马特（Robert Smart）开始为乘客代理预订去爱尔兰的船票
1826—1840 年	铁路运输在美国开始运营，先是运输煤炭之类的矿物，后来提供客运服务
1829 年	第一家“现代”旅馆——特莱蒙特旅馆（Tremont House）在波士顿开业
1830 年	英格兰开始铁路客运

续表

公元	
1838 年	《旅游者回忆录》（Memoires dun tourists）一书的作者，笔名为司汤达（Stendlal）的法国人玛丽-亨利·贝尔（Marie-Henri Beyle），据说是第一个在流传作品中使用法语“旅游者”一词的人
1841 年	托马斯·库克组织旅游专列，运送 570 名乘客从英格兰的莱斯特前往拉夫伯勒，单程 12 英里
1850 年	在英国驻挪威奥斯陆的总领事馆中担任秘书的托马斯·贝内特创立名为“旅游组织者”的企业，为来访挪威的英国散客安排消遣旅游线路，并提供其他相关服务
1873 年	美国运通公司成立，由始建于 1850 年的美国运通公司前身与始建于 1852 年的维尔斯·法戈公司合并而成
1902 年	美国汽车协会（American Automobil Association，AAA）在芝加哥成立
1903 年	在北卡罗来纳州的基蒂·霍克机场，莱特兄弟首次驾机飞行成功
1908 年	亨利·福特生产出著名的 T 型小汽车
1918 年	德国汉莎航空公司在从柏林飞往莱比锡和魏玛的航线上首次推出定期航班客运服务
1920 年	美国道路系统开始作巨大改进
1926 年	瓦尼航空公司和西部航空公司成为美国最早的航空公司
1927 年	查尔斯·林德伯格独自一人驾机从纽约直接飞抵巴黎
1927 年	查尔斯·莱文成为第一位飞越大西洋的乘客，他乘飞机从纽约直飞德国，最后在距离目的地柏林 118 英里的地方迫降
1927 年	泛美国际航空公司首次开展国际商业邮件空运业务，该公司的飞机从佛罗里达州的基韦斯特起飞，运送邮件去古巴的哈瓦那
1928 年	泛美国际航空公司首次在同一航线上运送乘客
1931 年	美国轮船代理商协会（American Society of Steamship Agents）在纽约成立
1936 年	美国航空运输协会（Air Transport Association）在芝加哥成立
1939 年	英国人弗兰克·惠特尔制成第一架喷气式飞机发动机
1944 年	美国旅行代理商协会（American Society of Travel Agents，ASTA）成立，其前身是美国轮船代理商协会
1945 年	第二次世界大战结束，大众旅游时代开始
1951 年	太平洋亚洲旅游协会（Pacific Asia Travel Association，PATA）在夏威夷檀香山成立
1952 年	美国国会建立全国州际公路系统

续表

公元	
1954 年	英国生产出第一架喷气式客机彗星号
1958 年	美国波音公司生产出波音 707 喷气式商用飞机
1959 年	美利坚航空公司首次使用波音 707 飞机飞行从洛杉矶至纽约的横贯美国大陆的航线
1961 年	美国国会通过提案，设立美国旅行事务署（USTS）
1964 年	美利坚航空公司建成“SABRE”计算机预订系统（CRS）
1970 年	泛美国际航空公司首飞波音 747 宽体客机，从纽约运送 352 名乘客去伦敦
1978 年	英国航空公司和法国航空公司开始使用超音速的协和式飞机进行客运服务；美国通过《航空自由化法案》（U. S. Airline Deregulation Act）
1990 年	柏林墙被拆除
1994 年	“旅游时代”（Age of Travel）服务出现，旅游消费者只需打一个电话就可完成大多数复杂的旅行计划和服务安排；全程涉及的服务商可能包括多家航空公司、一家游船公司、多家观光公司、一家汽车租赁公司、其他的地面服务公司以及娱乐表演公司——所有这一切都可通过计算机全球预订系统进行预订，除偶然发生的杂项消费之外，旅游全程的费用都可使用信用卡支付
1994 年	英法之间的英吉利海峡隧道铁路通车
1995 年	达美航空公司对支付给旅行代理商的国内机票代理佣金实行封顶；作为 20 年来美国首次新增的机场，丹佛国际机场（DLA）开业；美国白宫旅游会议首次举行
1996 年	阿拉斯加航空公司（Alaska Airlines）成为第一家通过因特网接受在线预订和网上支付的航空承运商
1998 年	耗资 200 亿美元的香港新机场启用
2001 年	丹尼斯查尔斯·林德伯格蒂托（Dennis Tito）成为世界上第一位自费太空旅游者
2003 年	协和式飞机退役

（资料来源：格德纳，里奇. 旅游学［M］. 北京：中国人民大学出版社，2008.）

【本章小结】

生产力的发展、社会分工的出现是推动旅游发展的根本原因。从历史的眼光看，人类的旅游活动大致经历了四个大的发展阶段。一是限定在有闲阶层中的古代旅行，其特征是以游乐为主，规模较小。二是开始普及中产阶层的近代旅游，它源自于人本主义意识和科学技术进步，并直接促成了现代旅游业的出现。三是社会大众共同参与的现代旅游。四是主张个性化、自由化的后现代旅游。

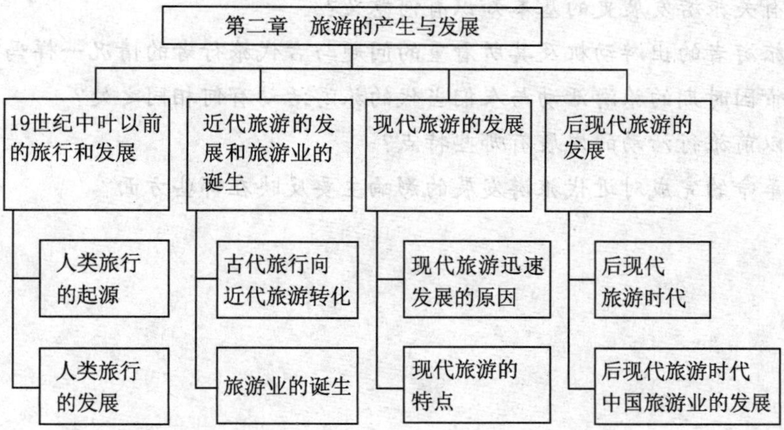

【学习网站】

1. http：//www. 51yala. com/
2. http：//www. cthy. com/
3. http：//ctnews. toptour. cn/
4. http：//www. whcn. org/
5. http：//www. stats. gov. cn/

【复习思考题】

一、填空题

1. 在奴隶社会鼎盛时期的商代，以__________为主要目的的旅行活动有了很大的发展。

2. 1841年7月5日，以包租火车的方式，组织了一次由莱斯特开往拉夫伯勒的团队旅游专列，这次活动成为__________及旅游业开端的标志。

3. 现代旅游的特点主要表现在三个方面：__________、空间分布的地理集中性和__________。

4. 进入20世纪90年代，大众旅游的黄金时代到来，旅游者越来越追求个性化、自由化，使得被沿袭了半个世纪的__________正受到前所未有的冲击。

二、名词解释

大众旅游、奖励旅游、社会旅游、后现代旅游

三、简答题

1. 学习有关旅游发展史的基本知识有何意义?
2. 当代旅游者的出游动机及其所看重的问题与古代旅行者的情况一样吗?
3. 罗马帝国时期的旅游活动与人们当代的旅游活动有何相同之处?
4. 近代以前旅行活动的发展有哪些特点?
5. 产业革命的完成对近代旅游发展的影响主要反映在哪些方面?

第三章

旅游者

导言

旅游者是旅游活动的主体，他们的行为以及选择直接影响到旅游业的发展。作为旅游产品的购买者，旅游者是旅游业的服务对象。因此，对旅游者的定义进行探讨，或许可以从一个侧面帮助读者加深对该问题的认识，对于推动旅游学科研究的深入，引发政府有关决策者的认真思考会有积极的促进作用。对于旅游者本身的研究，对旅游者需求和行为特点的了解，以及明确旅游者类型的划分，不仅可以推动旅游理论研究，而且已经成为旅游经营管理、旅游资源开发规划以及旅游业可持续发展的一项必要且重要的内容。

【教学目标】

本章要求学习者：基本掌握旅游者的定义、旅游者产生的主客观条件；掌握旅游动机的形成过程及基本类型；掌握旅游者的类型、划分标准及需求特点；了解我国在旅游统计中对旅游者的界定和分类方法。

【关键术语】

旅游者；国外旅游者；国内旅游者；可支配收入；闲暇时间；旅游动机；心理类型；需要层次理论

【引导案例】

从家庭消费模式看国民旅游消费

北京大学社会学系目前发布《中国民生发展报告2014》。该报告提出，2012年我国家庭净财产的基尼系数高达0.73，顶端1%的家庭占有全国1/3以上的财产，底端25%的家庭仅拥有1%左右的财产总量。这份报告透露的中国家庭消费模式对于研究旅游消费具有一定的参考价值。

此份报告虽没有提到旅游消费，但可以理解为包含在“文娱”等“享受型”消费中，因而对研究国民的旅游消费状况颇有参考价值。

通过这些家庭的消费模式可以推算出他们在旅游消费中的表现。贫病型和蚂蚁型家庭的旅游消费能力势必极低，即便旅游也是偶尔的，以省吃俭用的一日游、近地游居多。蜗牛型家庭的旅游消费能力也很低，是廉价的大众游的主体，旅游经历较少又图便宜，落入“零负团费”陷阱的往往是他们。稳妥型家庭应是国民旅游消费的主体，也是中档旅游消费的主力。享乐型家庭无疑有较高的旅游消费能力，是高端旅游和出境旅游的主力，在境外一掷千金、热购奢侈品的大多是“占有全国1/3以上的财产”的“1%的顶端家庭”。

目前中国大陆地区“金字塔”社会结构的状况大致是：1/10的贫困人口，5/10的低收入群体，3/10的中等收入群体，1/10的高收入群体。由此推断，目前中国大陆国民旅游（包括国内与出境）中的中等消费的主体，大体上是中等收入群体（约4亿城镇人口），高收入群体（约1亿城镇高收入居民）为高端旅游消费的主力，约占人口半数的低收入群体是低档消费旅游的主体。旅游消费水平及其结构似应与国民收入水平与消费结构的整体状态契合。

（资料来源：王兴斌．从家庭消费模式看国民旅游消费．中国旅游报，2014-07-30（2）．）

案例问题：

1. 目前中国大陆的国民旅游究竟处于何种发展阶段？旅游已成为其生活方式一部分的居民有多少？

2. 如何在旅游开发、经营和推广中细分市场群体？目前以高端消费为取向、以“旅游房地产”为名义的“旅游综合体”、“旅游度假区”、主题公园、高档住宿等“大项目”开发热是否应降降温？

3. 查阅《国民旅游休闲纲要（2013—2020年）》的内容，并分析该纲要的出台对我国休闲旅游的影响。

第一节　旅游者的传统概念

1800 年，英国人萨缪·佩吉最早明确提出旅游者（tourist）一词[①]，之后的 100 多年中，人们对旅游者一直没有确切的定义。

课堂讨论

一、国际旅游联盟对旅游者的界定

1937 年，为了适应蓬勃发展的国外旅游业的需要，国际旅游联盟统计专家委员会组织专家研究，并首次给国外旅游者下了明确的定义，即国外旅游者是离开常住国到另一个国家访问超过 24 小时的人[①]。该定义规定了几类属于国外旅游者统计范畴的人员：因消遣、家庭事务或疗养保健等原因而出国旅行的人；因工商业务原因而出国旅行的人；为了出席会议或作为公务代表而出国旅行的人（包括科学，行政、外交、宗教、体育等方面的会议或公务）；在海上巡游途中停靠某国港口并登岸访问的人员（登岸停留时间不足 24 小时者，应另外分作一类，必要时可不论其通常居住地为何处）。

与此同时，国际联盟还明确把到他国求职、求学、定居，以及边境居民和临时过境人员排除在该定义之外。

1950 年，国际旅游联盟专家统计委员会又对国外旅游者定义作了修订，并把休学旅游者和一日游旅游者也包括在内；之后联合国统计委员会提出明确划分会议和商务旅游者，并将其纳入旅游者定义中。

二、联合国旅游和旅行会议对旅游者的界定

1963 年在罗马举行的联合国旅游和旅行会议提出了观光者的定义：到一个非自己定居的国家观光，目的不是挣钱的人就是观光者。观光者又可细分为旅游者和短途旅游者两大类。旅游者即临时观光者，到一个国家至少停留 24 小时以上，以娱乐、保健、学习、宗教信仰或体育运动等为目的，换言之，为了消磨闲暇时间、参加会议或探亲等。短途旅游者指到一个国家去逗留少于 24 小时，包括海上航游者。

该会议又对 1950 年提出的定义做了进一步的修正，并提出了国外游客（visitors）、国外旅游者（tourists）和国外一日游游客（excursions）三个基本概念和定义（即罗马定义）。国际上承认了联合国的规定。各国基本采用这一标准来统计外国旅游者或其他观光者的数目。不过在执行中又有许多不一致的地方，如美国劳工统计局把离开所在州一个晚上为了度假而旅行的人也算进去，但不包括为业务和会议旅行的人。1978 年西班牙接待了外国游客 4000 万人次，90%来自于欧洲国家，其中不少是当天往返的，也统计了

① Smith S L J. Tourism Analysis，London：Longman，1996.

进去。

三、联合国统计委员会对旅游者的界定

1967 年，联合国统计专家委员会经过论证，同意采纳 1963 年罗马定义略加改动并向全球旅游界推荐使用。1967 年，联合国统计专家委员会又召开了包括世界旅游组织（UNWTO）、联合国贸易和发展组织（UNCTD）、欧洲统计委员会（CES）、东部加勒比共同市场（ECCM）和加勒比共同体（CC）等在内的国外会议，进一步对国外旅游者进行了分类和明确定义。1968 年官方旅游组织国际联盟通过了联合国 1963 年的规定，采纳了这样的意见：观光者分成旅游者和短途旅游者，旅游者在被观光国至少住宿一夜，短途旅游者不住宿。

四、世界旅游组织对旅游者的定义

1975 年世界旅游组织（UNWTO）成立之后，对这一定义中的有关内容作了进一步解释和规定，即在旅游统计中需明确以下三个方面的内容：

（1）将来访游客分作旅游者（即过夜游客）和一日游游客（即不过夜的游客）进行统计。

（2）旅游者（即过夜游客）的人员范围包括前来该目的国访问，并在该国作过夜停留的外国人、该国的海外侨民以及在该目的国境内旅馆过夜的外国运输公司的司乘人员。

（3）一日游游客（即不过夜的游客）的人员范围包括在海上巡游过程中到岸访问，但不在岸上住宿的游船乘客，当日往返的国际或入境游客以及不在该目的国境内旅馆中过夜的外国运输公司的司乘人员。国际旅游者分类见图 3-1。

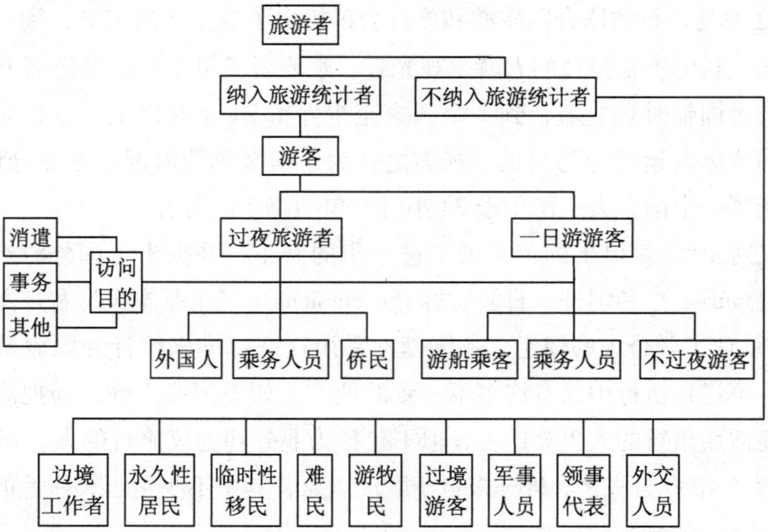

图 3-1 国际旅游者的分类

1978 年，联合国贸发组织将以上分类和定义纳入世界贸易统计年鉴中的旅客分类表中；1981 年世界旅游组织也将上述分类和定义纳入《国外和国内旅游信息收集和反映技术手册》中。至此，国外旅游者的概念初步有了较为统一认可的通行定义。

五、国家统计局对旅游者的定义

1979 年，我国国家统计局对国际旅游者和非旅游者作了如下规定：来我国参观旅行、探亲、访友、休养、考察或从事贸易、业务、体育、宗教活动、参加会议等的外国人、华侨和港澳同胞，均属旅游者。至于应邀来我国访问、部长以上的代表团成员、外国驻华使馆人员、常驻我国专家、新闻记者、留学生、导游、归国定居的华侨，以及出国人员，都不能算是旅游者。

六、世界旅游组织的规范

为了推进旅游统计工作的规范化，针对 20 世纪 90 年代世界旅游业发展的趋势和特点，1991 年，世界旅游组织在加拿大召开了旅游统计国外大会。这次会议的重点是制定旅游统计中的有关定义和分类，力争使这些定义和分类能够为世界各国所通用，并且在涉及人口统计、交通运输、国民账户等领域时，尽量使其能与现行的国际标准与分类相一致。会后，世界旅游组织将有关旅游基本概念新的定义以《国外旅游统计大会建议书》上报联合国，经联合国统计专家委员会审议通过后，于 1995 年开始在全球推广使用，从而使旅游者定义及其统计范围更加明晰化和一致性，并为世界各国普遍接受和采用。

七、国外旅游者的定义

拓展阅读

（一）世界旅游组织对“国外旅游者”的定义

根据世界旅游组织提出并经联合国统计专家委员会审定而公布的有关旅游基本概念的定义，国外旅游中的“旅游者”概念可划分为国外游客、国外旅游者和国外一日游游客三类。

国外游客（visitors）指一个人到他通常居住国家以外的其他国家进行旅游，且时间不超过一年的人员，包括国外旅游者和国外一日游游客在内，其主要目的不是为了从访问国获得任何报酬[①]。

国外旅游者（tourists）指一个国外游客到某一国家旅游，至少停留一夜（即 24 小时），至多不超过一年，其目的不是为了从访问国获得任何经济报酬，而是为了休闲、观光、开会、求学、商务和探亲访友等。

国外一日游游客（excursions）指一个国外游客到某一国家旅游而不过夜（不超过 24 小时），其目的主要是为了观光、休闲、游览、探亲访友等，包括途经某国停留并允许免签证入关的轮船上或飞机上的乘客等。

① 罗明义．旅游经济分析：理论、方法、案例［M］．昆明：云南大学出版社，2001.

(二)我国对国外旅游者的定义

我国基本上采用了国际上对国外旅游者的定义，并结合我国实际而将国外旅游者对应定义为海外游客、海外旅游者和海外一日游游客。

海外游客（即国外游客）指来我国观光、度假、探亲访友、就医疗养、购物、参加会议或从事经济、文化、体育、宗教活动的外国人、港澳台同胞等海外游客（即旅游入境人数）。统计时，海外游客按每入境一次统计1人次。海外游客（国外游客）包括海外（过夜）旅游者和海外一日游游客。

海外旅游者也称入境（过夜）旅游者，指来华入境的海外游客中，在我国旅游住宿设施内至少停留一夜的外国人、港澳台同胞。

海外一日游游客也称入境一日游旅客，指来华入境的海外游客中，未在我国旅游住宿设施内过夜的外国人、港澳台同胞。海外一日游游客应包括乘坐游船、游艇、火车、汽车来华旅游，在车（船）上过夜的游客和机、车、船上乘务人员，但不包括在境外（内）居住而在境内（外）工作，当天往返的港澳同胞和周边国家的边民。

八、国内旅游者的定义①

(一)世界旅游组织（UNWTO）对国内旅游者的定义

根据世界旅游组织和联合国统计专家委员会的定义，国内旅游者可分为国内游客、国内旅游者和国内一日游游客三个基本概念。

国内游客（domestic visitors）指一国居民为了特定的需要而到他通常环境以外的国内另一个（或多个）地方旅行，时间不超过6个月，主要目的不是为了从访问地获得经济报酬。国内游客包括国内旅游者和国内一日游游客。

国内旅游者（domestic tourists）指为了休闲、运动、度假、会议、商务、学习、健康、探亲访友或宗教等目的而离开通常环境到国内其他地方旅游，时间至少24小时以上但不超过6个月，并且不从访问地获得任何经济利益的国内游客。

国内一日游游客（domestic excursions）指基于任何原因在国内任一访问地停留，但不过夜（即不超过24小时），其目的不是为了从访问地获取任何经济利益的国内游客。国内一日游游客与国内旅游者的主要区别在于国内一日游游客不在访问地过夜。

(二)美国对国内旅游者的定义

美国对国内旅游者目前尚无全国性的统一定义，而其国内各部门和各州对国内旅游者的定义差别也很大。例如，美国国家旅游资源评价委员会对国内旅游者的界定标准是：基于任何目的（工作调换除外）而离开居住地至少50英里（单程）以上的人员；美国人口调查局和美国旅行信息中心则将：国内旅游者定义为除了调换工作以外，凡离

---

① 罗明义．旅游经济分析：理论、方法、案例［M］．昆明：云南大学出版社，2001.

开居住地单程至少 75 英里的人员，而不考虑其在外停留时间的长短；有几个州则明确提出，国内旅游者是指为休闲或度假而离开本州，到其他地方观光度假至少停留一夜的人员。美国国内旅游者的定义主要强调出游的距离和范围，因而其定义是十分笼统和模糊的。

（三）加拿大对国内旅游者的定义

加拿大国家旅游局和国家统计局将国内旅游者定义为出行距离至少在 50 英里以上的旅行人员，并根据这一定义调查收集有关国内旅游者旅游的起止日期、旅游时期、旅游方式等有关信息，提供旅游分析和研究使用。此外，安大略省则采用单程出行 25 英里以上作为国内旅游者定义的基本标准。主要判断标准也是外出路程。

（四）英法等国对国内旅游者的定义

英国国家旅游局于 1980 年对国内旅游者做出定义：为了度假、探亲、商务、参加会议、访友或其他目的（求学和工作除外），而离开居住地在外停留一夜或多夜的人员。其以是否在外过夜为标准。法国也以是否在外过夜为标准进行定义。

（五）中国对国内旅游者的定义

国内游客指报告期内在国内观光游览、度假、探亲访友、就医疗养、购物、参加会议或从事经济、文化、体育、宗教活动的本国居民，其出游的目的不是通过所从事的活动谋取报酬。统计时，国内游客按每出游一次统计 1 人次。国内游客包括国内（过夜）旅游者和国内一日游游客。

国内（过夜）旅游者指国内居民离开惯常居住地在境内其他地方的旅游住宿设施内至少停留一夜，最长不超过 12 个月的国内游客。国内旅游者应包括在我国境内常住一年以上的外国人、港澳台同胞。但不包括到各地巡视工作的部以上领导、驻外地办事机构的临时工作人员、到外地学习的学生、到基层锻炼的干部、调遣的武装人员、到境内其他地区定居的人员和无固定居住地的无业游民。

国内一日游游客指国内居民离开惯常居住地 10 千米以上，出游时间超过 6 小时，不足 24 小时，并未在境内其他地方的旅游住宿设施过夜的国内游客。

国内旅游者根据居民的居住情况分为城镇居民旅游者和农村居民旅游者。《农村居民国内旅游抽样调查方案》对农村居民旅游者定义为：农村居民不以谋求职业、获取报酬为目的，离开居住地，乘坐长途交通工具（长途汽车、飞机、火车、轮船），距离 10 千米以上，在外停留一夜以上半年以内，到国内其他地方的活动。包括：参加旅行社组织的团队旅游；宗教朝拜；离开本县，距离超过 10 千米的探亲访友；外出参加有组织的文娱、体育和节庆活动；为集体或私营企业外出采购、洽谈商务、参加会议等；半年以内的短期培训、学习或进修。

考虑到目前农村居民出行的具体情况，以下活动不被视为旅游：外出打工；赶集；半年以上的培训、学习或进修；在本县范围内的探亲访友，或虽离开本县，但距离不超过 10 千米的探亲访友。

第二节 决定个人旅游需求的客观因素

总体而言，从客观上讲，收入水平和闲暇时间是影响个人旅游需求实现的基本条件。此外，个人旅游需求也受到很多其他条件的影响和制约。

一、收入水平

随着经济的发展和社会的进步，人们的收入不断增加，生活水平在逐步提高，人们在基本生存需要得到满足之后，就会把追求目标转移到精神方面去，通过不断建立良好、和谐的人际关系来完善和发展自己。现在，一些发达国家，人们已经把旅游看作现代生活方式中必不可少的重要组成部分。在各个国家或地区中，由于大部分家庭的人口规模大致相同，所以在分析该国或地区居民的出游潜力时，人们通常将家庭平均收入水平或富裕程度作为衡量其旅游支付能力的指标。家庭人均收入水平决定个人旅游支付能力。

（一）可支配收入

对于个人或者家庭来说，其收入并非全部都可用于支付旅游。真正决定一个人是否能够实现旅游需求的收入水平，实际上指的是其本人或家庭的可自由支配的收入水平。在旅游学研究领域，特别是在分析市场需求状况时，人们用来测量客源地居民旅游支付能力的指标通常有两个：一个是可支配收入，即个人或家庭收入中扣除应纳所得税之后的剩余部分。另一个是可自由支配收入，即可随意支配收入，指个人或家庭收入中扣除应纳所得税、社会保障性消费（即社会规定由个人负担的养老、失业保险、健康保险等社会保障费用的预支，通常是由工资发放单位代扣代缴）以及日常生活必须消费部分（衣、食、住、行等）之后所剩余的收入部分。可自由支配收入意味着可由人们随心所欲地选择其用途。所以，在严格的意义上讲，就支付能力而言，个人或家庭的旅游需求能够得以产生和实现的真正前提是拥有足够的可自由支配收入，并真正可用于旅游消费，而不是较为笼统的可支配收入。然而，由于难以准确统计可自由支配收入，而可支配收入的统计相对比较容易，在多数的相关研究中，通常将可支配收入作为评价客源市场旅游购买力的指标。

（二）收入水平对旅游需求的影响

大师观点

收入水平对旅游需求的影响是多方面的①。

1. 收入水平决定个人或家庭能否实现外出旅游

当一个家庭收入水平尚且不足以支付购买日常生活必需品时，该家庭外出旅游的可

① 李天元．旅游学［M］．3版．北京：高等教育出版社，2011.

能性就很小。然而当收入水平一旦超过这个临界点时，该家庭的旅游需求便会表现出明显的收入弹性。当然，家庭收入的这一临界点会因社会或国度而异，并且会随着时间的推移而发生变化。例如，在 20 世纪 80 年代的美国，居民家庭的这一临界收入约为 15000 美元/年（即家庭人均可支配收入为 4000~5000 美元/年）。当时的调研结果显示，年收入为 15000 美元以上的家庭外出旅游度假的可能性比年收入低于这一水平的家庭大 2 倍；年收入在 25000 美元以上的家庭外出旅游度假的可能性更高，相当于年收入在 5000 美元以下家庭的 5 倍①。在此需要说明的是，个人或家庭旅游者将支付能力作为最基本的因素来考虑。而商务旅游者花费来源于组织，所以商务旅游者在考虑这一因素时，是对公司财务能力的考虑，而不是考虑个人的支付能力。这一点明显区别于个人或者家庭旅游者②。

2. 收入水平决定个人或家庭外出旅游时的消费水平

显而易见，外出旅游中，高收入者的消费水平通常都会高于较低收入水平的游客。收入水平的另一个重要性还表现在，当一个家庭的收入水平超过了上面所指的收入临界点后，其每增加一定比例的收入，旅游消费便会以更大的比例增加。根据世界经合组织（OECD）的调查和估算，旅游消费的这种收入弹性系数为 1.5，也就是说，在超过上述临界点之后，家庭收入每增加 1 个百分点，旅游消费就会增加 1.5 个百分点。国际官方旅游组织联盟曾估计，旅游消费的收入弹性系数为 1.88。这些调研与分析结果都显示，旅游需求量与收入水平呈正相关关系③。个人的可支配收入越多，对旅游产品的需求就越大。如图 3-2 所示。

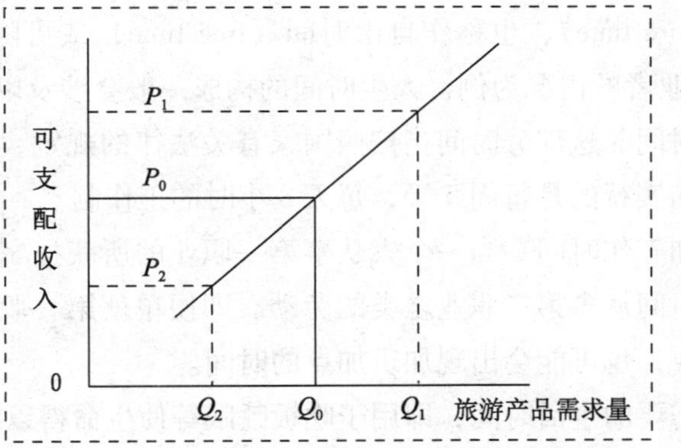

图 3-2 可支配收入与旅游产品需求量的关系

其中，纵坐标代表人们的可支配收入，横坐标代表旅游产品需求量。可支配收入的

① Mcintosh R, Goeldner C. Tourism: Principles, Practices, Philosophies [M]. Hoboken: Wiley, 1986: 253-254.

② 章怡，林刚，李丰生．商务旅游需求影响因素分析［J］．黄山学院学报，2005（2）：60-61.

③ 刘富刚．旅游需求影响因素分析［J］．德州学院学报，2004（4）：81-83.

每一个变化，都有一个旅游产品需求量与之相对应。当可支配收入由 P_0 上升到 P_1 时，旅游产品需求量由 Q_0 上升到 Q_1；反之，当 P_0 下降到 P_2 时，旅游产品需求量由 Q_0 下降到 Q_2，从而形成一条自左下方向右上方倾斜的旅游产品需求收入曲线。

3. 收入水平还会影响到人们外出旅游期间的消费结构和消费选择

例如，家庭富有的旅游者会在食、宿、购、娱等方面花较多的钱，从而导致交通费用在其全部旅游消费中所占的比例相应降低。而对于经济条件不是很充裕的旅游者来说，交通费用在其旅游消费总额中会占据相对较高的比例。原因在于，其他各项的开支节约比较容易，交通方面压缩开支则较为困难。

总之，收入水平的高低意味着支付能力的强弱。它不仅会影响到一个人能否转变为现实的旅游者、旅游者的消费水平以及旅游期间的消费构成，并且还会影响旅游者对出游目的地的选择。因此，收入水平是决定个人产生和实现旅游需求的重要物质基础。当然，并不是说凡是拥有足够可自由支配收入者都会外出旅游。

教学视频

二、余暇时间

即使是在旅游活动普及程度很高的发达国家，也总会有一些人虽然收入很高，并且也希望能有机会外出旅游度假，但始终不能如意成行。这种情况可能是很多原因导致的，其中之一就是没有足够的闲暇时间。卞显红[1]指出了时间限制是旅游者在旅游目的地选择过程中的主要影响因素。余暇时间与旅游需求是正相关的。

（一）余暇时间的定义

余暇时间（leisure time），也称作自由时间（free time）或可随意支配时间（discretionary time）。以就业者的情况为例，人生时间的构成一般会涉及以下组成部分[2]：

一是法定工作时间。这部分时间指按照国家有关法律的规定，就业者上班工作的时数。例如，我国目前实行的是每周 5 天，每天 8 小时的工作制。

二是必需的附加工作时间。当一个人从事第一职业的所获报酬不足以维持家庭生计时，他将不得不抽时间从事第二职业之类的劳动。即便单就第一职业的工作而言，由于某些工作任务的需要，也可能会出现加班加点的时间。

三是满足生理需要的生活时间，即用于吃饭睡眠等使生命得以维系的时间。

四是必需的社交活动时间。在生活中，有些社交活动会具有某种意义上的强制性，因而通常要求人们必须参加，如出席亲友的婚礼、出席子女的学生家长会、某些必须参加的社交约会等。

以上四类时间都由不得个人随意支配。如此，余暇时间，即人生时间中扣除上述所有各项时间花费之后的剩余部分，也即可由个人随意支配的时间。

---

① 卞显红．旅游者目的地选择影响因素分析［J］．地理与地理信息科学，2003，19（6）：83-88.

② 李天元．旅游学［M］．3 版．北京：高等教育出版社，2011.

因此，所谓余暇时间，就是在日常工作、学习、生活以及其他不得不占用的时间之外，可由个人随意支配的用于消遣娱乐的时间。然而，并非所有的余暇时间都可用于从事旅游活动，这与闲暇时间的集中度有关，下面我们讨论集中度不同的余暇时间。

（二）余暇时间的类型

余暇时间可划分为每日余暇、周末余暇、公共假日和带薪假期。

1. 每日余暇（daily leisure）

即一天中除了工作、学习以及例行的生活活动等不得不占用的时间之外的时间。此类余暇时间因量小且零散，不可能用于外出旅游，只可用于休息或在惯常居住地范围内开展日常的休闲活动。

2. 周末余暇（weekend leisure）

通常表现为周末工休时间。一周有 1 至 2 天不等。目前世界上多数国家实行的也是每周 5 天工作制。在个别国家，就业者每年还享有 4 次为期 3 天的周末假日。所有这些情况都为人们利用周末外出旅游或度假创造了必需的时间条件。

3. 公共假日（public holiday）

通常指法定的公共节假日。各国的公共假日数量不一，具体情况大都与该国传统节日的多少和重要性有关。此类假期连续放假的时间少则 1 天，多则 7 天。

4. 带薪假期（paid holiday）

目前经济发达的工业化国家大都规定就业者享有带薪年假。但各国实行带薪假期制度的具体情况不尽相同。我国目前尚未正式推出带薪假期制度，但类似的带薪年假早已在某些人群中存在。由于其间余暇时间量大而且集中，因而往往成为人们外出旅游度假，特别是开展远距离旅游的最佳时机。

从上述情况看，并非任何余暇时间都可以用于外出旅游。特别是远距离旅游活动的开展，只能利用历时较长而且连续集中的余暇时间。自 1999 年以来，随着我国年节及纪念日放假制度的更新而出现的“黄金周”旅游潮便是这方面的典型案例。欧美旅游者来华旅游大都是利用带薪假期进行，原因即在于此。当然，足够的余暇时间是个人实现旅游需求的前提，尤其是一般的在职人员。至于退休人士等其他人员，则需另当别论。此外，关于时间对旅游者的影响，对于个人或家庭休闲度假旅游者来说，因为旅游活动是在闲暇时间进行的，受到可自由支配时间的约束。但商务、公务旅游者的旅游活动是在工作时间进行的，不会受到闲暇时间的影响，影响其出行的时间主要是工作时间而非可自由支配的闲暇时间①。文化旅游者对时间不敏感。宗教旅游者一般都是根据宗教教义的规定，按时安排朝拜活动，出行时间比较固定。由于大型体育比赛的时间、地点是事先确定的，体育旅游者的出游时间比较固定。

---

① 章怡，林刚，李丰生．商务旅游需求影响因素分析［J］．黄山学院学报，2005（2）：60-61.

三、其他条件

拥有足够的可随意支配收入和充裕的闲暇时间是实现个人旅游需求的两项重要基础条件。实际上一个人能否转变为现实的旅游者，除了这两项条件之外，还会受到很多其他方面因素的影响和制约。

（一）人口结构及素质因素

旅游需求还受到客源地与旅游目的地人口规模的影响[①]。此外，年龄、种族、性别、职业、受教育程度等诸多因素也会影响或制约旅游需求。在西方社会中，由于社会经济地位的差异，有色人种参加旅游活动的人数比例低于白种人。男性和女性在家庭中所扮演的角色不同，男性出游概率比女性大。职业与受教育程度这两者的影响作用往往彼此相关，并且它们与收入水平之间通常也都会有一定的关联。年龄对旅游需求的影响往往与个人所在年龄阶段的体能条件有关。就体能状况而言，在历年来华的入境旅游者中，处于20~45岁这一年龄段的人在总数中所占的比例总是很高。根据国家旅游局公布的2013年1~12月来华旅游入境的外国人数（按年龄、性别分）数据整理所得，接待总人数达2629.03万人。其中，25~44岁的旅游者人数最多，占46%；45~64岁者次之，占36.2%；15~24岁者占7.9%；65以上者占5.9%；14岁以下者占4.1%。

（二）政治经济环境和社会因子因素

客源地居民的社会责任和民族性格会影响到旅游需求的产生和选择。此外，王磊认为社会政治经济环境是旅游需求形成的宏观因素[②]。旅游需求对政治环境和经济环境的变化特别敏感，当旅游目的地发生社会动荡或与客源国关系紧张时，旅游者会出于安全的考虑，放弃旅游计划或转向其他旅游目的地。2003年我国内陆的SARS就使当年我国的旅游业大受影响。

拓展阅读一

（三）目的地因素

目的地的旅游产品价格、质量、资源禀赋和环境差异以及旅游业的竞争状况也会影响到旅游需求。卞显红指出旅游价格、旅游产品质量、旅游城市化及新旅游目的地的出现等构成了旅游者在旅游目的地选择过程中的主要影响因素[③]。王婉飞对我国分时度假旅游市场需求进行了研究，发现消费者认为最吸引自己购买分时度假的因素是“交换机会”和“高性价比”；消费者在购买分时度假时考虑的主要因素是“产品质量”和“售后服务”，其次是品牌；最受消费者欢迎的度假地是海滨度假地，其次是山区度假地[④]。

---

① 刘富刚．旅游需求影响因素分析［J］．德州学院学报，2004，20（4）：81-84.

② 王磊．影响旅游需求的因素分析［J］．河北广播电视大学学报，2006，11（5）：60-61.

③ 卞显红．旅游者目的地选择影响因素分析［J］．地理与地理信息科学，2003，19（6）：83-88.

④ 王婉飞．我国分时度假市场需求实证研究［J］．浙江大学学报：人文社会科学版，2005，35（6）：19-26.

（四）媒介因素

主要体现在时空距离、入关签证、交通状况等的改善。此外，网络信息技术的发展使旅游者可以在互联网上方便地查询到旅游目的地的信息，自行安排出游线路，预订食、宿、交通等服务。近年来，携程、艺龙、欣欣等旅游网站的发展大大方便了旅游者的出游。此外，卞显红指出目的地的旅游信息与广告等营销手段也构成了旅游者在旅游目的地选择过程中的影响因素①。

拓展阅读2

（五）政策因素

世界上许多国家政府将旅游投资列入经济发展的计划范畴，采取直接投资、补助或减免税收等方法投资旅游设施、度假中心、疗养场所。这样的政策、措施和奖励办法，客观上为旅游者的产生和扩大创造了有利条件。

综上所述，中外旅游者产生的因素是多种多样和变化多端的，只有对这些复杂的因素进行具体分析并深入研究，才能对旅游者的产生、活动规律等有比较全面客观的认识和把握，从而指导旅游经营者和决策者制定政策。

第三节　决定个人旅游需求的主观因素

当人们具备了开展旅游活动的经济和时间条件后，并不一定能够成为旅游者，如果没有外出旅游的愿望和兴趣，旅游活动同样不能实现。旅游者的产生还受主观因素即旅游动机的影响。旅游动机是激发个人外出旅游的内在驱动力，并使其某种需求得以满足的内在心理动因。人们外出旅游活动的需求多种多样且具有层次性，决定了旅游动机的多样性。在动机理论以及影响旅游动机的因素方面，人们引用最多的是马斯洛的需要层次论、麦金托什的旅游动机论和帕洛格的心理类型模式，下面分别介绍。

一、马斯洛的需求层次论

拓展阅读1　在线案例

（一）马斯洛需求层次论的主要内容

美国人本主义心理学家亚伯拉罕·马斯洛（Abraham Maslow）于 1943 年在《人类激励理论》论文中提出了马斯洛需求层次理论（Maslow's Hierarchy of Needs），亦称基本需求层次理论，是行为科学的理论之一。

马斯洛将人的需要划分为五个层次：

生理需求：呼吸、饮水、食物、睡眠、生理平衡、分泌、性；

---

① 卞显红．旅游者目的地选择影响因素分析［J］．地理与地理信息科学，2003，19（6）：83-88.

安全需求：人身安全、健康保障、资源所有性、财产所有性、道德保障、工作职位保障、家庭安全；

爱的需求：群体归属感、友情、爱情和性亲密；

尊重的需求：自我尊重、信心、成就、对他人尊重、被他人尊重；

自我实现的需求：道德、创造力、自觉性、问题解决能力、公正度、接受现实能力。

这五类需求依次由较低层次到较高层次排列。在自我实现需求之后，还有自我超越需求（Self-Transcendence Needs），但通常不作为马斯洛需求层次理论中必要的层次，大多数会将自我超越合并至自我实现需求当中。

马斯洛认为每个人都潜藏着这五种不同层次的需求，但在不同的时期表现出来的各种需求的迫切程度是不同的。人的最迫切的需求才是激励人行动的主要原因和动力。人的需求是从外部得到的满足逐渐向内在得到的满足转化。在高层次的需求充分出现之前，低层次的需求必须得到适当的满足。

根据五个需求层次，可以划分出五个消费者市场：

生理需求→满足最低需求层次的市场，消费者只要求产品具有一般功能即可；

安全需求→满足对"安全"有要求的市场，消费者关注产品对身体的影响；

爱的需求→满足对"交际"有要求的市场，消费者关注产品是否有助提高自己的交际形象；

尊重的需求→满足对产品有与众不同要求的市场，消费者关注产品的象征意义；

自我实现需求→满足对产品有自己判断标准的市场，消费者拥有自己固定的品牌，需求层次越高，消费者就越不容易被满足。

（二）马斯洛需求层次论对旅游动机的解释

人本主义心理学认为，动机产生于人的某种需求。旅游需求产生的前提是旅游动机。因此，研究人的旅游动机，必须首先研究人的需要。因此，我们可以采用马斯洛需求层次理论来解释旅游动机的产生。

旅游动机的产生，到底是出于马斯洛需求层次中的哪一个层次的需求呢?

第一个层次的需求是基础的生理需求。个人或者家庭外出旅游的前提是有足够的支付能力，意味着温饱问题已经得以解决，所以不可能产生因为生理需求而外出旅游的人。即使离开常住地外出，也只能是出于就业或移民的目的，这已经超出了旅游统计的旅游者范畴。

第二个层次的需求是安全需求。人们在自己熟悉的环境中，比如在自己的家中，会比在其他任何地方都更能产生心理上的安全感。人们不大可能处于安全需求而外出旅游度假。因此，安全需求也不足以形成人们外出旅游的动机。

第三个层次的需求是爱的需求。指的是个人群体归属和爱的满足的需要，因而也可以解释为这一意义上的社交需要。追求爱的需求的满足与旅游动机的产生这两者之间确实存在某些联系，很多调查结果都显示，探访亲友、出席亲朋好友的婚礼或参加其他亲缘纪念活动、寻根祭祖等的确是不少人外出旅游的内在动因。

第四个层次的需求是尊重的需求①。受尊重的需求，除了包括希望在他人心目中受到重视、赏识或尊重之外，还包括希望取得成就、提高自信心和社会地位等表现自己的需求。一般来讲，人们一方面希望能够感受到自己对世界的作用，另一方面也需要借助某些行为或外部事物去表现和提升自我形象。外出旅游的经历或者过程就是一种表现和提升自我形象的有效手段。有关调查显示，某些非同一般的旅游经历，如到多数人难以前往的某些异国名胜去旅游或度假的经历，常常会受到周围人的羡慕和崇敬，从而有助于满足个体受尊重的需求。在很多情况下，观光、休养身体、探寻文化或开展其他休闲活动，但潜在的真正动机却是通过这些活动去表现自己，提升自己在公众心目中的形象，从而使自己受尊重的需求得到满足。因此，对于很多人来说，满足受尊重的需求确实可以成为驱使其外出旅游度假的内在动因。

第五个层次的需求是自我实现的需求。自我实现的需求，一般通过各种挑战自我极限的方式表现出来，抑或做一番非一般人所能完成的惊人事业。在旅游文献中，有些研究人员认为，诸如攀登珠穆朗玛峰、孤身穿越万里戈壁、骑车周游世界、攀爬世界著名建筑、远距离自助游等挑战极限式的旅游活动，其动机可以解释为出于追求自我实现需求的满足。但是，为满足这一层次的需求而产生旅游动机的旅游者毕竟是小众的，所占比例不高。

总之，马斯洛需求层次理论是研究旅游动机的基础，该理论解释了旅游是一种能够满足人类较高层次需求的消费活动。它虽然不足以完全解释个人的旅游动机，但可以看出，人们外出旅游，摆脱日常生活的压力，达到心理放松是最主要的旅游动机②。旅游者出于探险和放松身心的需要，满足的需求多半是较高层次的，属于精神领域的需求。尽管在旅游活动中，也同时存在着满足最基本的、必需的、低层次的生理和安全需求的要求，但这并不是人们出游的目的。

拓展阅读2

二、麦金托什的旅游动机论

旅游动机是多种多样的，由于旅游者在国家、民族、性别、年龄、职业、文化程度等因素上的差异，其旅游动机和目的也不尽相同。旅游者不同的旅游动机及旅游动机的变化，促使旅游的形式日益多样化，旅游的内容也不断丰富多彩。

美国著名的旅游学教授罗伯特·麦金托什（R. McIntosh）通过分析旅游动机的具体外在表现，提出了麦金托什的旅游动机论（McIntosh's Theory），把旅游动机划分为四种基本类型。

---

① 李天元．旅游学［M］．3版．北京：高等教育出版社，2011.

② 张纹菱．主题公园游客旅游动机、观光意象与忠诚度关系之研究［D］．台北：朝阳科技大学，2006.

(一) 身体方面的动机

即通过与身体健康有关的活动来消除紧张和不安，以达到放松身心的目的。这些活动包括度假休息、娱乐消遣、体育活动、温泉洗浴、海滩休闲、医疗检查等。

(二) 文化方面的动机

即表现出一种求知欲望，希望了解异国他乡的情况并学习新的知识，如其他国家和地区的文化、民俗、艺术、舞蹈、语言、宗教等。

(三) 人际（社交）方面的动机

即以探亲访友、结交新友、摆脱日常琐事等形式，以达到逃避现实、缓解压力的目的。

(四) 地位和声望方面的动机

该动机主要与自我实现和个人发展相关，包括会议、求学、商务、追求业余爱好、参观考察等。通过这些活动，个人的成功得到别人的承认和赏识，获得良好的声誉。

有学者认为，旅游需求的产生不仅受内在动因的驱使，也可能受外在动因的驱使，如有时表现为经济方面的动机。例如，购物是旅游活动中的一个重要环节，被誉为“购物天堂”的香港每年会迎接大量的购物游的游客，香港也曾在很长时期将“购物天堂”作为自己的定位。事实上，作为一种综合性的活动，旅游能够满足人们多方面的需要，所以旅游动机也就不仅仅是一种，而往往是多种动机共同作用的结果。

三、帕洛格的心理类型模式

大师观点　管理评论

(一) 帕洛格的心理类型模式及其演变

在旅游需要和动机的形成过程中，内因即个人方面的因素起着非常重要的作用。因此，人们不同动机的形成从根本上说是由个人方面因素影响的结果。美国学者帕洛格（Stanley · C · Plog）通过对美国各地五千多人的个性心理特点及其与旅游目的地选择之间的关系进行的深入研究，发现心理类型可划分为五种，即自我中心型、近自我中心型、中间型、近多中心型和多中心型。其中，自我中心型和多中心型处于两个极端。在不断就该项研究进行推敲和完善，并将成果在其长达30多年的旅游咨询工作中加以实际应用的基础上，进入新世纪后，帕洛格对这一研究进行了更新。除了在理论体系上更为缜密之外，最明显的变化是对有关心理类型的称谓做了新的调整，即：将原先所称的自我中心型（Psycho-centric）换称为依赖型（Dependables）；将原先所称的多中心型（Allo-centric）换称为冒险型（Venturers）；将原先所称的近自我中心型（Near Psycho-centric）换称为近依赖型（Near Dependables）；将原先所称的近多中心型（Near Allo-centric）换称为近冒险型（Near Venturers）；并在中间型（Mid-centric）的基础上，将其细分为偏依赖型的中间型和偏冒险型的中间型两个部分。如图 3-3 所示。

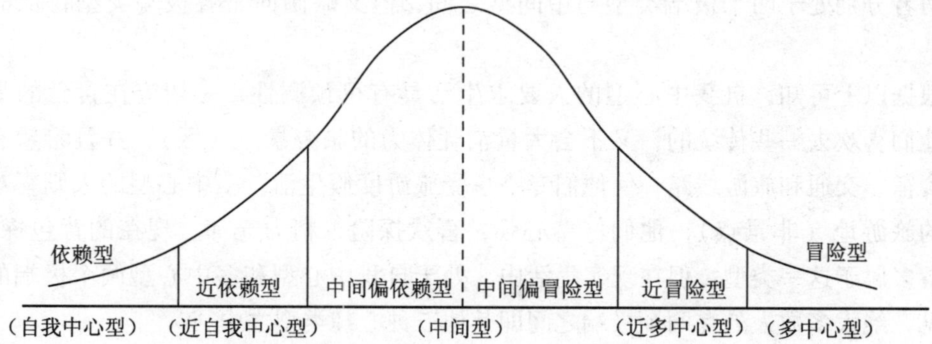

图 3-3　旅游消费者的心理类型分布

（注：括号中为帕洛格在其早期研究中对有关心理类型所使用的称谓）

（二）各种心理类型的人格特征及其对目的地选择和旅游活动的影响

1. 依赖型心理类型

人格特征：思想上较封闭，不愿寻求新的观念或新的经历；在日常生活中比较谨慎和保守；在花钱方面比较节制；偏好购买流行的名牌消费品；对待日常生活缺乏自信和主动性；往往仰仗权威人士指引他们的生活；在日常生活中比较被动，缺乏进取精神；喜欢规规矩矩按常规办事的生活方式；喜欢在亲友等熟人中生活。

对旅游活动的影响：谨小慎微，多忧多虑，不愿冒险；出游频率不高；在外出旅游时倾向于选择距离比较近、自己比较熟悉的旅游目的地，特别倾向于那些传统的旅游热点地区；在旅游目的地逗留期间，花费较少，往往会选择自己熟悉的娱乐活动，喜欢购买标志某一国家或地区的旅游纪念品或装饰品；喜欢故地重游。

2. 冒险型心理类型

人格特征：天性好奇，喜欢探索周围的多样性世界；做事当机立断而不犹豫；在花钱方面比较随意；喜欢选择刚上市不久的新产品；在日常生活中充满自信和个人活力；靠自己去指引自己的生活；在日常生活中非常主动，具有进取精神；喜欢充满挑战的多样化工作；偏好个人独处和静默沉思。

对旅游活动的影响：思想开朗、兴趣广泛、富有胆量；外出旅游的频率较高；倾向于选择那些地处遥远、文化差异大，甚至不为人知的目的地，特别不喜欢随大流去那些旅游热点地区；一般在旅游目的地逗留的时间较长，花费较多，他们喜欢分享当地的风俗习惯，喜欢购买真正的艺术品和工艺品；每年都会去寻找新的旅游目的地。

3. 中间型心理类型

人格特征：特点不明显的混合型；介于两个极端类型之间。

对旅游活动的影响：对旅游目的地的选择通常不苛刻；一般都会避免选择传统的旅游热点或风险很大的待开发地区。

4. 近依赖型和近冒险型

两者分别处于两个极端类型与中间型之间，但又略倾向于各极端类型特征的过渡类型。

根据以上可知，自我中心型的人要求生活具有可预测性，一切应在自己的掌控之中。他们喜欢去一些传统的，又不会大量消耗体力的旅游景点（区），并且希望有人安排好食宿、交通和旅游线路，使他们专心享受旅游度假生活。多中心型的人则喜欢人迹罕至的旅游地（非景点），他们好奇心强，喜欢探险，精力充沛，现在的背包探险游、自驾游多属于这一类型。但在现实生活中，处于自我中心型和多中心型两个极端的人并不多见，绝大多数人处在两个极端之间即其他三种心理类型之中。

值得注意的是，在帕洛格所构建的这一心理类型分布模型中，一个人所属的心理类型距离冒险型越近，外出旅游的可能性就越大，并且所选择的旅游目的地的陌生性和冒险性程度也就越高。他们往往是新旅游目的地的发现者，是旅游者大军的先头部队。伴随这类旅游者对该目的地的发现和信息的传播，其他心理类型的旅游消费者随后会依次跟进。结合图 3-3，这种影响方向始终是由右向左，不可递的。在这过程中，新发现的旅游目的地有可能会逐渐发展成为旅游热点，并最终吸引依赖型心理类型的旅游消费者。然而与此同时，冒险型心理类型的旅游者则会逐渐失去对该目的地的兴趣，转而去寻找其他尚不大为人所知的新目的地①。

动机理论研究动机如何被激活，相关理论除了马斯洛的需求层次论、麦金托什的旅游动机论和帕洛格的心理类型模式以外，心理学家对动机研究的成果提出了几大动机理论：驱力理论（Drive Theory）、唤醒理论（Arousal Theory）、诱因理论（Inducement Theory）、期待价值理论（Expectancy Value Theory）、归因理论（Attribution Theory）和成就目标理论（Achievement Goal Theory）。其中被旅游研究领域较多引用的是驱力理论、唤醒理论和期待价值理论②。

【案例分析 3-1】

王先生一家的出游

王先生：35 岁，重庆某船运公司部门经理，月薪 4000 元，从小在北方长大。

王太太：32 岁，某中学历史老师，月薪 3000 元，在重庆长大。

儿子：8 岁，上小学二年级。

爷爷：60 岁，爱好书画。

---

① 李天元．旅游学［M］．3 版．北京：高等教育出版社，2011.

② 张宏梅，陆林．近 10 年国外旅游动机研究综述［J］．地域研究与开发，2005（2）：60.

王先生一家房子也买了，儿子年龄还小，父亲有退休工资，日子还算稳定。考虑到最近的出游体验还是在结婚前，同时为了让儿子也长长见识，王先生把带薪假期移到暑假内，打算暑假带家人出去玩一次。王先生开始查了一些国内著名旅游线路的资料，如九寨沟—黄龙、昆明—大理—丽江—香格里拉、丝绸之路等，这些旅游线路对他有相当强的吸引力。他在电视里看过九寨沟的一些画面，那里的水美得可以让人忘记一切；他想去丽江，丽江的水、丽江的桥以及纳西族人安逸祥和的生活方式深深地吸引着他；他还想到丝绸之路去看看，去追寻张骞的足迹，去领略中华古老而灿烂的文化。他想去的地方太多了，王先生一时拿不定主意。他想到了妻子，妻子是中学历史老师，喜欢看人文景点，特别是一些历史遗迹。他想，能不能找到一条自然资源和人文资源并重的旅游线路。他又想，他们一家人从来没有到国外去旅游过，为什么不到国外去旅游呢？对此，妻子表达了两点想法：一是对国外的情况不熟悉，不知道能否适应那里的环境，他们都不会英文；二是她听同事说，目前中国已开通了多条出境旅游线路，包括欧洲、日本、韩国、澳大利亚、新马泰等，如果要出国的话，到底该选择那一条旅游线路呢？

带着这些疑惑，王先生去了重庆一家旅行社。王先生说明了自己的来意，接待他的李小姐首先从总体上给他介绍了一些情况。她说，新马泰这条旅游线路开发时间比较早，相对成熟一些，价格也比较便宜，而且这几国的文化背景和中国有相似之处；欧洲旅游线路这两年才也开发，现在的旅游产品形式是把多个国家捆绑在一起，没有把一个或两个国家作为一条旅游线路的，因此价格高一些，出游时间也长一些。另外，他们还开通了到韩国、日本、澳大利亚和马尔代夫等的旅游线路。非洲也开通了一些国家，如南非、毛里求斯等，美洲现在主要集中在商务旅游。王先生思索了一会，决定把欧洲游和新马泰旅游作为重点考虑和选择的对象。爷爷一直有反日情绪，平时都不用日货；韩国他觉得太小了，没有什么可看的。

回到家后，王先生把从旅行社带回欧洲游和新马泰旅游的资料给妻子看，妻子特别留意了价格、游览景点和住宿条件。妻子建议选择新马泰。她认为欧洲游的价格太贵了，每人 10000 元，快抵她三个月的工资了。尽管在妻子的心目中，欧洲对她的吸引力更大，她想去看法国的凯旋门、卢浮宫和埃菲尔铁塔，想去看古罗马的斗兽场。但是，她还是做出了这样的决定。丈夫也认为这是第一次到国外去旅游，先去近的地方，近的地方比较熟悉，下次出去旅游就走远点。妻子听说到新马泰去旅游如果报价格低的团购物特别多，让人特别扫兴。最后，王先生报了一个价格稍高的团。但是爷爷身体不好出去怕消受不起，所以没有去。

分析内容：

1. 哪些因素影响了王先生一家对旅游产品的选择和购买？是怎么影响的？
2. 在本案例中，哪些是主要影响因素？哪些是次要影响因素？

分析提示：主要从决定个人旅游需求的因素作答。

第四节　旅游者类型划分及其需求特点

一、旅游者类型及其划分

目前，各国对旅游者类型划分的依据和标准并不统一，人们出于各自的研究需要，采取不同的划分标准对旅游者进行类型划分，往往将旅游者的类型和旅游的类型划分联系起来。常见的划分标准和类型有以下七种①。

（一）以国界为标准

以国界为标准是根据旅游者在旅游时是否跨越国界来进行划分的，可把旅游者分为国际旅游者和国内旅游者。二者的主要区别是游客是否跨越国界（关境），国际旅游者要征得目的地国家的许可，才可以实施旅游。一般跨越国界（关境）游客要进行旅游签证，但欧盟内的一些国家不需要进行签证。国内旅游者的旅游活动，一般不必征得目的地景区的同意。

（二）以目的地为标准

以目的地为标准是按照旅游者所要到达的目的地的地理区域或所处的地理位置来划分的。可分为邻近国旅游者、洲际旅游者和世界旅游者三种。邻近国旅游者在本大洲内的国家旅游，如日本游客到中国旅游。洲际旅游者是指到其他洲参观游览的旅游者，如美国游客到中国、欧洲旅游就是洲际旅游者。世界旅游者是指以全世界作为所到目的地的旅游者，也叫环球旅游者，这类旅游者的目的地更远、更多。

按照旅游者目的地的地理位置来划分，世界旅游组织把旅游者分为欧洲旅游者、美洲旅游者、非洲旅游者、中东旅游者、南亚旅游者、东亚及太平洋旅游者等类型。

（三）以费用来源为标准

按照旅游者旅游费用的来源一般可将旅游者分为四种类型。

1. 自费旅游者

自费旅游者是指由自己来支付全部旅游费用的旅游者。随着经济的快速发展，我国自费旅游者已经成为国内旅游市场的主力军。

2. 公费旅游者

公费旅游者是指旅游费用全部由国家、单位承担，自己不必支付任何费用的旅游者。

---

① http：//wiki. mbalib. com/wiki/%E6%97%85%E6%B8%B8%E8%80%85

3. **社会旅游者**

社会旅游者是指享受社会福利补贴的旅游者。这种类型在国外如欧洲发达国家比较常见。例如，瑞典是一个高福利的国家，瑞典人十分喜欢旅游，每个在职人员每年享受5 周的法定有薪假期，每当这时，他们就纷纷到国外去旅游，瑞典也成为世界上外出旅游人数最多的国家之一。

4. **奖励旅游者**

奖励旅游者是指在工作中或因参加某种活动而得以外出旅游为奖品的旅游者。例如，奖励劳动模范的旅游，奖励五一劳动奖章获得者、“五四”青年奖章获得者的旅游，奖励优秀学生参加科技夏令营的旅游等。

（四）以组织形式为标准

实践项目

按照旅游者外出旅游的组织形式可将旅游者分为三种类型。

1. **团体旅游者**

团体旅游者是一定数量的来自同一单位、组织的游客。旅行社统一安排、组织和精心策划，对整个旅游团体实行统一管理、统一服务，并一次性地全额收取旅游费用。团队人数一般不低于 10 人，他们也被也叫作团体包价旅游者。旅游线路、活动内容固定，旅游者的自由度较小，但是不需要自己组织和安排行程，旅行社和其他旅游相关企业都有合作协议，费用一般都比较低，游客省心省钱。

2. **个体旅游者**

个体旅游者平常也叫散客，是相对于团体旅游者而言的，是指以个体的形式参与旅行社组织的旅游活动的旅游者。旅行社把散客组成一个旅游团后，其服务就与团体旅游者一样。

3. **自助旅游者**

自助游是近年来兴起的一种旅游方式，由游人根据自身条件（包括时间、预算和身体条件等）自由选择服务组合，是一种不完全依赖旅行社套餐行程的旅游类型。随着家庭汽车拥有量的剧增，“自驾游”比例增加很快，但是费用比较高昂。操作起来比较烦琐辛苦，安全保障也较低。

（五）以旅游目的为标准

根据旅游活动的目的和内容可将旅游者分为六种类型。

1. **商务旅游者**

商务旅游者是指以经济、商务为主要目的和内容的旅游者。商务旅游者既是旅游史上最早的旅游者，也是现代旅游中最多的客源之一。中国正逐步成为世界商务旅游的新热点地区。

2. **公务旅游者**

公务旅游者是指以公务出差、会议等为主要旅游活动内容的旅游者。他们出游的目的都是为公办事，其规模和消费水平仅次于商务旅游者，其行程主要依靠旅行社安排。

3. **休闲度假旅游者**

休闲度假旅游者是指为了达到旅游观光、养生保健、休闲娱乐等目的而参与旅游的旅游者。他们是近些年来最常见、最普遍的旅游者。与传统的观光客相比，他们更注重身心的调整修养，不注重观赏价值。

4. **文化旅游者**

文化旅游者是指以促进文化交流、了解民俗风情、考察、求学、探险、考古等为主要内容的旅游者。

5. **宗教旅游者**

宗教旅游者是指那些以宗教朝圣为主要目的的旅游者。他们有自己的观点、态度、信仰和追求，为了这些他们可以不惜一切代价，甚至付出自己毕生的精力。世界三大宗教圣地几乎都是他们朝圣的场所。

6. **体育旅游者**

体育旅游者是指以参加或观看体育活动为主要旅游内容的旅游者。从 23 届洛杉矶奥运会首次赢利后，各国、各地都热衷于争办各类大型体育赛事，以促进当地旅游业的发展。人们对自身极限的挑战，对健身的关注和对体育的热爱，使得体育旅游者异军突起。

根据国家旅游局发布的统计数据，2014 年 1—6 月入境旅游市场结构中，入境旅游人数总计 1253. 14 万人，会议/商务旅游者占 21%，观光休闲旅游者占 33. 6%，探亲访友旅游者占 2. 2%，服务人员占 12. 5%，其他人员占 30. 7%。

（六）以消费水平为标准

根据旅游者外出消费的情况一般可将旅游者分为三种类型。

1. **经济型旅游者**

经济型旅游者是指具有一般收入的工薪阶层形成的旅游者。他们收入较低，外出旅游消费水平也相对较低。一般都乘坐比较廉价的汽车、火车出游，住宿多选择招待所、普通宾馆。

2. **大众型旅游者**

大众型旅游者消费水平中等，比较大众化，相对而言，对旅游条件比较讲究。他们通常选择快速火车、飞机出游，住宿要求星级宾馆，对导游服务要求较高，相对比较挑剔。

3. **豪华型旅游者**

豪华型旅游者是指那些经济条件优越、生活富有情趣的旅游者。他们出游就是为了享乐，追求舒适，对旅游要求相当高。交通选择火车软卧、飞机商务舱，入住四星级、五星级高档酒店，但对旅游中的购物比较反感。

（七）以交通工具为标准

根据旅游者外出旅游时所选择的交通工具为标准来划分，一般可分为飞机、火车、轮船、汽车、自行车、徒步旅游等。实际上，一次旅游可能要乘坐几种交通工具，此标准主要指从常住地到旅游目的地城市选择的是什么交通工具。

此外，我国有关部门从管理的角度不同，按照性别、职业、年龄等人口学特征对旅游者进行了分类。

事实上，各种类型的旅游者之间会有交叉，划分的目的是为了更好地满足不同类型旅游者的需要，而不是人为地把旅游者分开。以上内容远不能包含对旅游者的所有分类方法，因为旅游者的分类问题是一个应用性的问题，完全可以按照研究者或资料使用者的不同目的进行划分。

二、旅游者的需求特点

从旅游理论研究和旅游经济管理角度来看，旅游者的需求特点和消费特点主要取决于旅游者的不同目的。因此，依据出行目的的类属，我们将旅游者划分为以下几种类型，并分析其需求及消费特点。

（一）消遣型旅游者①

1. 在整体旅游市场中所占的比例最大

根据国家旅游局公布的 2014 年 1~12 月入境旅游外国人人数（按目的分）进行整理可知，我国全年接待的外国旅游者总计 2636.08 万人。其中，观光休闲旅游者人数最多，达 892.99 万人，占接待外国旅游者总人数的 33.9%；会议/商务旅游者达 539.57 万人，占接待总人数的 20.5%；探亲访友旅游者达 60.33 万人，占接待总人数的 2.1%；服务员工和其他类旅游者分别达到 328.54 万人和 814.66 万人，分别占 12.5%和 31.0%。可以看出，由我国旅游部门接待的来华旅客绝大多数都是消遣型旅游者，其他部门（包括中央各部委、群众团体及其他企业事业单位）接待的来访客则大都为差旅型旅游者。从历年中国旅游统计年鉴公布的数字可看出，在全国有组织接待的旅游者中，前者所占的比重远远大于后者。就整个世界旅游情况来看，消遣型旅游者是旅游者的最基本类型，在全部旅游者中所占比重更大，是国际旅游者的主体。

2. 外出旅游的季节性很强

除退休人员外，所有在职人员几乎都是利用带薪假期时间外出旅游。学生外出旅游多在寒暑假。此外，旅游目的地的气候条件也是促成消遣型旅游者季节性来访的重要因素，淡旺季十分明显。

3. 选择自由度较大

消遣型旅游者在对旅游目的地、旅行方式的选择以及对具体出发时间的选择方面，拥有较大程度的选择自由。例如，如果某个旅游目的地的不安全因素增加或者旅游产品质量下降或提价过高，旅游者便会临时改变计划，另选他处去旅游。此外，在出发时间

---

① 郭胜．旅游学概论［M］．北京：高等教育出版社，2009.

上也是一样，消遣型旅游者（尤其是散客）受时间限制并不严格，他们宁肯花点时间等候飞机起飞前的廉价剩余机票。如遇天气变化，则可能改变出发时间。正因为其选择自由度大，消遣型旅游者也是各旅游目的地以及各旅游行业中的同类企业竞争最激烈的市场部分。

4. 在旅游目的地停留时间一般较长

例如，这类旅游者来华旅游时很少只参观游览一个城市，总要去各地走走。即使主要逗留于某一旅游胜地，由于消遣度假的原因，停留时间仍会较长。

5. 对价格的敏感度高，重游率低

由于自费的缘故，消遣型旅游者大都对价格较为敏感，体现在旅游产品的价格、旅行方式的花费等各个环节。所以，一个旅游目的地的旅游服务质量和旅游产品的定价一旦出现问题，都会自动将顾客推给自己的竞争对手。重游率低，已经去过的景点，对这类旅游者的吸引力会大大降低。

6. 青睐于知名度高、吸引力大的旅游目的地

例如，美国和加拿大交界的尼亚加拉大瀑布，日本富士山，澳大利亚大堡礁，中国长城、黄山，意大利罗马，法国巴黎，埃及金字塔等，每年都吸引着众多国内外游客。

（二）度假型旅游者①

度假型旅游者利用假期进行休养和娱乐的度假旅游活动，探求新的经历，调节身心节律，进行休闲和疗养，消除紧张与疲劳。度假旅游产生时间虽不太长，但发展很迅速。特别是第二次世界大战后，随着社会经济发展，人民收入提高，闲暇时间增多，以及交通条件改善，度假旅游逐渐得到普及，形式也十分多样。度假型旅游者的基本特点是：一般选择自然景色优美、气候温和宜人、旅游设施完善、交通便利、服务优质的目的地；度假旅游的地点相对固定，度假型旅游者一般活动范围不大，往往局限于住地及周围地区；旅游者以休养和消遣为主，在旅游地逗留时间相对较长，且重游率比较高；一般不需要导游，旅游者自由安排活动；度假旅游者对住宿设施一般要求卫生、经济，希望有多种体育、娱乐设施及风味餐饮，以便安排每天的消遣活动。

拓展阅读

（三）差旅型旅游者①

泛指一切因公派遣的事务型旅游者，其中包括商务旅游者、公务旅游者和会议旅游者。

1. 没有季节性

这类旅游者因公出行，不受余暇时间、季节、气候的限制。因此，他们的来访有助于填补消遣性旅游设施需求淡季时的闲置，这也是酒店和航空业的市场契机。

2. 目的地选择自由度小

因公出行，必须前往指定的目的地，不能自由选择，一般限于城镇及风景名胜地。

① 郭胜．旅游学概论［M］．北京：高等教育出版社，2009.

3. **消费水平较高**

出于工作需要，对食住行等要求高，注重舒适性、便捷性，对服务要求高。例如，为了显示公司形象，商务旅游者通常选择高档酒店住宿或开展商务活动。

4. **价格敏感度低**

在出行目的地的选择上价格不敏感，但是在选择相同档次的旅游设施和服务时，也会在一定程度上表现出价格的敏感性。

5. **停留时间固定**

公务结束就返回，一般不会在目的地延期逗留。

（四）家庭及个人事务型旅游者

所谓的家庭及个人事务型旅游者，在这里泛指所有因私事务型旅游者。这类旅游者的需求特点比较复杂，兼有观光型和差旅型旅游者的特点：出于自费的考虑，对价格的敏感度类似于观光型旅游者；受目的地和出访事由的限制，出访时间、停留时间、交通工具的选择与差旅型旅游者相似①。因此，这类旅游市场的特点难以完整归纳。或许是由于这种原因，虽然在基于目的地的旅游业管理这一较为宏观的层面上，有些国家和地区（尤其是在欧美）都表示看重探亲旅游这一市场，但在旅游企业的微观层面上，偏向于将这类人员等同为观光型旅游者，因而很少有专门针对这类旅游者的市场举措②。

（五）购物型旅游者

购物型旅游者是指以到异地都市购物为主要目的并结合观光的旅游者。这类旅游者的出现和形成，是社会经济发展、交通发达、人民生活水平不断提高的结果。

其特点是：关注范围大，如关注目的地商品的品种、价格、丰富程度，关注社会支持环境如便利的交通、简便的进出境手续，关注优美的景致；经济支付能力强；季节、时间的限制性不强；消费水平高。

（六）特种旅游者

人们在日常生活和旅行中，精神的和物质的基本需求得以满足后，就会开始追求具有刺激性的、体验性的和互动性的旅游形式和活动。于是，出现了一些特种旅游群体，包括探险旅游者、海洋旅游者、修学旅游者、体育旅游者以及追求挑战性的生态旅游者等。这一群体正在兴起和壮大，已经成为当今的旅游时尚。

【本章小结】

本章从旅游者的概念入手，探讨了国际旅游者和国内旅游者范围的界定，分析了旅

① 王明星．旅游学基础教程［M］．北京：中国林业出版社，2009.

② 李天元．旅游学［M］．3 版．北京：高等教育出版社，2011.

游需求的影响因素，其中客观因素主要表现为个人收入、余暇时间和其他因素，主观方面主要依据马斯洛的需要层次论、麦金托什的旅游动机论和帕洛格的心理类型模式角度分析，从不同的角度进行了旅游者类型的划分，并分析了不同旅游者的需求特点。本章重点是旅游者产生的条件、旅游动机的类型、旅游者类型划分，难点是旅游者定义的界定。正确认识旅游者的定义，对于健全旅游学科的理论研究、指导实践活动具有重要的理论价值和现实意义。明确旅游者类型的划分，可以有效指导旅游企业开展实践活动。

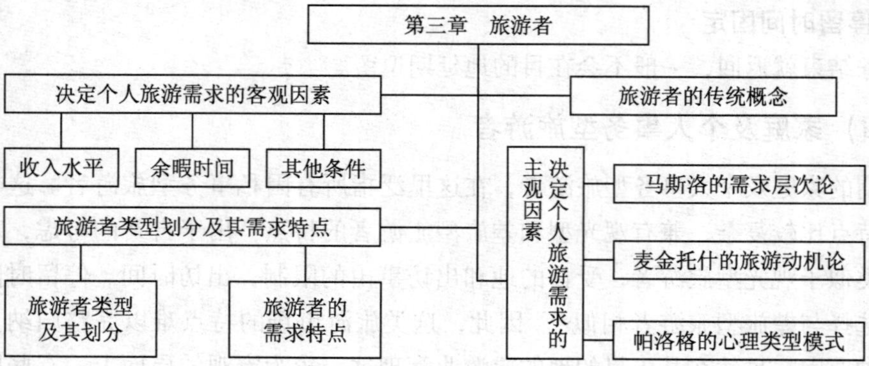

【学习网站】

1. http：//www. 51yala. com/
2. http：//www. cthy. com/
3. http：//ctnews. toptour. cn
4. http：//www. stats. gov. cn/

【复习思考题】

一、填空题

1. 马斯洛的需求层次理论将人的需求分为五个层次，即________、________、________、________、________。

2. 美国旅游学家麦金托什提出，旅游动机可划分为四种基本类型，即________方面的动机、________方面的动机、________方面的动机、地位和声望方面的动机。

3. 美国学者帕洛格提出的影响旅游动机的心理类型模式指出，心理类型为________型的旅游者，往往是新旅游地的发现者和开拓者。

4. 决定个人旅游需求的因素是方方面面的，其中客观因素主要表现为________、________和________。

二、名词解释

余暇时间、可自由支配收入、旅游动机、需求层次理论

三、简答题

1. 简述我国国家统计局对旅游者的界定。

2. 简述常见的几种旅游者类型及需求特点。

3. 要实现个人的旅游需求，需要具备哪些条件？研究这样的问题有什么现实意义？

4. 简述旅游动机的基本类型。

5. 试述帕洛格旅游消费者的心理模式以及不同心理类型者的人格特征。

6. 请从旅游统计年鉴、经济年鉴或者国民经济与社会发展统计公报上找出某一省（市）近5年的旅游业发展相关统计数字，进行对比分析旅游者数量，并尝试找出引起数据变化的原因。

第四章

旅游资源

导言

旅游资源是旅游业赖以发展的基础，旅游资源的品位、规模、类型组合等特性，是目的地旅游竞争力的重要组成部分。旅游资源的管理首先要正确认识旅游资源，包括它的概念、特点、类型等，才能卓有成效地开发。旅游资源的开发水平是决定目的地旅游业发展水平的关键。旅游资源开发和规划是两个既有区别又有联系的概念，旅游资源开发规划先行。在旅游规划的内容上因规划的类型不同而有所区别，但越来越强调对资源尤其是遗产资源的保护和管理。旅游资源和旅游环境保护的相关理论，以及在旅游活动中设计环境教育等措施，都有助于实现旅游开发和资源环境保护的平衡。

【教学目标】

本章要求学习者：了解旅游资源的概念、特点及类型；掌握旅游资源的评价与开发；掌握旅游资源的保护。

【关键术语】

旅游资源的概念；旅游资源的分类；旅游资源的特点；旅游资源的评价；旅游资源的开发；旅游资源的保护

【引导案例】

桂林为何还没有世界遗产?

尽一切可能避免破坏历史性城市和地区。

如果必须建造新建筑物，它们的特点和尺度必须与它们周围建筑物协调。

——《威尼斯宪章》

构成历史园林整体组成部分的永久性的或可移动的建筑、雕塑或装饰特征，只有在其保护或修复之必要范围内方可予以移动或替代。任何具有这种危险性质的替代和修复必须根据威尼斯宪章的原则予以实施，并且必须说明任何全部替代的日期。

历史园林必须保存在适当的环境之中，任何危及生态平衡的自然环境变化必须加以禁止。所有这些适用于基础设施的任何方面（排水系统、灌溉系统、道路、停车场、栅栏、看守设施以及游客舒畅的环境等）。

——《佛罗伦萨宪章》

桂林是我国著名的山水城市，它追求的是整个城市的生态和谐、历史背景和文化渊源。城市穿插分布在山水之中，青山、秀水、奇洞、美石以及众多的文物古迹与城市融合在一起，山水绮丽，景色与城市建筑互为因借，城市处处可见奇峰碧水，到处是景，到处是园。这样的城市不仅国内绝无仅有，在世界上也是罕见的。桂林这个城市，以山水扬其名，以自然之美甲天下，而又有名胜古迹增其色。如果说苏州是“城中园”，杭州是“半壁江山半壁城市”的话，桂林则是“山水中的城市”。但是桂林这样一座绝无仅有的山水城市，至今没有一处世界遗产。

现在每年的节假日都有大批的游客涌入桂林的各大风景区，使得风景区极易患“节假日综合征”，导致风景区内的植被、水、大气和土壤超负荷使用，很容易造成破坏。比如，著名的芦笛岩风景区因游客的大量涌入，人群呼出大量的二氧化碳而影响了岩洞的发育。还有一个例子是漓江的机动船对河岸的破坏，可能再过几年，美丽的漓江就会被掏空。

还有，漓江沿岸盖饭店、挤占城市绿地建宾馆、征用良田作高尔夫球场、耗费巨资建人造景点（美食城、四美园等），毁坏古迹修马路、在公园岩洞中展出妖魔鬼怪、让商家经营阳朔风景道、在市场出售钟乳石工艺品，最近还要在漓江景区筑大坝，在七星山上建索道，等等，这些都是违反国家上述原则规定的，都属于破坏性建设，应当进行清理整顿。

桂林自然环境的破坏根源可能不仅仅是旅游带来的，更多的则是桂林人自己带来的，最明显的就是漓江河段上的挖沙问题和森林砍伐问题。

案例问题：

1. 风景秀丽的桂林为何还没有世界遗产?

2. 怎样处理对桂林的破坏性建设?
3. 怎样协调桂林人对桂林自然环境的破坏?
4. 怎样让游客和桂林人自觉自愿地保护环境?

第一节 认识旅游资源

旅游资源是旅游目的地最重要的吸引要素，只有正确认识和了解旅游资源的概念，才能对旅游资源进行分类、调查、评价，以及更合理的开发、规划和利用，从而更好地保护旅游资源。

一、旅游资源的概念

旅游资源的概念是随着旅游活动的发展而出现和变化的，它是旅游活动的客体，是旅游业发展的基础。什么是旅游资源?

西方学者常使用旅游吸引物的概念，在大多数情况下，它是旅游资源的代名词。霍洛韦这样定义旅游吸引物：那些给旅游者以积极的效益或特征的东西，它们可以是海滨或湖滨、山岳风景、狩猎公园、有趣的历史纪念物或文化活动、体育运动，以及令人愉悦舒适的会议环境。西方学者有时也将休闲活动所利用的资源包括进来。

随着我国旅游业的发展，旅游资源的研究受到许多学者的重视，然而到目前为止，国内尚未形成一个学界公认的旅游资源的定义。由于认识角度的不同，出现了不同的旅游资源的定义。

旅游资源是一个内涵非常广泛的概念，其表现形式可以是有具体形态的物质实体，如风景文物；也可以是不具有具体物质形态的文化因素，如民族风俗。资源只有具备以下三个必需的条件才能称为旅游资源：第一，对旅游者具有一定的吸引力。在旅游资源中最核心的就是吸引力。旅游者之所以选择去某地旅游就是因为其具有吸引力，构成这种吸引力的可能是自然因素，可能是社会因素、文化因素或者其他因素①。第二，绝大多数旅游资源都是与旅游业直接相联系的，能为旅游业所开发利用，并具有一定的经济、社会、文化效益。第三，旅游资源是与旅游者直接相联系的，它们能激起旅游者的旅游动机，是旅游者旅游活动的对象物，能满足旅游者的特定需求。总之，对旅游者不具有吸引力，又不能被旅游业所利用的资源不能归属于旅游资源的范畴。

随着社会的发展，现代旅游资源的范畴已经大大超出了传统自然风景名胜、历史文化、康体、气候、水体等，出现了娱乐、购物、科考、主题公园、节庆活动等资源。甚至在将来，现在很多不可能被旅游业开发利用的东西都有可能成为旅游资源，比如现在

---

① 刘振礼，王兵．新编中国旅游地理［M］. 天津：南开大学出版社，1996.

人们还没能普遍实现的漫步深海、遨游太空、去南北极探险等①。在借鉴中外学者定义的基础上，本书尝试对旅游资源作如下界定：凡能够吸引旅游者产生旅游动机，并能为旅游业所利用来开展旅游活动的一切自然、人文社会和其他因素，都可称为旅游资源。

二、旅游资源的重要性

（一）旅游资源是旅游活动的客体

旅游资源是诱发旅游动机和旅游行为的事和物的总和。对旅游者来说，它是旅游活动的对象，是旅游活动的客体。旅游活动具有异地性，即以人们的地域移动为主要特征，而诱发人们地域移动的主要动力应是旅游资源的内容。旅游资源，是刺激旅游者旅游需求的内在动因。如果没有旅游资源，旅游活动中“游”的核心内容就没有实现的可能，也就无所谓什么旅游活动的进行，更不会有旅游者②。可以说，旅游资源是人类旅游活动的基础和前提，旅游资源吸引力的大小决定着旅游需求量的多少。但当其他条件都具备时，有效地扩大旅游资源的吸引力，也能有效地刺激旅游需求的增长。

（二）旅游资源是旅游产品的物质基础

旅游资源是产生旅游活动的物质基础，是客观因素之一。旅游资源不仅是实现旅游活动的必备条件，也是设计旅游产品、规划旅游项目、组合旅游路线的必要前提，是旅游产品的重要核心组成部分。旅游资源数量的多少和质量的高低，决定着旅游产品在旅游市场上的竞争能力。旅游资源是旅游生产活动的劳动对象，是旅游产品的物质基础，人们的旅游开发活动是围绕着旅游资源进行的。没有旅游资源，人类的旅游开发活动也就没有了作用对象，旅游业成了无本之木、无源之水。因此，要提高旅游产品在旅游市场上的竞争力，就必须首先提高旅游资源在旅游市场上的吸引力。

（三）旅游资源是旅游业发展的重要基础

旅游业的产生和发展是以旅游活动的出现为基础的，在旅游活动的“食、住、行、游、购、娱”六大要素中，“食、住、行”是旅游活动的必备条件，“游、购、娱”是旅游活动的主要内容，“游”则是旅游活动的核心内容。而旅游资源作为旅游活动的对象与客体，是吸引旅游者产生旅游动机的根本原因。旅游业正是利用旅游资源，通过加工、生产、组织、销售旅游产品而获得发展的。因此，没有旅游资源，就不会有旅游活动，更无法谈及旅游业。旅游活动的异地性，使得旅游地的许多行业纳入到旅游业之中，如餐饮、住宿、商业、交通、洗浴、医疗、文化演艺等。随着旅游业的发展，旅游业的范畴将进一步扩大，旅游业的行业界线也将变得更加模糊，影响旅游业发展的因素将会越来越多。但无论如何，旅游资源是发展旅游业的凭借物和依据，是旅游业赖以生

① 吴必虎，宋子千．旅游学概论［M］．北京：中国人民大学出版社，2011.

② 陆林．旅游的区域环境效应研究：安徽黄山市实证分析［J］．中国环境科学，1996，16（6）：418-420.

存和发展的基本条件。

(四) 旅游资源质量影响旅游业发展水平

旅游资源的质量直接影响到旅游需求的形成和增长，影响着旅游客源市场规模的大小①。旅游资源质量主要是指旅游资源所具有的旅游价值的高低，包括旅游资源的美学特征、稀有程度、休闲康乐价值、文化价值、历史价值、科学研究价值，以及资源数量、丰度、分布和组合性等。一般来说，旅游资源质量越高，对旅游者的吸引力越大，越能刺激旅游需求的增长，对旅游业发展定会起到重要的促进作用。虽然影响旅游业发展的因素很多，但在其他条件相似的情况下，旅游资源本身质量的高低具有重要的意义。北京、西安、杭州、桂林等城市之所以能够成为我国吸引国内外游客的旅游热点城市，就是因为这些地方有知名度高、吸引力大的特色旅游资源。

(五) 旅游资源的开发可以促进旅游地区的经济发展

以旅游资源为物质基础的旅游业是一个带动力很强的产业，它的发展能够带动很多相关产业的发展，从而促进所在地区的经济发展和社会进步。旅游资源与大多数其他资源的不同之处是，只要保护和开发得当，旅游资源具有“永续性”特点：旅游者前往旅游目的地参观、游览，带走的仅是对旅游资源的美好印象与感受，旅游资源本身是带不走的，仍然可以重复利用。虽然因受到季节和气候的影响，旅游会呈现出明显的淡季、旺季之分，但如果对地区旅游资源进行深度开发，如通过举办一些重大的节庆赛事活动，不仅能使旅游的淡季缩短，甚至可能变旅游淡季为旅游旺季。

第二节　旅游资源的分类与特点

一、旅游资源的分类

旅游资源的分类是旅游资源调查和资源开发的基础，根据不同的目的，有不同的分类标准和方法。

(一) 按资源特性及组成要素分类

根据资源特性及组成要素可将旅游资源分为自然旅游资源和人文旅游资源两大类。

1. 自然旅游资源

自然旅游资源是依照自然发展规律天然形成的，吸引游人前往旅游的自然景观与自然环境。主要包括：

(1) 地质地貌类。主要包括典型的地质结构、古人类遗址、古生物化石遗迹、矿

---

① 马耀峰，宋保平，赵振斌．旅游资源开发［M］．北京：科学出版社．2004.

物、岩石及其产地、典型的地质灾害遗迹、山岳、峡谷、火山、沙滩、岛屿、喀斯特景观、丹霞景观等。如山东泰山、桂林山水、周口店北京猿人遗址、长江三峡地质奇观、黄山奇峰、丹霞山地质地貌景观区等，都是我国著名的旅游资源。

（2）水体类。主要包括江河、湖泊、泉、瀑布、海洋及冰川等旅游资源。如黄果树瀑布、滇池以及众多的海滨风景区。

（3）生物类。主要包括珍稀动植物、古树名木、花卉，以及特色物候景观。这类旅游资源主要以自然保护区的形式加以开发。如四川卧龙大熊猫保护区、武夷山风景区等。

（4）气象气候类。主要包括云海、雾凇、雪景、蜃景，以及避暑胜地、避寒胜地等旅游资源。如我国最著名的吉林市松花江雾凇景观、山东蓬莱地区的“海市蜃楼”、黄山云海、承德避暑山庄等。

（5）太空天象胜景类。如极光、日出（落）、日（月）食、流星雨等奇观。著名的日出观景点有泰山的日观峰、华山的东峰、庐山的汉阳峰、峨眉山的金顶、钱塘江的初阳台和北戴河的鹰角亭。

2. 人文旅游资源

人文旅游资源是指人类历史发展中人为因素形成的具有旅游吸引力的物质形态和精神形态旅游资源。人文旅游资源所涉及的内容非常丰富，依据不同的性质、内容和形式，可分为以下五大类。

（1）历史类。包括人类历史遗址、古建筑、古园林、古陵墓等。如北京故宫、陕西秦兵马俑、万里长城。

（2）民俗风情类。包括有地方特色和民族特色的建筑、服饰、歌舞、节庆等风俗。陕西和山西的窑洞、傣族的竹楼、藏族的牛皮船、云南纳西族和云南泸沽湖摩梭人的“走婚”、汉族的春节、傣族的泼水节等都属于民俗风情类旅游资源。

（3）宗教类。包括宗教文化、宗教建筑、宗教艺术、宗教活动等。如五台山、普陀山、峨眉山和九华山是中国著名的四大佛教圣地。寺庙、道观、经堂是建筑艺术的精华，而造像、壁画、碑碣等也极富文化价值。

（4）休憩服务与文化娱乐类。包括疗养设施、特殊医疗、现代园林、各种文化娱乐设施和活动。

（5）近现代人文景观类。包括近现代革命活动遗址、纪念馆以及交通、购物、体育、商务与会议旅游资源。

（二）按综合资源的特性与游客体验分类

按照综合资源的特性与游客体验作为分类标准，旅游资源可分为以下三种类型。

1. 市场导向型游憩资源

以利用者需求为导向，靠近利用者集中的人口中心（城镇），通常满足的主要是人们的日常休闲需求，如球场、动物园、一般性公园。一般面积在40~100公顷，通常由地方政府或私人经营管理，海拔一般不超过1千米，距离城市在60千米的范围内。

2. 资源基础型游憩资源

这类资源可以使游客获得近于自然的体验。资源相对于客源地的距离不确定，主要在旅游者的中长期度假中得以利用。如风景，历史遗迹，远足、露营、垂钓用资源，一般面积在1000公顷以上，主要是国家公园、国家森林公园、州立公园及某些私人领地。

3. 中间型游憩资源

介于上述两者之间，主要为短期（1日游或周末度假）游憩活动所利用，游客在此的体验比利用者导向型更接近自然，但又比资源基础型要次一级。

（三）按旅游资源的级别分类

1. 世界级旅游资源

世界级旅游资源包括经联合国教科文组织批准被列入《世界遗产名录》的名胜古迹和列入联合国“人与生物圈”计划的旅游资源。此类资源是世界上知名度最高的旅游资源，具有全球性的艺术观赏、历史文化和科学研究价值，如我国的长城、故宫等38处世界遗产旅游资源。

2. 国家级旅游资源

这类旅游资源在国内外拥有很高的知名度，具有极高的观赏、科学和历史价值。主要包括国家重点风景名胜区、国家历史文化名城、国家级重点文物保护单位。

3. 省级旅游资源

此类旅游资源在省内拥有很高的知名度，具有较高的观赏、历史和科学价值，有地方特色。主要针对国内、省内及地区的游客。

4. 市（县）级旅游资源

此类旅游资源主要以当地人为主要客源，具有一定的观赏性和科学价值，如成都乡村农家乐旅游就主要是针对成都市及其周边地区的居民。

（四）其他分类

旅游资源的分类还有其他的方法，如按照旅游者的旅游动机不同可划分为心理、精神、健身、经济方面的旅游资源；按照利用和开发状况可分为已开发旅游资源、待开发旅游资源、未开发旅游资源；根据旅游吸引物的吸引性质分为场所吸引物和事件吸引物；按照游客的体验性质将旅游资源按原始地区、近原始地区、乡村地区、人类利用集中地区、城市化地区分类。

二、旅游资源的特点

旅游资源同世界上其他各种资源一样，既有共性的一面，又有其自身所独有的特点。

（一）多样性

旅游资源所具有的广泛多样性，是其他资源所不能比的。不仅包括秀美的山川，还包括源远流长灿烂的历史文化……旅游资源的客观存在极为广泛：既有自然的，也有人文的；既有景观性的，也有文化性的；既有古代遗存的，也有现代兴建的；既有实物性的，也有体察性的。随着社会经济文化的发展和科技的进步，旅游者社会组成和心理特点的多样性决定了旅游需求的多样化、个性化，旅游资源的范围还在不断扩大，内容日益丰富。旅游者的足迹已从世界最高峰到了海底，从繁华的城市到了渺无人烟的沙漠和严寒的极地，甚至已跨入了太空。从某种程度上来说，旅游资源的范畴已几乎无所不包。

（二）可观赏性

旅游资源同其他资源的最大区别在于它具有一定的可观赏性，即旅游资源有形象化的可目睹可感觉的吸引性特征。人们常常将旅游资源的价值分为观赏价值、科学价值和文化价值。其中，观赏价值是旅游资源的核心成分，而科学价值和文化价值只是旅游资源的附加成分。并非每一种旅游资源都拥有科学价值和文化价值，但任何一种旅游资源都必须具有可观赏性，能给人带来审美和愉悦感受。只有人们感觉到某种事物能够满足其好奇心和心理享受的需要，这种事物又具有一定的观赏性，才能吸引旅游者开展旅游活动①。不管是哪一种旅游资源，无论是名山大川、奇石异洞、海湖泉瀑、风花雪月，还是文物古迹、民族风情等都具有美感，从而使旅游者获得愉悦的心理体验。旅游资源的美学特征越突出，其观赏性就越强。

（三）区域性

旅游资源总是分布于一定的地理空间，其形成受特定区域的地理环境各要素的制约，又反过来反映着区域环境的特色，这就是旅游资源的区域性。区域性是旅游资源最本质的特征，它是由于地理环境和社会文化在地域上的差异形成的，这种差异会导致同类事物由于所处的地区和地域的不同而形成不同的特色与风格，使旅游资源具有不同的地方性和民族性。例如，我国北方与南方地理环境的差异，造成自然景观、人文景观南北特色迥然不同。北方具有深厚的古都文化，我国从古到今的政治文化经济中心均位于北方，如北京、西安等历史文化名城都有悠久的历史，古代建筑、古城遗址、帝都王陵，特色鲜明。南方山清水秀，自然旅游资源多以海滨、山地、高原为主。也正是不同区域的旅游资源之间存在差异性，使得一地的旅游资源对另一地旅游者形成吸引力，才形成了旅游者的空间流动。区域性越突出的旅游资源对旅游者的吸引力越强。

---

① 马勇，李玺．旅游规划与开发［M］．北京：高等教育出版社，2002.

(四) 不可转移性

旅游资源的不可转移性包括两层意思：一是指旅游资源本身的不可迁移性，如风景名胜区、名山名水、海洋湖泊等自然景观是不可移动的；二是指各种旅游资源都分布在与之相适应的地理环境和区域环境中，都带有强烈的地方色彩和区域特征①。一旦将其移开，资源的吸引力就会大大降低甚至消失。例如把秦兵马俑迁移到外地，就失去了它所具有的独特的历史文化内涵，很难让人们由此感受到两千年前秦军兵强马壮、气势磅礴的阵容。如果把少数民族的建筑和各种民族节日都搬到城市中，也许形式上可以复制得很好，但是却失去了民族原汁原味、丰富多彩的民风民情和民俗文化。旅游是旅游者移动到旅游资源地的活动，而不是像其他资源一样将其运到其他地方进行再加工利用，因此旅游资源的开发利用一般都在当地进行。

(五) 吸引力的定向性

旅游活动以旅游者在空间上的移动为前提，而旅游资源所具有的吸引力，是引发这一空间行为的重要动因。无论是令人陶醉的自然风景和风格独特的古今建筑，还是特色浓郁的民族风情与各具千秋的美味佳肴，都因对旅游者有极强的吸引力而成为重要的旅游资源②。必须指出，旅游资源的吸引力在某种程度上涉及旅游者主观效用评价。就某项具体的旅游资源而言，它可能对某些旅游者吸引力颇大，却对另一些旅游者无多大吸引力，甚至根本没有吸引力。所以，任何一项旅游资源都具有吸引力定向的特点，只能吸引某些特定的市场，而很少能对整个旅游市场都具有同样大的吸引力。

(六) 开发利用的永续性和不可再生性

永续性指旅游资源利用的重复性。在旅游资源中，除了少部分内容在旅游活动中会被旅游者消耗，需要自然繁殖、人工饲养、栽培和再生产来补充外，绝大多数旅游资源都具有长期重复使用的价值。

旅游资源具有开发利用的永续性，但同时也具有不可再生性，尤其是在管理和使用不当的情况下，旅游资源很容易因遭受各种形式的损害而失去对旅游者的吸引力。自然旅游资源如此，人文旅游资源也有同样的问题。自然风景和文物古迹，一旦因为利用不当而遭到破坏，就将不能再生。因此，在开发利用过程中，要非常重视资源的保护以实现其永续的利用。

实践项目

① 罗佳明．旅游管理导论［M］．上海：复旦大学出版社．2010.

② 郑向敏．旅游对风情民俗资源的消极影响及对策研究［J］．旅游学刊，1996（3）：44-47.

第三节 旅游资源的评价与开发

一、旅游资源评价的目的与原则

（一）旅游资源评价的目的

旅游资源评价是对区域旅游发展的前期性研究，评价的科学性和实践性直接影响到区域旅游资源的开发和发展程度，如旅游资源的吸引力评价影响到旅游地客流量和旅游开发规模。旅游资源评价的主要目的在于以下几个方面。

1. 统一对旅游资源的认识

通过旅游资源评价，选择科学的评价模式和评价方法，可以帮助人们统一对旅游资源的认识，遵循客观规律和旅游需求合理地开发旅游资源。通过对旅游资源的规模水平、类型数量密度和承载容量鉴定，可以明确旅游资源的类别、数量、构成与丰度，为进行分级规划和管理提供系列资料和判断标准。通过对旅游资源的种类、组合、结构、功能和性质的评价，可以确定旅游资源的质量，论证其独有的魅力，评估其在旅游地开发建设中的地位。

2. 为旅游规划和开发提供理论依据

通过对旅游资源的特色、类型结构、旅游功能和性质的评价，可以为旅游项目建设提供论证依据。通过对旅游资源及其环境的开发性综合评价，可以直接为区域旅游资源的开发重点、开发方向、开发规模等提供科学依据。

3. 帮助制订旅游资源开发时间进度计划

着眼于评估旅游资源的数量、类型、规模、品位、丰度、分布、区域组合性和文化内涵，对旅游资源的美学价值、历史文化价值和开发价值进行综合评估，同时对旅游资源的区位条件、自然条件、社会经济、文化条件、投资施工和客源市场等开发利用环境条件进行评估①。目的是对区域内不同地域的旅游资源进行开发价值比较，作规划与管理意义上的重要度排序。

（二）旅游资源评价的原则

1. 符合科学的原则

在针对旅游资源的形成、本质、属性、价值等核心问题进行评价时，应采取科学的态度予以正确的解释，不能全部贯以神话传说，更不能相信和宣传迷信。这个要求是旅游资源评价、开发的前提和基础。

---

① 高峻．旅游资源规划与开发［M］．北京：清华大学出版社，2008.

2. 客观实际的原则

旅游资源本身是客观存在的事物，评价时要从客观实际出发，实事求是地评价其价值高低、大小以及功能状况，不能夸大，也不能缩小。

3. 全面系统的原则

旅游资源是丰富多样的，要综合衡量、全面完整地对其进行系统评价。不仅要对资源本身的质量、特色、规模、知名度、功能等方面的因素进行评价，还要对其所在的区位、交通、经济、社会、环境等外部条件进行全面完整的评价。

4. 动态发展的原则

旅游资源特征以及开发的社会经济条件本身是在不断变化和发展的，这就要求旅游资源评价工作不能局限于现状，必须具有动态发展观点，用发展的眼光看待变化趋势，对旅游资源及其开发利用前景作积极、全面、正确的评价。

5. 效益估算的原则

旅游资源评价的最终目的是开发利用，而开发的首要目的是取得经济、社会和生态综合效益，因此，评价时要对旅游资源开发的前景予以适当的评估。

6. 力求定量的原则

在评价旅游资源时，应尽量减少和避免带有强烈主观色彩的定性评价，要实际、系统、科学地全面评价，所以要求定量、半定量地评价，通过一定数据来评价以及与其他地区比较。要求不同调查区尽量采用统一的评价模式和标准对旅游资源进行评价，使资源的评价具有可比性。

二、旅游资源评价的内容与方法

拓展阅读

（一）旅游资源评价的内容

旅游资源评价的内容主要包括三个部分，即对旅游资源特色和结构的评价、旅游资源环境的评价以及旅游资源开发条件的评价。

1. 旅游资源特色和结构的评价

（1）旅游资源的特性和特色。旅游资源的特性和特色是衡量其对游客吸引力大小的重要因素，它对旅游资源的利用功能、开发方向、开发程度及其经济和社会效益起着决定作用①。通常个性化程度越高的旅游资源的开发前景相对较好，那些“新、奇、特、绝”的旅游资源往往能够成为区域旅游发展的重要支柱。

（2）旅游资源的价值和功能。旅游资源的价值包括旅游资源的艺术欣赏价值、文化价值、科学价值、经济价值和美学价值，它是旅游资源质量水平的反映。而旅游资源的功能则是与价值相对应的，指经过开发后能够满足旅游者某方面需求的能力。一般来说，艺术和美学价值高的旅游资源，观光的功能较为突出；文学和科学价值高的旅游资

① 苏勤．旅游学概论［M］．北京：高等教育出版社，2001：6.

源，其科学考察和文化体验的功能占据主要位置。此外，旅游资源经过开发还可具备娱乐、休憩、健身、疗养和商务等多重功能。旅游资源的价值和功能对于其开发方面和开发形式具有重要的影响。

（3）旅游资源的数量、密度和布局。旅游资源的数量是指区域内旅游资源单体的数量，而密度则是指单位面积内旅游资源的数量多少，它可以表示区域内旅游资源的聚集程度①。旅游资源的布局则是指旅游资源的空间分布和结构组合特征。一般情况下，景观数量大、相对集中并且布局合理的区域资源赋存状况较为理想。因此，旅游资源的数量、密度和布局是判断区域旅游开发的规模和可行性的重要因素。

2. 旅游资源环境的评价

（1）旅游资源的自然环境。旅游资源的自然环境是指区域内的地质、地貌、气象、水文、生物等环境要素。作为旅游资源开发地，其环境应以能让游客从视觉、听觉、嗅觉、触觉和味觉等全方位感受舒适怡人为宜。自然环境较为恶劣的区域在开发旅游时往往会遇到一定的阻碍。

（2）旅游资源的社会环境。旅游资源的社会环境是指旅游资源所在区域的政治局势、社会治安、医疗保健和当地居民对旅游者的态度等内容。良好的外部社会环境能够促进旅游的快速发展，如欧盟国家间实行互免签制度，各国关系融洽，这些国家的居民出国旅游十分方便。而当政治局势不稳定或爆发战争和恐怖事件时，当地的旅游资源开发及旅游业发展会受到伤害。

（3）旅游资源的经济环境。旅游资源的经济环境是指资源所在区域在经济发展上的发达程度。通常经济越发达的地区在旅游资源开发上的投资实力越强，且本地居民对旅游产品的消费需求也相应较高，这为当地发展旅游业提供了良好的保障。同时，经济发达的区域在人力资源的供给上也具有较大的优势，对旅游资源的开发具有较大的推动作用。

（4）旅游资源的环境容量和承载力。旅游资源的环境容量是指旅游资源自身或所处区域在一定时间条件下旅游活动的容纳能力，包括容人量和容时量两个方面。容人量系指单位面积所能容纳游客的数量。容时量则指旅游者在该区域内游览时所需要的基本时间。旅游资源越复杂、越丰富，容时量越大；相反，那些类型单一、数量较少的区域，其容时量就小。旅游资源所处环境的容量和承载力对于旅游资源的开发规模具有决定性的作用。为了保证旅游资源的有序开发和永续利用，规划者往往选择环境容量指标中数值最小的指标作为开发规模的限值。

3. 旅游资源开发条件的评价

（1）区位条件。旅游资源的区位条件是影响资源开发可行性、开发规模和效益度的重要外部条件，包括旅游资源所在地的地理位置、交通条件以及与周围旅游区之间的相

① 李天元．旅游学［M］．3 版．北京：高等教育出版社，2011：117-119.

互关系等[1]。

(2) 客源条件。客源数量直接关系到旅游开发的经济效益。而客源数量通常又与旅游开发地的腹地大小、腹地经济发展程度关系较大。例如，在华侨城系列主题公园和迪士尼乐园的选址上，就将腹地规模和经济实力作为重要的考虑依据。深圳和香港所拥有的腹地泛珠三角区域人口密集且经济实力十分雄厚，因此，在旅游客源方面能够提供保障。

(3) 投资条件。与投资条件相关的要素主要包括资源所在区域投资渠道的畅通程度和政府对于旅游投资的政策。投资渠道畅通、旅游投资主体较多、政府对于旅游投资制定优惠政策的区域，其投资条件相对较为优越。这类区域在旅游资源开发的资金筹集方面往往能够获得有效的保证。

(4) 建设施工条件。旅游资源的开发会涉及系列工程项目的建设，如各种游览、娱乐设施和道路交通、供水供电、停车场地等基础设施，因此，对于区域内的地址、地形、土质、供水等有较高的要求。上述开发建设条件的好坏与旅游资源的开发可行性之间有密切的关联，需要在资源评价时加以关注。

(二) 旅游资源评价的方法

旅游资源评价尽管类型很多，但常用的评价方法一般有定性法和定量法两种。

1. 定性评价法

定性评价法使用范围广泛，形式多种多样，包含的内容丰富，是评价者在考察旅游资源后根据自己的印象所做的主观评价，一般多采用定性描述的方法，也叫经验性评价法。该方法简单易行见效快，对数据资料和精确度要求不高，但不可避免地存在结论的非精确性和推理过程的相对不确定性。由于评价方法很多，在此仅选择一些具有代表性的方法来介绍。

(1) 卢云亭的“三三六”评价体系。即“三大价值、三大效益、六大开发条件”评价体系。“三大价值”指旅游资源的历史文化价值、艺术观赏价值和科学考察价值；“三大效益”指旅游资源开发之后的经济效益、社会效益和环境效益；“六大开发条件”指旅游资源所在地的地理位置与交通条件、景象地域组合条件、旅游环境容量、旅游客源市场、投资能力和施工难易程度等六个方面。

(2) 黄辉实的“六字七标准”评价法。主要是从旅游资源本身和资源所处环境两个方面加以考虑。从旅游资源本身，采用了六个评价标准：美、古、名、特、奇、用。在评价资源所处环境时，有季节性、污染状况、联系性、可进入性、基础结构、社会经济环境和市场等七个标准。

(3) 一般体验性评价。一般体验性评价是评价者根据自己的亲身体验，对某一个或某一系列的旅游资源就其整体质量进行定性评估[2]。常用方式是旅游者在问卷上回答有

---

① 马勇，周霄．旅游学概论［M］．北京：旅游教育出版社，2008.

② 高峻．旅游资源规划与开发［M］．北京：清华大学出版社，2008.

关旅游资源的优劣顺序，或由各方面专家讨论评价，或统计在常见报刊或旅游书籍、旅行指南上出现的频率等。这种评价多由传播媒介或行政管理机构发起，如我国曾评选的“中国十大名胜”和“中国旅游胜地四十佳”，就是运用这种方法得出的。评价的结果可以提高某些旅游地的知名度，客观上会对旅游需求流向产生诱导作用。一般体验性评价的项目很简单，只要求就旅游资源进行整体质量评价，或在问卷上按序号（表示质量优劣的顺序）填上评价者认定的旅游地（旅游资源）即可。这种方法常局限于少数知名度较高的旅游资源开发地，无法用于一般类型或尚未开发的旅游资源。

（4）美感质量评价。一般是基于对旅游者或专家体验的深入分析，建立规范化的评价模型，评价的结果多具有可比性定性尺度或数量值。其中对自然风景质量的视觉美评估技术已经比较成熟，目前较为公认的有四大学派。

1）专家学派。代表人物是林顿（R. B. H. Litori）。即以受过专业训练的观察者或专家为主体，以艺术设计生态学以及资源管理为理论基础对景观进行评价。如美国土地管理局风景资源管理系统（visual resources management）、美国林务局的风景管理系统（visual management system）。

2）心理物理学派。代表人物有丹尼尔（T. C. Daniel）和布雅夫（G. J. Buhyoff）等。该学派主要研究如何建立环境刺激与人类的反应之间的相互关系。应用较成熟的风景类型是森林风景。

3）认知学派（心理学派）。代表人物有卡普兰（S. Kaplan）、金布利特（Gimblett）、布朗（T. Brown）等。该学派把风景作为人的生存空间、认知空间来评价，强调风景对人的认识及情感反映上的意义，试图用人的进化过程及功能需要去解释人对风景的审美过程。

4）经验学派（现象学派）。代表人物是洛温撒尔（Lowenthal）。该学派将人对景观的评价看作人的个性及其文化、历史背景，志向与情趣的表现，将人在景观评价中的主观作用提到绝对高度。

2. 定量评价法

定量评价是根据一定的评价标准和评价模型，以全面系统的方法，将有关旅游资源的各评价因子予以客观量化，其结果具有可比性。较之定性评价，定量评价结果更直观更准确。但是定量评价难以动态地反映旅游资源的变化，对一些无法量化的因素难以表达，且评价过程较为复杂，因此在实际工作中，还必须与定性评价密切配合，才能较好地达到预期目的。

（1）地形的适宜性评价。一般来说，地形因素对于运动型的旅游活动至关重要，是关键的旅游资源因子。地形对于风景观赏存在影响，崎岖、陡峭的地形，会给旅游者空间移动带来困难，但常能借助于人工设施解决，如缆车、索道。而地形的这种特性本身却具有风景美感。各种参与型的旅游活动对地形的倾斜程度（坡度）都有较严格的要求，如滑雪要求的坡度，必须在350以下，但滑雪区缓坡（100以下）所占面积太大，又会影响滑雪者的体验水准，难以吸引大量滑雪者。各种旅游活动特别是参与性旅游活动对于地形的要求，成为评估地形适宜性的重要衡量标准。

（2）海滩及海水浴场评价。乔戈拉斯在研究旅游地的一般特征时，提出了一级浴用海滩的评价标准。

1）用于阳光浴等消极活动，要求海滩沙质细洁，至少长300ft（$1ft = 3.048\times10^{-1}$m），宽50ft，沙滩在全年中应有80%以上的时间免于暴晒；后腹地有遮掩、树木，而且环境幽雅，无人工废物和自然灾害物，坡度小于150，具开发潜力。

2）用于游泳等积极活动，要求水底无或很少有淤泥，水质无色无味，大肠菌群数含量小于100个/100ml，无生物垃圾，高潮时深8ft的海底无珊瑚和尖石，无危险激流，海滩性质同上，但要求更长更宽。一年中应有9个月的时间适于游泳。对于海水浴场评价，可用日本东急设计咨询公司为我国台湾南部垦丁风景特定区制定的海水浴场评价技术指标（见表4-1）和美国土地管理局制定的海水浴场适宜性评估（见表4-2）标准。

表4-1　海水浴场评价标准（日本）

序号	资源项目	符合要求的条件	附注
1	海滨宽度	30~60m	实际总利用宽度50~100m
2	海底倾斜	1/10~1/60	倾斜度越低越好
3	海滩倾斜	1/10~1/50	倾斜度越低越好
4	流速	游泳对流速要求在0.2~0.3m/s 极限流速0.5m/s	无离岸流之类局部性海流
5	波高	0.6m以下	符合旅游要求的波高为0.3m以下
6	水温	23℃以上	不超过30℃，但越接近30℃越好
7	气温	23℃以上	—
8	风速	5m/s以下	—
9	水质	透明度0.3m以上，COD2ug/g以下，大肠菌数每100ml含1000MPN/100ml以下，油膜肉眼难以辨明	—
10	地质粒径	没有泥和岩石	越细越好
11	有害生物	不能辨认程度	—
12	藻类	在游泳区域中不接触身体	—
13	危险物	无	—
14	浮游物	无	—

表 4-2 海水浴场适宜性评估（美国）

决定因素	评估标准及记分		
水质	清澈（5）	浑浊（4）	污染（1）
危险性	无（5）	有一点（4）	有一些（1）
水温	>22.2 ℃（5）	19.4~22.2℃（4）	<19.4℃（1）
颜色与浑浊度	清明（3）	稍浑浊（2）	浑浊（1）
风	全季适宜（3）	>1/2 季节适宜（2）	<1/2 季适宜（1）
1.5m 深海域（距海岸线）>30.5m（3） 15.25~30.5m（2） 9.15~15.25m（1）	海滩状况	良好（5）	一般（4）差（1）

注：

分等：A=26~29，B=21~25，C=13~20。

良好级：坡度低于 10%，海岸平滑，稳定性好，障碍物少且易于移除；一般级与差级，依次类推。

海滩状况包括坡度、平滑、稳定性、障碍性。

（3）层次分析法（analytical hierarchy process）。层次分析法最早是由美国运筹学家萨蒂（A. L. Saaty）提出，在国内应用这一研究方法的领域很广泛。层次分析法是将复杂的问题分解成若干层次，在比原问题简单得多的层次上逐步分析，将人的主观判断用数量形式表达出来。主要步骤如下：

第一步，将旅游资源的评价进行层次划分，划分出大类、类和层等，构成旅游资源评价模型树。

第二步，给出评价因子的大类、类、层的权重。对决策树中各层次，分别建立反映其影响关系的判断矩阵，通常是应用德尔菲法（delphi method），即专家咨询法，获得评价因子排序权重及位次。

第三步，根据权重排序，以 100 分为总分，按权重赋予各个因素分值，就得到旅游资源定量评价参数表。

第四步，根据各评价因子的权重，确定基本评价因子的指标分，亦可采用德尔菲法。

如楚义芳建立的中国观赏型旅游地评价模型共分为三个部分：旅游资源评价；旅游地区域条件评价；旅游地区位特性评价。

评价的数量模型采用菲什拜因·罗森伯格关于旅游地综合性评估模型，即

$$E = \sum_{i=1}^{n} Q_i P_i \tag{4.1}$$

式中，E 为旅游地综合性评估结果值，Q_i 为第 i 个评价因子权重，P_i 为第 i 个评价因子评价值，n 为评价因子的数目。

评价因子的权重来源于用层次分析法处理专家咨询的结果，根据上述方法获得中国

观赏型旅游地评价因子权重值。研究表明旅游资源在旅游地评价因子中处于最重要的地位，区域条件和区位特性的重要程度基本相同。运用此模型时，只要取得评价因子权重和评估的方法适当，其结果往往具有很高的应用价值。

（4）综合价值评价模型。杭州大学在对旅游地进行综合价值评估时，主要针对旅游资源各要素进行评估①。其中：以要素种类、优美度、特殊度、规模度、历史文化与科学价值、景象组合六大参数进行景观价值特征评价（见表4-3）；以环境容量、绿化覆盖率、安全稳定性、舒适度和卫生健康标准五个参数进行环境氛围评价（见表4-4）；以市场区位、产业经济基础、可进入交通条件、距基地距离、基础设施条件和景点散离程度等参数进行开发利用条件评价（见表4-5）。

表4-3 景观价值特征评价

参数	权重/%	分值等级				
		8~10	6~8	4~6	2~4	0~2
要素种类	10	非常全	比较全	比较多	还算多	不全
优美度	25	非常美	很美	比较美	一般	不美
特殊度	15	罕见	少见	较少	较普遍	很普遍
规模度	15	宏大	很大	较大	较小	很小
历史文化与科学价值	25	极高	很高	较高	一般	不高
景象组合	10	极佳	很好	较好	一般	不好

表4-4 环境氛围评价

参数	权重/%	记分等级				
		8~10	6~8	4~6	2~4	0~2
环境容量	40	很大	大	较大	较小	小
绿化覆盖率	20	很高（>90%）	高（>75%）	较高（>50%）	较低（<30%）	很低（<10%）
安全稳定性	10	很好	好	较好	较差	很差
舒适度	20	极佳	优良	中等	较差	较劣
卫生健康标准	10	较优	很高	较好	较差	很差

① 辛建荣．旅游区规划与管理．天津：南开大学出版社，1999：31-32.

表 4-5 开发利用条件评价

参数	权重/%	记分等级				
		8~10	6~8	4~6	2~4	0~2
市场区位	20	极优	优良	中等	较差	很差
产业经济基础	10	雄厚强大	好	中等	较差	很差
可进入交通条件	20	枢纽齐全，快速，方便	直快通过，交通方便	支线通过，单一，中转	靠近支线，慢，不方便	交通线无法进入
距基地距离	15	<20km	20~60km	60~100km	100~200km	>200km
基础设施条件	15	优良，齐备，充沛	配套良好	中等	不配套，较差	很差，缺乏
景点散离程度	20	<2km	1~2km	2~5km	5~10km	>10km

经过景观价值特征、环境氛围和开发条件评价后，即可进行综合评价系数的运算，其方法为确定各分项公式权重，按模型评分的基本运算，即

$$F\sum i = \sum_{P=1}^{P} X_P FPi \tag{4.2}$$

式中，X_p 为每个项目的百分比，F 为各项目总平均分，P 为被评价项目数，i 为被评价游览地数目。根据以上权重，综合评价系数的计算公式为：

$$F\sum i = \frac{1}{10}(4.5I + 2Q + 3.5K) \tag{4.3}$$

式中，I 为景观价值特征，Q 为环境氛围，K 为开发利用条件。经过计算，风景地综合评价得分最多者开发价值最大，得分最少者开发价值最小。

（5）指数评价法。旅游资源的指数评价法分为三步：

第一步，调查分析旅游资源的开发利用现状、吸引力及外部区域环境，要求有准确的定量统计资料；

第二步，调查分析旅游需求，主要内容有游客数量、旅游者构成、逗留时间、旅游花费趋向、需求结构及节律性等；

第三步，拟定总体评价式，建立表达旅游资源特质、旅游需求与旅游资源之间关系的若干量化模型。公式为

$$E = \sum_{i=1}^{n} F_i M_i V_i \tag{4.4}$$

式中，E 为旅游资源评价指数，F_i 为第 i 项旅游资源在全部旅游资源中的权重，M_i 为第 i 项旅游资源的特质与规模指数，V_i 为旅游者对第 i 项旅游资源的需求指数，n 为旅游资源总项数。

最后，可以应用调查结果和评价指数确定旅游资源的旅游容量、密度，以及需求规律性和开发顺序。

三、旅游资源的开发

实践项目

（一）旅游资源开发的概念

旅游资源开发是指以发展旅游业为前提，以市场需求为导向，以旅游资源为核心，以发挥、改善和提高旅游资源对游客的吸引力为着力点，有组织有计划地通过适当的方式，把旅游资源建造成为能为旅游业所利用的旅游吸引物的经济技术工程①。旅游资源开发主要有以下三个类型：一是对尚未被旅游业所利用的潜在旅游资源进行开发，使之产生经济、社会、环境效益；二是对现实的、正在被利用的旅游资源进行挖掘、整合、提升，延长其生命周期，提高综合效益；三是凭借经济实力和技术条件，人为地创造旅游资源和创新旅游项目，如建立主题公园等。

（二）旅游资源开发的原则

1. 保护性原则

开发旅游资源就是为了利用。在开发利用旅游资源时，不可避免地要对资源和环境产生一定的影响。因此，必须正确处理好开发和保护的关系，在开发时必须着眼于生态环境的保护，不能单纯地片面强调开发而不顾对环境的破坏。保护好旅游资源及其生态环境应注意两个方面：一是保护旅游资源本身在开发过程中不被破坏，正确处理好开发与保护的关系；二是要控制开发后旅游区的游客接待量在旅游环境容量之内，以维持生态平衡。

2. 特色性原则

特色是旅游之魂，而旅游资源的特色是发展特色旅游的基础，是构成旅游吸引力的关键因素②。特色性原则要求在开发过程中不仅要保护好旅游资源的特色，而且要充分揭示、挖掘、发展旅游资源独有的、异质资源的特色。特色越鲜明，吸引力越强。

特色性原则要求：在开发建设中必须尽量保持自然和历史形成的原始风貌；尽量开发利用具有特色的旅游资源项目；努力反映当地文化，突出民族特色和地方特色。此外，特色性并不是单一性，在突出特色的基础上，还应围绕重点项目，不断增添新项目，丰富旅游活动内容，满足旅游者多样化的需求。

3. 市场导向性原则

市场导向性原则，就是根据旅游市场的需求内容和变化规律，确定旅游资源开发的主题、规模和层次③。这是市场经济体制下的一条基本原则。市场导向性原则要求旅游

① 罗佳明．旅游管理导论［M］．上海：复旦大学出版社，2010.

② 李天元．旅游学［M］．3版．北京：高等教育出版社，2011：274-275.

③ 丁季华．旅游资源学［M］．上海：上海三联书店，1999.

资源开发一定要进行市场调查和市场研究，准确把握市场需求和变化规律，结合资源特色，寻求资源条件与市场需求之间的最佳结合点，确定开发主题、规模和层次。

市场导向性原则要求根据旅游者需求来开发旅游资源，但是并不意味着凡是旅旅游者需求的都可以开发。例如，国家法律所不允许的，对旅游者会有危险或有害于旅游者身心健康的旅游资源，就应该受到限制或禁止开发。

4. 综合效益原则

旅游开发应注重提高它的使用价值和吸引能力，以较少的投资和较短的建设周期产生较大的经济效益。旅游资源的开发效益与其吸引旅游者数量多少和质量高低成正比。因此，旅游资源的开发必须做到：优先开发那些地理位置优越、易于旅游者前往的旅游资源，以使其较快地产生出效益；充分利用现有资源，提高它的利用率；密切关注供求关系，循序渐进地开发，开发中还要随时根据市场情况进行调整。

5. 系统开发原则

系统开发是指围绕重点项目，挖掘潜力，逐步形成系列产品和配套服务。为了丰富旅游活动内容，延长游客旅游停留时间，提高旅游经济效益，应在保证重点项目开发的基础上，不断增添新项目、新特色；以旅游资源开发为核心，并逐步建立健全吃、住、行、游、购、娱等旅游服务和配套设施，形成完善的旅游服务体系。这是旅游开发向深度和广度发展，降低成本，形成规模经济，增加收入的重要途径。

（三）旅游资源开发的内容

1. 规划设计旅游景区、景点

旅游资源只有经过开发才能变为旅游产品，被旅游业所利用，因此，设计旅游景区、景点是旅游资源开发最重要的内容。旅游景区、景点所形成的旅游产品，是旅游业最核心的旅游吸引物，其成败决定着旅游目的地吸引的大小，故旅游资源开发的重点就是旅游景区、景点的规划设计。

2. 建设和完善旅游基础设施

旅游基础设施是旅游者在旅游地停留期间必须依赖和利用的设施。包括饭店、商店、娱乐设施、餐饮场所、银行、医院、机场、车站、码头、停车场、通信、供水、供电等。旅游基础设施涉及旅游的食、住、行、游、购、娱等方面。这些基础设施的修建和改善有助于提高旅游服务质量，从而提高旅游资源的吸引力。

3. 规划旅游交通

旅游活动是以旅游者位移到达旅游目的地为前提的，因此，合理安排旅游者从居住地到目的地的往返通道，以及在旅游地内部的交通网络是旅游资源开发中的重要内容之一①。现代旅游交通必须适应旅游者多方面的需要。便利、快捷、安全、舒适是现代旅游者对旅游交通的基本要求，在进行旅游交通规划时要充分考虑这些要求。旅游交通安

① 马勇，周霄．旅游学概论［M］．北京：旅游教育出版社，2008.

排不仅包括旅游交通设施的建设、旅游交通工具的选择，还包括各种交通营运计划的设计和安排。

4. **旅游市场的开发**

旅游市场包括现实市场和潜在市场。旅游市场开发的内容主要是进行规模、数量、客源地、吸引半径的动态预测，以便及时把握未来市场动态，并制定相应的扩大客源地和开拓旅游市场的营销策略，根据需求适当调整旅游供给①。旅游市场开发应该依据本地旅游资源的特色和优势确定其开发的目标市场，然后有针对性地对目标市场进行宣传和市场营销，从而扩大客源和开拓旅游市场。

5. **开发人力资源**

旅游区的竞争从某种角度讲是人才的竞争，是旅游区从业人员整体素质的竞争。旅游资源开发规划过程中，要重视和强调人力资源的开发。稳定、高质量的旅游从业人员，能够有效提高旅游资源的吸引力和竞争力，推动区域旅游业的发展。人力资源开发包括从业人员需求的确定，以及从业人员的招聘、选拔、安置、培训等方面的工作。

(四) 旅游资源开发的程序

一般来说，旅游开发按照以下程序进行：

1. **旅游资源的调查**

旅游资源的调查是旅游开发的基础工作。其目的是为了解该地区旅游资源的类型、数量、规模、布局情况和开发利用现状，交通、水、电等基础设施现状，以及与旅游相关的配套服务设施情况（如住宿、通信、娱乐、购物等）。通过调查，了解该地区旅游资源的优势、劣势和潜力所在。

2. **旅游资源的评估**

旅游资源是否有开发价值，能否成为旅游区，要根据资源调查的情况加以分析和评估。一般需要对旅游资源的自然条件、可进入性条件、客源市场条件、基础设施条件、服务设施条件、投资条件等六个基本条件进行分析和评估。

3. **制定旅游规划**

根据旅游市场的最新动态和当地开发旅游的基本条件，确定该区旅游开发的总体规划，并在总体规划的指导下编制控制性详细规划和修建性详细规划。合理科学的规划，有助于为旅游地带来良好的经济（Economics）、环境（Environment）、富裕（Enrichment）、交流（Exchange）四方面的效应，即“4E”效应，并为旅游开发的工程项目做准备。

4. **具体项目实施与监控**

进入开发阶段后最重要的是制订好实施开发的具体计划，它包括的内容有：确定开发范围和目标；提出项目的开发模式、土地使用要求等；资金来源及财务预算；进行项

---

① http：//www. wttc. org/publications/pdf/FINAL% 20WTTC-China-Chinese. pdf

目具体设计，提供施工图纸；项目投资招标及施工；市场营销和策划宣传；反馈和评估；管理和服务的完善。

第四节 旅游资源的保护

在线案例 1

一、旅游资源遭受破坏的原因

想要做好旅游资源的保护工作，首先要了解有可能致使旅游资源遭受破坏或损害的原因。致使旅游资源遭受破坏的原因很多，一般地讲，这些原因主要涉及自然因素的作用和人为因素的作用两个方面。

（一）自然环境的破坏

1. 突发性天灾

自然界中突然发生的地震、火山喷发、海啸等自然灾害会直接毁掉部分或全部的旅游资源。如 1997 年 8 月 12 日，夏威夷岛上最古老的瓦吼拉神庙，被基拉威火山喷出的熔岩全部淹没，一座 700 年悠久历史的名胜古迹在瞬间毁于一旦。

2. 自然风化作用

自然状况下的寒暑变化、风化作用和生物作用会间接地影响旅游资源的形态和性质。这类因素对有关旅游资源造成的损害最为常见。如埃及的基奥斯普大金字塔，近 1000 多年来风化产生的碎屑达 5 万立方米，即整个金字塔表层每年损耗约 3 毫米。我国的云冈、龙门、敦煌三大石窟无一例外地受到了这样的破坏。

3. 动物原因

某些鸟类和白蚁等会对历史文物和古建筑、古遗迹造成一定程度的破坏。

（二）人为因素的破坏

破坏旅游资源的人为因素很多，具体可以分为以下几个方面。

1. 城市化发展、工程建设对旅游资源的破坏

近年来，随着一些地方经济建设和社会的发展，出于城市发展和工农业生产建设的需要，而对当地的旅游资源保护产生了较大的影响。中国是一个历史悠久的文明古国，有旅游价值的文物古迹众多，但随着社会的发展建设，文物古迹遭到了很大的破坏。如我国的古城墙，除西安及少数地方有完好的城墙外，大多数城市的城墙已被拆毁。一些风景区及其周围地区，不当的工程项目建设破坏了风景区景观的自然和谐美及古建筑的风格意境。如西湖周围高楼耸立，西湖的广阔及美景大大逊色，影响了游客的感知度。发展具有污染性的工业，将会给城市带来空气、水体污染，而空气的污染可能导致酸雨的产生，从而破坏旅游资源。目前在旅游区的开山取石、毁山造林、砍伐森林修建水坝等活动都使当地的优美风景和独特的旅游资源遭到很大程度的破坏。

2. 旅游资源开发规划不当造成的破坏

在旅游资源开发中，倘若事先没有进行科学的规划和设计，盲目实施，仓促进行，也会对旅游资源特色及景观造成一定程度的破坏①。不少地方政府、旅游开发商和旅游经营管理部门，加大基础设施建设的投资，在旅游地大兴土木、筑路修桥、架设缆车索道、兴建娱乐设施，甚至大量引入房地产开发，利益驱使景区人工化、商业化、城市化，破坏了旅游资源的真实性和完整性，损害了自然文化遗产的价值。例如，泰山岱顶月观峰索道破坏了地形和植被，黄山北海景区城市化破坏了核心景区的原生环境，武陵源张家界观光电梯和锣鼓塔城市化破坏了核心区原生景观。

3. 旅游活动本身所带来的对旅游资源的破坏

旅游活动本身所带来的对旅游资源的破坏，更多的是由于管理不善、游客活动或游客素质低等造成的。大量游客不断涌入，加速了自然风化的速度，导致古迹的损坏。如我国著名的敦煌石窟，随着近年大量游客进入石窟，人们呼出的水汽和二氧化碳改变了石窟内的大气环境，加速了雕塑、壁画的变质；有些山地旅游景点，大量游客的践踏使土壤板结、古树枯死；故宫铺地的金砖，因每年不断增加的游客，景区地面因踩踏磨损达10~20毫米。如游客行、游需要的交通设施所排出的废气、废油污染了大气和水体；满足游客生活必需的食宿条件也会产生大量的生活污水和生活垃圾，将会导致严重的环境污染；部分游客的素质低，在一些景点往往出现任意刻画、采摘花果、带走盆景石等现象，这些也直接对旅游资源造成了破坏。

在线案例2

二、旅游资源的保护措施

旅游资源环境的破坏是多方面的，其中主要是人为破坏，但也不乏自然衰败，所以旅游资源的保护措施也应该是多元化的。

（一）树立新的资源观，形成资源忧患意识

资源是旅游业的发展基础，旅游业依赖于“大自然的恩赐和社会的遗产”。过去我们在认识与宣传上存在误区，更乐于展示优势的一面，而忽视了资源相对不足，生态环境脆弱等问题，盲目乐观②，以至于脆弱的生态环境与旅游需求的快速扩张形成了强烈的反差，生态系统的破坏与环境退化成为中国旅游业可持续发展的主要障碍。因此，我们应该树立新的资源观，形成旅游资源的忧患意识。

（二）提高公民环保意识

加大环境保护的宣传力度，提高公民环境保护意识，积极提倡文明旅游，坚决杜绝

① 吴章文，刘民坤．旅游活动的社会影响［J］．中南林学院学报，2004，3（24）：2-4.

② http：//wiki. mbalib. com/wiki/.

旅游污染。在宣传工作上，要认识到旅游资源的保护意识是需要长期进行的宣传教育工作。采用大众所喜闻乐见的宣传教育活动形式：可以在景区增加一些趣味性强、造型精美的垃圾箱，引导游客将垃圾丢入箱中；可以在旅游活动设计中增加环境教育内容，其可增强旅游体验，增长旅游者见识和知识，从而增强旅游者满意感。

（三）合理开发规划旅游资源

对旅游资源的粗放式开发，导致大量的资源浪费和破坏。在开发旅游资源时应针对不同类型的资源采取不同的利用模式，对环境脆弱的资源，要以保护为主。制定近期、远期规划和分区的详细规划，并及时提出控制性规划的具体措施。在开发中还要科学测定旅游区的环境容量，从而指导规划中开发目标的制定①。在旅游资源开发中要注意适度开发，开发那些不影响或少影响生态环境的旅游项目，并且要注意使旅游资源的开发与其周围社会的生态环境相协调，以保证其原汁原味的环境氛围，保持吸引游客的魅力。

（四）加强执法力度，完善执法管理体制

不少旅游资源的破坏都是由于法制不健全，人为原因造成的。所以，为了旅游业的可持续发展，必须通过立法手段来加强其资源的保护，对破坏行为实行强制干涉和惩罚。新中国成立之后，我国先后颁布了不少直接或间接与保护旅游资源有关的法律法规，如《文物保护法》《环境保护法》《风景名胜区管理条例》等，它们已经在旅游资源的保护中起了一定的作用。在采取宣传、立法等预防性措施的同时，应对损害和破坏旅游资源的单位和个人给予必要的严厉的行政处罚和经济处罚，对造成严重破坏者，还应追究其法律责任。

（五）强化管理部门职能，加强旅游管理和引导

旅游管理部门应当遵照国家法律法规，根据市场形势，履行职能，将旅游资源保护工作落到实处。加强对旅游活动的管理和引导，对于那些会导致旅游资源受到威胁的旅游活动，应给予一定的限制；对于某些旅游景区在某些时段内的超负荷运转，应采取有效的措施对游客进行疏导、分流或限制；对于游客的旅游行为，要加强管理并建立奖惩机制。

（六）认真做好旅游资源的修复和养护工作

随着旅游业的蓬勃兴起、旅游活动的普遍展开，旅游资源已濒临自我修复的极限，旅游资源的修复和养护工作刻不容缓。对于某些自然旅游资源，由于其对所赋存的生态环境依赖性较强且较为敏感、脆弱，必须搞好生态建设；有一些古建筑，文化价值和旅游价值都很高，虽然已经衰败和破坏，但仍可以采用整修复原、修复如旧和仿古重建的

---

① 郑泽厚. 试论旅游经济与环境保护的关系：以香溪河风景线为例［J］. 长江流域资源与环境，1998，7（2）：180-184.

方法恢复其风采；对于那些出露于地表的历史文物古迹，应采用科技手段或改变环境条件等措施尽量减慢其自然风化的速度①。另外，对于有的旅游区的环境和资源受到了一定程度的污染和破坏，我们也可以通过污染治理和生态建设继续发展旅游业。

【案例分析 4-1】

黄果树心中永远的痛

我国每年申请世界遗产的风景名胜区众多，但大多都与世界遗产失之交臂，原因是多方面的，其中最主要的原因就是景区在旅游开发与规划的时候没有遵循规划的基本原则——旅游规划的保护性的控制作用，从长远的角度对资源的不可再生性、脆弱性进行有效的保护，在绝对保护区里，不能建任何建筑，动任何地形、地貌，同时建立完善的环境生态保障体系。黄果树瀑布风景区 1991 年申报世界遗产的失败就是它在开发与规划的过程中忽视了这个原则。

黄果树瀑布风景区以瀑布、溶洞、地下湖为主题，素有“天下奇景”之称。景区共有地表瀑布 18 个，地下瀑布 14 个，可以说是一巨大的瀑布群。其中黄果树瀑布是我国最大瀑布，也是亚洲最大的瀑布。1991 年，国家建设部推荐黄果树瀑布风景区申请列入《世界遗产名录》，委托贵州人民出版社张克主编申报书，并组织地质、植物、景观、摄影、录像等专家小组赴现场突击进行考察和拍摄，完成了约 13 万字的申报书、120 多幅照片、30 多张幻灯片、20 分钟的录像报送联合国教科文组织。尽管如此，但申报还是失败了，主要原因如下。

一、生态环境差、森林覆盖率低

当时因为毁林开荒，原生植物被破坏后水土流失及景区喀斯特发育的薄层石灰土地质条件差，使得绿化造林工作举步维艰，景区周围近 10 万亩的荒山仅仅被一些次生类植物所覆盖。因此，景区的绿化成为当时相当紧迫的问题。

二、人工痕迹过重的影响

黄果树风景区缆车的运行，严重影响景观质量，这是其申报失败的重要原因。另外，景区附近的旅游城镇的建筑太商业化，和当地的环境不协调。当地一些小型电站的存在也影响了瀑布群中一些瀑布的景观。在中心景区到天星岩景区的黄天公路上串连了一个叫滑石哨的布依族村寨。这里的一棵有 2000 年历史的大榕树独木成林，蔚为壮观。村寨脚下一片绿浪层层的梯田映衬着瀑布群中滩面最大的——螺丝滩瀑布的美景。而这样的景观一年中却只有 4 个月的时间可看，上游堵水发电的“黄果树电站”及农业引水使瀑布一年中很长时间裸露出难看的“钙华滩石”。而且，拦河大坝对自然地形的改变也极碍观瞻。

---

① 李天元．旅游学［M］．3 版．北京：高等教育出版社，2011.

在我国有着许许多多像黄果树这样在国内外知名的风景名胜区，这些风景名胜区无疑也是展示当地面貌最好的“名片”，依托这些不仅可以发展当地经济，更可以为塑造当地形象，吸引投资创造美好的环境，因此保护和发展这些风景名胜区已是迫在眉睫。

分析内容：黄果树申报世界遗产失败了，如果再次申报应该注意哪些问题？

分析提示：可以从环境生态保护体系薄弱，造成了森林覆盖率低，生态环境差；对旅游资源的保护性控制的作用没有发挥，造成了在保护区中的人工痕迹过重等方面探讨。

【本章小结】

旅游资源作为一种特殊的资源，是确保旅游开发成功的必要条件之一，也是旅游业发展的基础和先决条件，对旅游资源应进行科学合理的规划和开发。近年来，我国旅游业在规模和经济效益上取得了十分显著的成绩，但在数量和规模的背后，旅游资源盲目、无序、过度开发所造成的经济损失和社会资源浪费现象屡见不鲜。因此，要对旅游资源进行科学合理的规划开发，以实现旅游业的可持续发展。本章从旅游资源的概念和重要性出发，介绍了旅游资源的分类与特点，阐述了旅游资源评价的目的、原则和旅游资源评价的内容与方法，分析了旅游资源遭受破坏的原因并提出了旅游资源保护措施的若干建议。

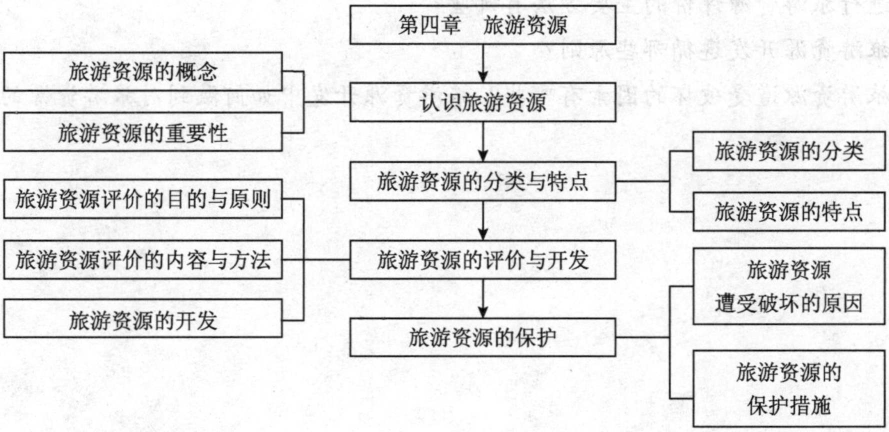

【学习网站】

1. http：//www. fjms. net
2. http：//www. uoba. com
3. http：//www. wtr. cn/

4. http：//www. 51yala. com/

【复习思考题】

一、填空题

1. 根据资源特性及组成要素可将旅游资源分为__________和__________两大类。

2. 旅游资源具有__________、__________、__________、__________、__________和__________特点。

3. 旅游资源评价遵循__________、__________、__________、__________、__________和__________原则。

4. 旅游资源综合评价的内容主要包括__________、__________和__________三个部分。

5. 旅游资源开发的原则有__________、__________、__________、__________和__________。

6. 旅游资源开发的程序包括__________、__________、__________和__________。

二、名词解释

旅游资源、“三三六”评价、旅游资源开发

三、简答题

1. 什么是旅游资源？旅游资源有哪些基本特征？

2. 尝试以本地的旅游资源为例，按照旅游资源的属性分类。

3. 进行旅游资源评价的主要方法有哪些？

4. 旅游资源开发遵循哪些原则？

5. 旅游资源遭受破坏的因素有哪些？旅游资源开发中如何做到对旅游资源的保护？

第五章

旅游业

导言

旅游饭店、旅行社和旅游交通向来被称为旅游业的“三大支柱”，它们直接为旅游者提供服务，以保证其旅游活动的顺利进行。在旅游业的构成体系中，这三者也是收入比例与经济贡献率较高的部门。因此，科学地经营和管理旅游饭店、旅行社和旅游交通运输公司，从而不断增强这些旅游企业的核心竞争力，对于提高旅游业的经济整体水平具有重要的意义。

【教学目标】

本章要求学习者：基本了解旅游业的概念、构成和功能；掌握旅游业的性质与特点；了解旅行社的分类与特点；了解饭店业在旅游业中的地位和作用，掌握饭店的类型、等级及现代饭店集团的发展；了解旅游交通的概念、现代交通工具的类型、特点及特种旅游交通，掌握影响旅游者选择旅行方式的因素；了解旅游产品的概念，掌握旅游产品的构成。

【关键术语】

旅游业；旅行社业；饭店业；旅游交通业；旅游产品

【引导案例】

焦作模式的启示

随着中国经济的快速发展，对各种资源的需求量不断加大，加之长期的开发，我国不少资源型城市逐渐面临资源枯竭的紧迫问题。河南省焦作市探索出了资源枯竭城市经济发展模式，解决了资源枯竭导致的发展问题，被称作“焦作模式”。

长期以来，煤矿业是焦作的经济支柱产业，相关行业增加值占全市工业增加值的比重在90%以上。随着煤炭资源逐渐枯竭，大批企业亏损严重，下岗失业人员占全市职工总数的六分之一。从1999年开始，焦作市委“以旅游业为突破口，带动第三产业全面发展”，营造了很好的城市投资环境，优化了城市的居住环境，塑造了城市形象，创造了城市品牌，提升了城市的知名度，从而带动了城市经济的全面发展，提高了城市的价值和竞争力，旅游业成为焦作的支柱产业。焦作因发展旅游业而成功实现了城市转型。

案例问题：“焦作模式”对其他资源枯竭型城市有哪些启发?

第一节 旅游业概述

一、旅游业的概念

目前在旅游界，针对旅游业的问题，存在着很多争议。有些学者认为旅游业对社会发展起着重大作用，推动着经济的发展和进步，认为旅游业就是一个产业。但有些学者不以为然，认为旅游不是一个产业，它仅仅只是一个行业，直到现在学者们都在不断争论，也没有在旅游业到底是不是产业这个问题上达成一致。

国外的学者，大部分人反对旅游业是一个产业的说法。肯尼斯·威尔逊（Kenneth Wilson）认为，旅游业不是一个产业，因为在向旅游者提供一系列旅游产品的过程中，它的产品并不是由一个行业来提供，而是有很多个行业来共同完成的，是很多个行业给旅游者提供产品的。因此，从戴维森的观点，我们实际上可以看出，他所指的旅游业就不是一个产业，充其量是一系列行业的集合。戴维森认为把旅游业当作一种产业是不对的，因为它更像一个部门。国内也有部分学者出来反对旅游业是一种产业，他们认为旅游业并不符合传统产业的标准和要求。大部分国家都没有把旅游业作为一个单独的产业列进去，而是把它归属于别的产业当中。因此，国外学者就提出旅游业不是一个产业的说法。

国内的学者中，一些人认为旅游业是一个产业。马波指出，旅游业就是一项产业，它的外延比较宽泛，是一种国民消费的产业[①]。张辉认为，旅游产业是一项产业，它就是围绕着旅游活动而展开的，最终就是为旅游活动提供服务的行业或者是企业，这些都算作旅游产业的内容[②]。另外，张凌云（2000）[③]、宁泽群（2005）[④] 等人也从自己的研究角度和研究见解出发，对旅游业的界定提出了一些看法和认识。

但是，在实践中，旅游业却是一项客观存在着的产业。从旅游活动过程看，它是建立在一定经济活动基础上的，包括旅行、住宿、游览、审美、娱乐和体验等，离开了一定的经济活动是不可能实现的。从旅游活动的内容看，任何旅游活动都是消费活动，离不开食、住、行、游、购、娱等基本旅游要素，尽管对这些要素的需求程度不一样，但每次旅游活动过程都不可避免地包含了这些要素内容，或者说都是对这些要素的不同组合的消费。从旅游活动的支撑条件看，涉及旅游资源的开发、旅游产品设计生产和旅游营销等，这些环节和过程都是经济活动，都要考虑投入、产出和效益。因此，旅游活动的主体特征是消费活动，包括了满足人们需求的物质和精神消费活动，由此决定了旅游活动必然是一种经济活动，围绕旅游活动所构成的旅游业也必然是一种经济产业。

鉴于这些，我们将旅游业界定为：以旅游者为对象，为其旅游活动创造便利条件并提供所需商品和服务的综合性产业。旅游业就是围绕着旅游活动而形成的，只要是为旅游者或旅游活动提供产品或服务的行业、企业的集合，都属于旅游业的概念和范畴之内。

二、旅游业的构成

由于对旅游业的概念界定不一致，对旅游业的构成的看法也就不同，比较普遍的有以下三种。

（一）三大支柱构成说

本观点提出者根据联合国《国际产业划分标准》，对从事旅游业务的具体部门进行分析后认为，旅游业主要由三部分企业构成，即旅行社、以饭店为代表的住宿业部门和交通运输部门。在我国，人们通常也把上述的旅行社业、住宿业和交通运输业称为旅游业的三大支柱产业。

（二）五大部门构成说

这种构成划分方法是以旅游目的地为单位进行划分的。从国家或地区的旅游发展角度来看，旅游业由旅行社业、住宿业、交通运输业、游览场所经营部门和旅游管理组织

① 马波．转型：中国旅游产业发展的趋势与选择［J］．旅游学刊，1999（6）：21-26.

② 张辉．转型时期中国旅游产业环境、制度与模式研究［M］．北京：旅游教育出版社，2005.

③ 张凌云．试论有关旅游产业在地区经济发展中地位和产业政策的几个问题［J］．旅游学刊，2000（1）：1-6.

④ 宁泽群．旅游经济、产业与政策［M］．北京：中国旅游出版社，2005.

五大部门组成。这种划分的原因是就一个旅游目的地而言，这五大部门有着共同的目标和紧密的联系，通过吸引和接待旅游者共同促进旅游目的地的发展。

（三）八大方面构成说

这种构成划分比较全面，是从旅游者的旅游需求出发，通过旅游六大要素，即食、住、行、游、娱、购六方面，将旅游业划分为旅行社业、住宿业、餐饮业、交通运输业、游览娱乐行业、旅游用品和旅游纪念品销售业，以及各级旅游管理机构和旅游行业组织八大方面。这种划分方法既包括了直接旅游企业，也包括了间接旅游企业。直接旅游企业是指依赖旅游者的存在而生存的企业，或者说是那些如果没有旅游者便将无法生存的企业，如旅行社、旅游住宿、旅游交通等企业；间接旅游企业是指即使没有旅游者也将继续生存，但营业额会有所缩减的企业，如餐馆、礼品商店以及游览娱乐企业等。

三、旅游业的功能

（一）经济功能

旅游业作为具有现代服务业龙头特征的重要产业，伴随着产业结构的优化升级而表现出对经济日趋重要的贡献，其作用主要表现在以下几方面。

1. 提供就业机会，扩大就业需求

旅游业中劳动密集型产业部门，具有就业容量大、层次多、类型丰富、就业方式灵活的特点，可以吸纳大量人口就业①。于是，发展旅游业成为解决就业问题的首选。根据国家相关部门发布的《关于大力发展旅游业促进就业的指导意见》，作为扩大就业重要渠道的旅游业，到2015年，就业规模将增加到1亿人左右。此外，旅游业还具有就业的“乘数效应”，据测算，旅游业每增加1个直接就业人员，社会就能增加5个就业机会，中国旅游业在吸收剩余劳动力方面具有得天独厚的优势。

2. 加快货币回笼，增加有效供给

世界旅游组织公布的资料显示，旅游业的经济乘数效应远高于其他行业，旅游业每收入1元，相关行业的收入就增加4.3元。旅游业的消费乘数更大，国际上该乘数为7，即1∶7，旅游者每消费1元钱，可以带动7元社会消费，在中国该乘数大约为5。

3. 增加外汇收入

旅游业的创汇功能十分显著。2014年我国入境旅游人数达12849.83万人次，全国实现旅游外汇收入达到569亿美元。

4. 扩大内需，促进相关产业发展，优化发展方式

随着城乡居民收入水平的提高，旅游消费正逐步成为人民大众更广泛和普遍化的选择。旅游消费涵盖人们外出旅游时所有的日常消费，包括交通、餐饮、住宿、景区、零

---

① 罗佳明．旅游管理导论［M］．上海：复旦大学出版社，2010.

售、文化、体育、银行、保险、通信等109个细分行业受益于旅游业发展。旅游业不仅为铁路、民航、公路、水路运输和旅馆住宿等输送了客源，而且对文化娱乐业有约50%的贡献率，对餐饮业、商品零售业贡献率超过40%。旅游业扩大内需、促进相关产业发展的优势明显。

旅游业不仅是拉动经济增长的重要力量，也是优化发展方式的优势产业。旅游业作为现代服务业的龙头，附加值高、拉动力强，是未来新的经济增长点①。大力发展现代旅游业，有利于提升国民经济素质和运行质量，有利于促进服务业全面发展。

5. 拉动区域经济，促进脱贫致富

我国贫困地区多处于少数民族分布较为集中的中西部地区，虽然经济欠发达，但自然风景独特，民族文化多样，地方特色浓郁，旅游资源相当丰富。开发贫困地区旅游资源，大力发展旅游经济，不仅可以加快地区脱贫致富，还可以带动周边地区经济与社会的发展，有利于缩小地区间贫富差异，促进社会和谐稳定。

6. 促进沟通，加强交流，丰富信息传递，促进投资

大批游客的往来，必然会带动信息、资金、技术和人才的流动，成为对内对外开放的重要途径。通过旅游，游客了解了目的地的人文和自然状况，学习了当地的历史文化，掌握了知识，开阔了眼界，增进了交流与理解，增加了商务旅游者投资的机会。同时，旅游业还是重要的招商引资平台，通过开展旅游博览会和旅游投资交流会，设计众多主题鲜明的展区，开展系列投资商务考察活动，邀请银行、金融机构、大财团、投资机构、投资商到场参与，可以为旅游项目的投资和融资双方提供直接交流的黄金平台，实现旅游资源与资金的完美对接，促进旅游投资项目的生成。

（二）社会文化功能

随着旅游产业发展阶段的变化，旅游的产业功能也会发生相应变化。在我国旅游业发展初期，主要强调它的创汇功能。在旅游业发展中期，主要强调它扩大内需，刺激经济增长的功能。今后，在旅游业全面发展阶段，旅游的社会文化功能将更多地发挥出来。

1. 提升区域形象，增强区域影响力

区域形象是区域内外部公众对于区域内在综合实力、外显活力和未来展望的综合评价，是区域内自然环境和资源、经济和社会制度、科技水平、教育文化、历史传统、建筑景观诸方面要素在公众头脑中反映后形成的总体印象。区域形象是区域发展的重要资源。一个地区良好的区域形象，对区域自身及所在国家，都是一种宝贵的资源。它不仅能折射出区域的魅力和吸引力，同时能形成一种强大的凝聚力、辐射力，增强区域影响力，成为扩大对外交往、吸引投资与游人的“金字招牌”，是可以转化为有形财富的巨大无形财富。

发展旅游业，必然促进区域基础设施建设、生态建设和文化建设，直接提高构成区

---

① 张秋芬，江五七．旅游管理学［M］．北京：航空工业出版社，2008.

域形象的硬要素和软要素质量，改善区域内外部公众的看法和评价，从而提升区域形象，增强区域影响力。

2. 打造区域文化优势，增强区域竞争软实力

全球化时代，国家之间的竞争是区域竞争，区域之间的竞争是文化竞争。文化优势已经成为支撑经济社会发展的重要环境优势，文化软实力越来越成为增强地区竞争力的一个重要因素。区域要着力于文化特色打造，才能凸显竞争优势，增强竞争实力，实现区域发展。

每个区域都有自己的区域文化，它是在特定地域内形成的具有强烈区域特征和明显地方特色的社会文化系统[①]。只有通过挖掘、展示、传播，形成浓郁的地域文化氛围，区域文化才能转化为区域文化优势。

旅游业是文化的载体，发展旅游业，把优势区域文化挖掘、整理出来，通过文化景观建设、文化旅游线路设计，地域文化得以展示。通过旅游交流活动，地域文化被认同、凸显，进而形成区域文化特色和优势，助推区域发展。

3. 传承民族优秀文化，增强民族凝聚力

全球化为人类整体发展提供了平台，使当代文化交流空前频繁。但全球化也增加了文化趋同和单一性的危险，对发展中国家的文化安全提出了重大挑战。

发展旅游业对传承民族优秀文化、增强民族凝聚力，有独特的功效。因为文化是旅游的核心和灵魂，旅游的吸引力来自文化的特色和差异。民族的才是世界的，才是唯一的。许多旅游目的地利用民族优秀文化旅游资源来塑造目的地形象，用传统文化元素建设城市，用丰富的活动营造传统节日氛围，将民族优秀文化旅游资源开发成旅游产品，吸引国际旅游者。国内外传统文化氛围浓郁的旅游目的地因此成为旅游者一生向往的地方。国内外世界文化遗产地成为国际旅游热点就是最好的证明。旅游活动也是文化传播活动，通过旅游，目的地优秀传统文化被欣赏、被传播到世界各地。对此，目的地居民感到自豪，加强了民族的归属感和认同感。同时，民族优秀文化在旅游发展过程中被传承和弘扬。因此，世界旅游组织指出：具有文化价值和旅游价值的东西，旅游有能力保护、拯救和复兴它们。

4. 提高人们的生活品质，构建和谐社会

提高生活品质是人类社会发展进步的重要标志。当经济社会发展到一定阶段，人们的消费需求就上升为对生活品质的追求。旅游是在人们基本生活满足以后的高层次享受型消费，是高品质生活的重要内容，也是人们消费升级的重要手段[②]。旅游是闲暇时间在异地从事的休闲活动，没有繁重的工作和沉重的压力，摆脱了日常事务的烦琐，暂时忘掉了所有烦恼，只有轻松与愉悦、惊喜与兴奋、惊险与刺激等美好感受，使旅游的人们完全处于自在与忘我的理想境界。旅游过程中的丰富活动，改变了日常生活的单调和

---

① 张秋芬，江五七. 旅游管理学［M］. 北京：航空工业出版社，2008.

② 罗佳明. 旅游管理导论［M］. 上海：复旦大学出版社，2010.

乏味，人们可以经历各种体验、满足各种需求，为追求更美好的人生目标、实现自我价值奠定了基础。当旅游业发展处于成熟阶段时，特别是当旅游产品的开发从以供给导向转向以旅游者及其需求为导向时，高品质旅游诠释着高品质生活内涵，生态优美和天人合一的环境、以人为本的优质服务、健康丰富的物质享受和轻松愉悦的文化精神享受等，让人们实现了生活品质的提升。

在经济社会发展转型期，构建和谐社会是一个国家发展的重要任务。旅游是人与人、人与自然、人与社会的交流活动，对和谐社会建设可以发挥积极作用。在旅游过程中，人与人的沟通交流增进了人们相互之间的理解。旅游中人们摆脱了功利羁绊，对待别人更多的是帮助、尊重、礼让和善意。这些美好行为有助于人们改善日常工作和生活中的人际关系。旅游业还是“资源节约，环境友好”产业，是创造美的产业。当人们置身于美丽的大自然，最直接体验到人与自然的和谐，会触景生情、睹物忘怀，陶醉于大自然的奇山秀水、花鸟虫草，在欣赏自然中产生审美愉悦感，使人与自然的关系更加亲近和谐，培养热爱大自然、尊重大自然的良好意识和行为。

旅游业除了上述功能之外，还发挥民生、教育、窗口、信息、就业等功能，全面地认识旅游业，把握旅游业的特点，发挥旅游业的优势，旅游业才能为经济社会做出更大贡献，旅游业在整个国家中的地位才会更加巩固。

第二节　旅游业的性质与特点

一、旅游业的性质

长期以来，人们把旅游业和旅游产业混为一谈，认为旅游业和旅游产业是一样的。在某些情况下，旅游业与旅游产业可以作为同义概念使用，但严格地讲，旅游业和旅游产业是有区别的。

就一个国家推动旅游发展的动机来看，一般会涉及政治、社会、经济等多个层面。在这个意义上，所谓推动旅游发展不仅包括推动旅游产业的发展，而且包括推动本国居民旅游活动的发展。除了这些，旅游业还具有解决就业、脱贫致富的民生功能，对外宣传代表中国形象的窗口功能等。因此，从国家旅游政策的角度来看，推动和促进旅游发展的工作有着多重目的。

其实旅游业不同于旅游产业，也不同于旅游事业。可以说，旅游产业和旅游事业都包含于旅游业中。旅游产业和旅游事业的区别在于：从主观上讲，旅游事业并非以谋求经济效益为唯一目标；而旅游产业作为一项产业，其根本目的在于通过为人们的旅游活动创造便利条件并提供其所需的商品和服务而从中获取收入①。同其他产业一样，旅游产业的基础构成是企业。所谓企业，是指以营利为目的并需要进行独立核算的经济性组织。同样，由这些企业构成的旅游产业也必须进行经济核算。此外，我国已明确把旅游产业列入国民经济的组成部分。因此，从这个角度来说，旅游业从根本上说是一项经济性产业。至于旅游业在经营过程中与文化及政治等方面发生的客观联系和客观影响，充其量只是旅游业的特点，而非其根本性质。

二、旅游业的特点

（一）综合性

旅游业是一个综合性产业，从旅游产品构成到旅游产业部门构成，都体现了它的综合性。一方面，旅游业的经营者为旅游者提供的旅游产品不是某种单项服务，更不是某一具体的物品，而是由多种服务项目构成的综合体；另一方面，旅游业的生产是综合性的。为了满足旅游者多样化、多层次的需要，旅游业必然联系到若干行业。它的发展需要各产业、各行业的配合。这些行业既可以是工业、农业、商业、建筑业、交通运输业等物质资料生产部门，也可以是文化、科技、教育、卫生、宗教、邮电通信、金融保险等非物质资料生产部门，它们共同向旅游者提供生产和服务。

（二）依赖性

旅游业的依赖性特点主要表现在三个方面：一是需要以旅游资源作为依托。在旅游资源极度贫乏的地区大力发展旅游业是不现实的。二是有赖于国民经济的发展。客源国经济的发展决定着旅游者的数量、消费水平和消费频率；接待国的经济发展水平决定着旅游综合接待能力的强弱，并在一定程度上影响服务质量。三是有赖于相关行业和部门的通力合作与协调发展。其产业链条上任何一个行业脱节，都会使旅游经营活动难于正常运转②。

（三）关联性

旅游业涉及的领域非常宽泛，旅游消费不仅与交通、住宿、餐饮、商业、娱乐、景区景点等行业直接相关，还与工业、农业，以及信息、金融、保险、医疗、咨询、环保等产业关联，其直接、间接关联的部门多达100个。其产业关联性强，不仅直接带动第三产业的发展，而且会大大促进第二产业和第一产业的发展，拉动经济的作用十分明显。实践证明，旅游业的投资带动相关产业收益的比率为1∶7。旅游业的快速发展，必将带动交通、通信、餐饮、商贸等行业的大发展，特别是对于经济欠发达地区来说，经济社会效益将更加突出。所以，旅游业在扩大和培育内需、促进经济较快增长方面，具有重要作用。

---

① 李天元．旅游学［M］．3版．北京：高等教育出版社，2011.

② 张秋芬，江五七．旅游管理学［M］．北京：航空工业出版社，2008.

（四）动态性

旅游产业是一个随着旅游者需求变化而不断更新的产业。由于旅游者在不同时期所进行的旅游活动在需求上是有差异的，其选择的服务性企业也会发生相应的变化，换言之，组成旅游产业的相关企业是动态变化的①。例如，在自驾游兴起后，为自驾游服务的汽车维修站、汽车加油站等，均可归入旅游企业。此外，随着社会经济条件的变化，社会生产力的迅速增长和工业化程度的提高，旅游业正从面向大众的生活服务业向新兴的生产服务业转变，从传统向现代转变，从而促使诸如会展旅游、奖励旅游、节事旅游等的兴起。

（五）脆弱性

旅游业是一个非常脆弱、敏感的行业，社会各种因素的变化都会对旅游产生影响。如金融危机导致的我国国际旅游客源地消费的下降，使我国入境旅游在2009年出现大幅度下降；如地震的发生、瘟疫的流行、社会的动乱、恐怖活动的出现、战争的爆发、国家政变和经济危机等，这些事件都会导致旅游活动的萧条和旅游业的停滞。可见，旅游业是一个十分脆弱的产业，如果一个国家或地区把旅游业视为唯一的经济支柱，一旦宏观环境发生巨大波动，后果将不堪设想。

（六）涉外性

无论哪一个国家，旅游业在开展出入境旅游业务方面，都不能违背本国的对外政策。就中国的情况而言，出入境旅游业务的开展不仅需要遵守国家的对外政策，而且还需要执行和体现国家的海外侨务政策和统战政策，需要配合改革开放工作，宣传有关的方针政策和我国社会主义建设的伟大成就。在这个意义上，旅游业也是一个政治性较强的行业。

旅游业素有“民间外交”的称号，通过旅游活动可加强世界各国人民的了解，增进相互之间的友谊，有利于维持世界和平与稳定发展。从这个意义上讲，旅游业是外事工作的一部分。

第三节　旅行社业

一、旅行社的概念、性质与作用

（一）旅行社的概念

旅行社是旅游产品的重要流通环节，是沟通旅游消费者和旅游生产者的中介组织。

① 张秋芬，江五七．旅游管理学［M］．北京：航空工业出版社，2008.

国务院于1996年颁布的《旅行社管理条例》明确规定：旅行社是指依法设立并具有法人资格，从事招徕、接待旅游者，组织旅游活动，实行独立核算的企业。所以，就本质而言，旅行社实际上就是以营利为目的且具有法人资格的企业。

(二) 旅行社的性质

旅行社作为旅游企业中的一类，它既有与其他旅游企业相类似的共性，也有其自身的特性。从旅行社的业务范围及其日常运作过程，我们可以分析出旅行社的几个基本性质。

1. 营利性

这一点也是旅行社作为企业而具有的共性，也是其根本性质。企业的最终目的是追求利润最大化，旅行社也是一个独立核算、自负盈亏的经营性组织，因而也担负着营利的重任。

2. 服务性

这一性质是旅游产业中所有旅游企业兼具的，也是旅游企业与工业企业相区别之处。作为向旅游者提供旅游产品的旅游企业，从始至终都离不开服务这一核心内容。同时，由于旅游产业不仅仅是一项独立的具有经济属性的产业，它的发展还涉及许多社会问题。旅行社作为旅游产业的重要组成部分，其经营旅游产品的出发点和归宿点正是旅游者的旅游需求及其满足①，所以在旅行社的发展过程中，其服务性正是经济效益与社会效益的双重体现，是一个地区、一个国家形象的代表之一，因而我们也称之为“窗口行业”。

3. 中介性

作为旅游服务企业，旅行社成为旅游消费者与旅游服务供应商之间的纽带，并为促进旅游产品的销售做出了很大的努力，对于活跃旅游市场起到了非常积极的促进作用②。旅行社本身的运作主要是依托各类旅游吸引物和旅游供给设施，并涉及旅游需求的全部内容来组织产品和创新产品，从而完成从资源到效益的转化。

旅行社这类企业存在和发展的根本原因在于创造了一种新的信息传递方式和资源组合方式。这两种方式的结合形成了在这一领域的富有效率的经济组织，以企业的规模性替代了个体旅游服务的零散性和游击性，以企业的整体形象降低了市场销售变化的冲击，以集团化、网络化、高新科技化创造了更新更好的信息传递机制，从而在旅游市场竞争中得以生存和持续发展。

(三) 旅行社的作用

1. 提供旅游咨询

旅游者在做出出游决策之前必然会对有关饭店、餐厅、交通、娱乐等方面的旅游商

---

① 吴必虎，宋子千．旅游学概论［M］．北京：中国人民大学出版社，2011.

② 戴斌，杜江．旅行社管理［M］．北京：高等教育出版社，2002.

品和服务进行初步的了解，而旅行社的一个基本职能就是为潜在旅游者提供各方面的旅游信息咨询服务，使旅游者尽可能多地对所要购买的旅游产品有感性的认识。

2. 代办旅行手续

旅游者加入旅行社组织的旅游团外出旅游而不选择自行出游通常可以免除办理各种手续的麻烦，为旅游者代办那些烦琐旅行手续因而成为旅行社的又一职能①。旅行社负责代办的手续包括办理护照、签证和旅行保险，购买参观及娱乐的票据，预定食宿及交通，委托搬运及代管行李物品。

3. 组合旅游产品

旅行社不是旅游产品的生产制造者，它只是将各种现成的旅游产品组合在一起供旅游者选择和消费，其最具代表性的旅游产品组合就是依据游览线路特点制定的旅游日程计划。当参观、娱乐、食宿、交通等所有活动从时间与空间上被合理地组合到一起时，人们便能在有限时间内获得最佳的旅游体验。

4. 协调旅游过程

作为旅游活动的组织者，旅行社负责安排整个旅游过程，解决其间的各种问题。在旅游过程中，除了派出专职导游人员陪同旅游者和为他们进行景点讲解外，旅游者的旅游活动和行动计划以及各相关企业之间的联系衔接，均有赖于旅行社进行组织协调。

二、旅行社的分类

在旅行社的分类上，我国与国外有较大的区别。

在国外，尤其是欧美国家的旅行社，一般是按照经营范围的性质分为旅游经销商和旅游零售商。旅游经销商是专门生产包价旅游产品的旅行社；旅游零售商是在旅游服务生产者与需求者之间做中介人，即提供代办服务的旅行社。在美国，有的旅游经销商又叫旅游批发商，两者的区别在于前者不仅自己组团，也自己带团旅游，而后者的活动侧重于组团与推销，自己不经营带团业务。

1996年以前，我国的旅行社分为三类，即第一类旅行社、第二类旅行社和第三类旅行社。当时规定，第一类旅行社的经营范围是对外招徕和接待境外游客来大陆旅游，第二类旅行社的经营范围是接待由第一类旅行社和其他涉外部门组织来华的境外游客，第三类旅行社只能经营国内旅游业务。

随着1996年《旅行社管理条例》的颁布，我国对旅行社的分类作了新的调整。条例中按照不同旅行社企业的经营范围，将我国的旅行社分为两类：一类是国际旅行社，另一类是国内旅行社。现行分类分为两大类：一是经营国内旅游业务和入境旅游业务的旅行社，二是经营国内旅游业务、入境旅游业务和出境旅游业务的旅行社。

---

① 戴斌，杜江．旅行社管理［M］．北京：高等教育出版社，2002.

三、旅行社的经营特点

拓展阅读

（一）资金投入较少

作为一个企业，旅行社出售的旅游产品，无论是单项的还是综合的，都是一种无形的服务产品，除了必要的营业场所、办公设施和通信设备外，旅行社的经营无须借助投资巨额的机器设备来完成，也不需要有更多的固定资产占用，旅行社在生产过程中的全部活动一般都表现为人的劳务活动。因此，旅行社经营所需投资较少，是典型的劳动密集型企业。

实践项目

（二）横向依赖较强

旅行社是旅游中间商，是通过提供旅游中介服务获取收益的企业，它的存在与发展离不开其他相关企业的通力协作①。一方面，旅行社要依靠当地众多的其他旅游企业如旅游饭店、旅游定点餐厅、旅游景点等为其提供相关的各种服务；另一方面，旅行社尤其是国际旅行社，必须依靠客源地与之有业务合作关系的旅游机构为其提供客源，缺乏这些横向关联企业的合作支持，旅行社的经营就成了纸上谈兵。

（三）风险压力较大

客源与效益的波动性是旅行社经营业务的显著特征，也正因为如此，旅行社预测市场趋势、捕捉市场时机具有一定的难度，无形之中增加了经营的风险，而这种经营风险又是由旅游市场特殊的供求关系决定的。从供给方面看，旅行社在一定时期内的供给能力与水平受制于各个旅游生产者的综合生产能力，可变化空间有限；从需求方面看，则恰好相反，整个旅游市场起伏较大，其中既有颇具规律的周期性淡旺季变化，又有随机性较强的个别旅游者需求的变化。因此，两者之间较难调节，从而导致风险压力增大。

四、旅行社的市场定位

在市场经济条件下，所有旅游服务与产品的供给都是为了满足特定的旅游消费需求。与旅游者的消费流程相对应，旅行社将会顺次开展市场调研与旅游产品组织设计、促销、咨询服务、销售、采购、接待和售后服务等业务流程。我们可以科学地将其归纳为旅行社的三项基本业务：旅游产品开发业务（市场调研、组织、设计与采购等业务）；旅游产品的市场营销业务（促销与销售等业务）；旅游接待业务（咨询、接待与售后服务等业务）。

旅行社所起的作用与其他行业的大多数零售商不同，因为旅行社并不购买产品以转售给其顾客，只有在一个顾客决定购买旅游产品的时候，旅行社才代表该顾客向它们的

① 戴斌，杜江．旅行社管理［M］．北京：高等教育出版社，2002.

委托人采购。因此，旅行社从不携带“库存”的旅游产品进行推销。可以说，旅行社的主要作用是为旅游产品的销售和购买提供一个便利的场所或条件，其中介组织的特征是非常典型的。

【案例分析 5-1】

李某取得导游证后，在北京某旅行社从事了多年兼职导游工作。后调至广东某校担任教师。学校所在地经济较为发达，外出旅游人数逐年增多，李某遂与北京某旅行社联系，表示愿与旅行社建立委托代理关系，在当地为该旅行社组织招徕游客。该旅行社考察后，与李某正式订立了委托代理协议，在该市建立了联络处，由李某充当该旅行社在当地的代理人，组织招徕当地游客赴北京旅游。李某取得代理人身份后不仅在当地组织招徕当地游客赴北京旅游，还与湖北、四川等许多地方的旅行社建立了协作关系，招徕组织游客前往各地旅游。后因服务质量纠纷，李某被旅游者投诉至当地旅游行政管理部门。旅游行政管理部门申请对李某予以罚款及责令停业处罚。李某对此处罚不服，遂向上一级旅游行政管理部门申请复议。

分析内容：

1. 李某能否申请行政复议？理由何在？
2. 旅行社能否在外地设立联络处及委托李某代理旅游业务？有何依据？
3. 旅游行政管理部门对李某的处罚是否合法？有何依据？

第四节 饭店与住宿业

一、饭店业的发展

美国学者詹姆斯·R·凯萨在其著作《旅游饭店管理概论》一书中写道，“自有文字出现开始，就有了关于旅行的记载。在古代，旅行者的安全仰仗上帝保佑，而食物、饮料和住宿都要就地解决。由于旅行者需要有住宿的地方，于是，饭店业被称为世界第二古老的行业”。这种说法的正确与否姑且不论，住宿业的历史源远流长，当是不争的事实。

住宿业是随着旅行和旅游的发展而不断演进的，尤其是旅行方式的变化，对推动住宿业的发展演进起到了至关重要的作用。就世界范围看，到 19 世纪中叶时，大多数外出旅行皆出于与商务有关的原因，而且其旅行活动的开展多数都发生在本国境内。在旅行方式上，绝大多数外出者都是以当今的散客方式徒步旅行或乘坐以自然力或畜力为动力的交通工具。当时最先进的交通运输工具莫过于公共马车。一是因为外出旅行者人数较少，二是因为这些交通运输工具的运力都十分有限，即使所有乘客都在同一地点下车并要求住宿，也需要不了几间客房。正是由于这些原因，当时的住宿接待设施多为小客栈或小客店（inn）。换言之，这一状况是由当时的市场规模和需求层次所决定的。虽然以“饭店”（hotel）为称谓的住宿接待设施在 18 世纪中叶已在法国出现，但由于上述原因，始终未能得到真正发展。

19 世纪中叶到 20 世纪中叶，饭店这类住宿设施开始在住宿业中占据主要地位。在这段时间内，因商务以外的原因而外出旅游的人数不断增多，旅游度假逐渐成为人们旅行外出的重要原因。更重要的是，铁路和轮船已成为交通客运的主要手段。这些变化意味着小客店或小客栈已经滞后于市场需求的变化，同时也反映出，只有当铁路和轮船的问世开辟出广大的旅行市场后，饭店数量的增加和饭店规模的扩大才成为可能。

第二次世界大战后科学技术和社会经济得到了很大发展，汽车日益成为中短程陆路交通的主要工具，飞机也取代了火车、轮船而成为远程旅行的主要手段。这些变化都推动了旅游市场规模的扩大和需求层次的提高。特别是大众旅游市场形成之后，饭店无论是在数量上还是质量上都得到了迅速的发展和提升。与此同时，饭店也不断面临新出现的其他类型食宿接待设施的竞争，如度假村、野营营地、青年旅馆等。为了巩固在竞争中的地位，饭店不再仅仅是为旅行者提供商业性食宿接待服务的场所，其功能的扩展和服务项目的增多使其日渐成为旅游者及当地社会的重要社交中心。饭店的设计、建造、经营与管理也已成为专业化的活动。目前，各国饭店经营管理的专业化程度不断提高，饭店的数量和规模也有了很大的发展，成为当今世界住宿业中最具代表性的中坚力量。

由此可见，饭店虽不能缺乏提供住宿服务这一内涵，但随着其在功能和服务项目上的不断拓展，现代的饭店已远非传统意义上的食宿接待场所，而是已经成为一种不断现代化、专业化、高标准化的商业性综合接待企业①。这一性质决定了对现代饭店必须以现代企业思想进行经营和管理，任何小农经济思想和传统的客店经营意识都注定导致饭店经营管理的失败。在这个意义上，树立现代市场意识和现代企业管理意识对饭店经营管理人员来说是至关重要的。

二、饭店业在旅游业中的地位与作用

（一）饭店是旅游业发展的重要依托

旅游业的发展离不开多方面、多部门的综合配套。作为旅游业不可或缺的重要组成部分，饭店不仅是较为理想的食宿场所，它同时还能为广大游客提供文娱、购物、保健、订票等多种服务，以满足现代旅游者日益多元化的需求。

（二）饭店是旅游创收的重要基地

国际和国内旅游者都能给饭店带来较高的收入，成为旅游创收的重要基地。尤其是

① 蒋丁新. 饭店管理［M］. 北京：高等教育出版社，2002.

国际旅游者，绝大多数要住饭店。在饭店内吃、住、购、娱，这样不仅增加了一个国家或地区的国民经济收入，同时也增加了外汇收入。所以人们认为，饭店是创造收入，尤其是创造外汇收入的重要基地。

（三）饭店是地区发展和解决就业的重要部门

饭店属于劳动密集型产业，具有很强的关联带动能力，饭店的发展能够带动建筑业、房地产业、农业、水产业、零售业等相关行业的发展。饭店除为饭店人员提供直接的就业机会外，还为其他行业的人员带来了很多间接的就业机会。

（四）饭店是旅游交流的重要场所

饭店中的客人来自五湖四海、四面八方，他们的来访促进了艺术和科学技术的交流；同时，饭店提供的幽雅环境如咖啡厅、茶坊和娱乐场所等，也促进了社交活动的发展。

三、饭店的类型

饭店的类型很多，但目前对饭店的类型并无统一的划分标准。综合人们对饭店类型的称谓，现列举可以见到的划分标准：

根据饭店的坐落地点划分，如城市饭店、度假地饭店、海滨饭店等。

根据与交通工具或交通设施的关系划分，如汽车旅馆、铁路饭店、机场饭店、港口饭店等。

根据使用者的访问目的或饭店主要针对的目标市场划分，如商务旅馆、度假饭店、会议饭店、旅游饭店等。

根据设施及服务范围划分，如综合饭店、公寓旅馆等。

根据饭店的规模划分，如大型、中型、小型饭店。

根据饭店的等级与档次划分，如一星级饭店、二星级饭店、三星级饭店、四星级饭店、五星级饭店。

根据经营管理方式划分，如独立饭店、连锁饭店等。

根据饭店经济类型划分，如国有经济饭店、集体经济饭店、私营经济饭店、联营经济饭店、股份制经济饭店、中外合资经济饭店、外商投资饭店等。

四、饭店的等级

各国对饭店等级的划分不一，有的划分为四个等级（如法国），有的划分为五个等级（如荷兰、英国），等等。在饭店等级的表示方法方面，有的以星号的多少表示，有的则以数字等级表示或者以其他符号表示。但较为流行的划分和标定方式是以星号（★）表示，即一星、二星、三星、四星、五星等。不采用星号标定饭店等级的国家在将本国饭店与国际上的饭店进行对比时，也往往说明大致相当于几星级饭店。根据《旅游饭店星级的划分及评定》的规定，我国旅游饭店可用星的数量和设色表示旅游饭店的等级。星级分为五个等级，即一星级、二星级、三星级、四星级、五星级（含白金五星级）。最低为一星级，最高为白金五星级。星级越高，表示旅游饭店的等级越高。其中，饭店要获得白金五星级的称号，除了具备两年以上五星级饭店资格、至少对行政楼提供24小时管家式服务等条件外，在以下6项评定标准中，至少还应具备5项标准。这6项标准是：普通客房面积至少不小于36平方米；有符合国际标准的高级西餐厅，可以提供正规的西式正餐和宴会；有高雅的独立封闭式酒吧；有容纳500人以上的宴会厅；国际认知度极高，平均每间可供出租客房收入连续3年居于所在地同星级饭店前列；有规模壮观、装潢典雅、出类拔萃的专项配套设施。

我国饭店星级评定机构其职权分为两级：全国旅游饭店星级评定机构和地方旅游饭店星级评定机构。其中，旅游饭店星级评定工作由全国旅游饭店星级评定机构统筹负责，其责任是制定星级评定工作的实施办法和检查细则，授权并督导省级以下旅游饭店星级评定机构开展星级评定工作，组织实施五星级饭店的评定与复核工作，保有对各级旅游饭店星级评定机构所评饭店星级的否决权。

省、自治区、直辖市饭店星级评定机构按照全国旅游饭店星级评定机构的授权和督导，组织本地区旅游饭店星级评定与复核工作，保有对本地区下级旅游饭店星级评定机构所评饭店星级的否决权，并承担推荐五星级饭店的责任。同时，负责将本地区所评星级饭店的批复和评定检查资料上报全国旅游饭店星级评定机构备案。

其他城市或行政区域旅游饭店星级评定机构按照全国旅游饭店星级评定机构的授权和所在地区省级旅游饭店星级评定机构的督导，实施本地区旅游饭店星级评定与复核工作，保有对本地区下级旅游饭店星级评定机构所评饭店星级的否决权，并承担推荐较高星级饭店的责任。同时，负责将本地区所评星级饭店的批复和评定检查资料逐级上报全国旅游饭店星级评定机构备案。

饭店星级的评定原则：

第一，饭店所取得的星级表明该饭店所有建筑物、设施设备及服务项目均处于同一水准。如果饭店由若干座不同建筑水平或设施设备标准的建筑物组成，旅游饭店星级评定机构应按每座建筑物的实标准评定星级，评定星级后，不同星级的建筑物不能继续使用相同饭店名称。否则，旅游饭店星级评定机构应不予批复或收回星级标志和证书。

第二，饭店取得星级后，如因设施改造而发生建筑规格、设施设备和服务项目的变化，关闭或取消原有设施设备、服务功能或项目而导致达不到原星级标准的，应向原旅游饭店星级评定机构申报，接受复核或重新评定。否则，原旅游饭店星级评定机构应收回该饭店的星级证书。

第三，某些特色突出或极具个性化的饭店，若其自身条件与标准规定的条件有所差别，可以直接向全国旅游饭店星级评定机构申请星级。全国旅游饭店星级评定机构应在接到申请后一个月内评定检查，根据检查和评审结果给予评定星级的批复，并授予相应的证书和标志。

五、现代饭店集团

自20世纪60年代以来，世界饭店业有了相当大的发展。其行业规模迅速扩大，21世纪初，全球饭店客房数已达2000万间，而1990年统计数字显示还只有1210万间。

在全球饭店业规模不断扩大的同时，饭店业中的集中化程度也在明显发展。所谓集中化程度，简单地讲，就是指饭店企业的平均规模。平均规模越大，集中化程度也就越高。而集中化程度越高，则意味着竞争者数目越少，企业要了解其竞争对手也就越容易。衡量集中化程度的指标是集中率，通常用一个产业或行业中一批最大的企业所占有的市场份额表示。在饭店业中，人们通常以大型饭店公司所拥有的客房数或床位数在饭店业中的比率来表示。

实际上，由于近几十年以来全球饭店业规模的不断扩大和市场需求规模的相对有限，饭店业中的竞争愈加激烈。饭店业的集中化以及由此带来的集团化经营发展趋势的出现正是这种竞争的必然产物。随着经济全球化趋势的发展，特别是我国加入世界贸易组织以后，我国的旅游实业界对我国饭店业如何发展集团化经营以增强自身实力的问题也愈加关心。集团化经营何以成为饭店业中的发展趋势？集团化经营何以能增强竞争实力？对此，我们有必要了解和认识饭店集团的发展原因及其经营优势和组织特点。

综观世界上饭店集团的发展现状，基本上可将其划分为饭店连锁集团和饭店合作集团。

（一）饭店连锁集团

第二次世界大战后旅游市场不断扩大，饭店业的规模、结构以及饭店业中的竞争都在不断发展，尤其是最近几十年，发展速度更为迅速。总的发展趋势是，少数大公司不断扩大它们的市场份额，其余市场则由一大批规模较小的饭店企业分享。这些少数大公司便是所谓的饭店连锁集团，即“一些饭店统一于某个集团公司的领导、监督、管理或指导之下，组成强有力的竞争实体”。目前，这种饭店连锁集团中的势力较大者已发展到200多个，其中包括为我国饭店业所熟知的假日饭店公司（隶属于巴斯集团）、喜来登饭店公司、马里奥特饭店公司、希尔顿饭店公司、凯悦饭店公司以及香港半岛集团等。

综观国际饭店连锁集团的现状，集团下属的成员饭店主要可以分为以下四类：

第一类是连锁公司自己拥有产权并且自己经营的饭店

第二类是连锁公司从开发商或其他饭店业主手中租来经营的饭店，即连锁公司对这些饭店只有经营权而无所有权，连锁公司须根据租赁合同向出租者支付租金。

上述两类成员饭店是连锁集团的核心力量，也是其“嫡系”成员。

第三类成员是由连锁公司代管经营的饭店，即连锁公司作为代理人，根据同饭店业主签订的管理合同，由公司派遣人员代为管理或协助经营的饭店。公司按双方所签管理合同的规定，收取管理费或按比例分享利润①。在这类成员饭店中，连锁公司可能对其有投资或贷款，也可能没有这种关系，其根本特点是由连锁公司派员直接参与管理。我国饭店业中的中外合资饭店和中外合作饭店大都属于这一类。

第四类成员饭店是根据同连锁公司签订的特许协定，在向连锁公司交付特许使用费的前提下，使用连锁集团的品牌，按照由连锁公司设计和规定的服务程序和产品规范，在连锁公司的监督和指导下，由饭店业主自己进行管理和经营的饭店。换言之，连锁公司并不派员直接参与该饭店的日常经营。我们可以称这类成员饭店为受连锁公司指导经营的饭店或由连锁公司特许经营的饭店。

(二) 饭店合作集团

饭店连锁集团势力的不断扩展，对大多数独立饭店的生存和发展无疑是一种威胁。为了缩小同连锁集团在规模经济上的差距，增强自己的竞争地位，很多独立饭店开始团结起来，在某些方面采取联合行动，结成战略联盟，以求能够同饭店连锁集团抗衡。饭店合作集团由此产生。饭店合作集团目前比较流行的定义是：若干饭店为了在物资采购、房间预订、人员培训及市场营销等方面采取联合行动而自愿组合建立起来的一种饭店合作组织。

就目前的发展状况来看，这种合作集团主要有以下几类：

1. 市场营销合作集团

这是饭店合作集团中出现最早的一种。最初加入这种合作集团的都是完全独立自营的饭店。组建这种合作集团的主要目的是为了争取能以较为平等的地位同饭店连锁集团竞争客源。参加这种合作集团的饭店共同组建一个联合市场营销机构，为全体成员饭店宣传推销、招徕客源，并协调各成员饭店在这些方面的合作，从而形成一个较大的宣传推销和销售网络②。

这种市场营销合作集团可以划分为两类：一类是根据特定的地域组建的营销合作集团，即集团的成员饭店都位于国内同一地区或者坐落在同一城市。集团工作的重点在于加强宣传该地区的营销活动。例如，英国的“泰晤士流域饭店集团”和“南安普敦旅游饭店集团”等都属于这一类型。这类合作集团往往会得到当地旅游局或有关部门的积极支持。另一类是根据饭店接待的市场类型而组织起来的合作集团，即各成员饭店目标市场的人员类型基本相同。这类集团的成员饭店大都分散在世界各地，当然也有这类集团的成员饭店都在同一国家或同一地区经营的情况。我国广州白天鹅宾馆所参加的“世界一流饭店组织”便是属于这种以同类市场为基础而组成的饭店合作集团。

2. 物资采购合作集团

这类饭店合作集团是继市场营销合作集团之后，或者是在营销合作的基础上发展起

---

① 马勇，周霄. 旅游学概论［M］. 北京：旅游教育出版社，2008.

② 蒋丁新. 饭店管理［M］. 北京：高等教育出版社，2002.

来的饭店合作组织。目前这类合作集团在全部饭店合作集团中的比例最大。其发展原因是它们可以借助集团大批量购买的有利地位，同有关供应商进行价格谈判以实现压价购买。很多独立饭店出于这种务实性考虑纷纷联合组织这种合作集团[①]。同时，这种联合形成的采购优势也不断吸引新的饭店加盟，从而使得这种合作集团的规模也不断扩大。

3. 人员培训合作集团

这类合作集团的特点是其联合活动只限于各成员饭店的员工培训工作，不涉及成员饭店的经营业务。目前这类合作集团的数量逐渐减少，主要原因是饭店连锁集团和规模较大的独立饭店都有能力自己解决员工培训问题，并且其培训中心后来也承接外界培训任务[②]。同时，旅游教育机构和职业培训中心的发展也可在不同层次上满足饭店企业的人员培训需要。

4. 预订系统合作组织

除了实力雄厚的饭店连锁公司拥有自设的预订系统以外，一般独立饭店都无力建立自己的预订系统。预订系统合作组织的建立主要是为了适应独立饭店的这种需要。参加这种合作组织的饭店范围较广，一般不受规模、地点和接待市场类型的限制。这种合作组织又可分为两种情况，最常见的一种是纯粹的预订系统合作组织，即除了为成员饭店提供预订系统外，不再兼有其他活动。另外一种情况是，这种合作组织不仅为成员饭店提供预订系统，同时为成员饭店提供某些营销服务，英国的 U-tell 预订系统组织便是其中一例。一般来说，预订系统合作组织的结构更为松散，纯粹的预订系统组织更是如此。成员饭店除了缴纳费用使用该预订系统之外，基本上没有什么合作往来，所以严格地说，这种组织不大具备集团的性质。

从以上情况可以看出，大多数营销合作集团的工作主要是为成员饭店吸引和扩大客源，以提高成员饭店的客房出租率和营业收入；物资采购合作集团则在为成员饭店节省采购费用，降低营业成本方面起着相当大的作用。这种通过合作形成的规模经济，在一定程度上增强了独立饭店在同饭店连锁公司竞争中的地位。

实际上，随着饭店合作集团的发展，其成员饭店势单力孤的不利地位虽然得到了一定的改善，但是饭店连锁公司为了巩固自己的竞争地位，对此也采取了相应的对策。不少连锁集团所属的饭店也开始打入到合作集团中来。

同时，有些不同连锁集团所属的饭店也采取同样的方式成立起自己的合作组织。例如，在现有的饭店合作集团中便有一类是以航空公司为挂靠的合作集团。这类合作集团的特点是，它的成员都来自主要饭店连锁公司所属的饭店，而不吸收独立饭店为会员，“英航联合饭店”组织和“日航联合饭店”组织都属于这类合作集团。它们的主要工作是向航空公司的旅行市场介绍和推荐本集团的成员饭店。因此，把住宿市场和旅行市场

---

① 李天元．旅游学［M］．3 版．北京：高等教育出版社，2011.

② 吴必虎，宋子千．旅游学概论［M］．北京：中国人民大学出版社，2011.

结合起来开发是这类集团工作的又一特点。饭店连锁集团的成员饭店加入这种合作组织的重要原因是：它们可利用这种合作组织同航空公司的关系，率先将航空公司的旅行市场转化为自己的住宿市场，在自己难以自行打入这一市场的情况下，便采用加入这种合作组织的办法解决这一问题。

除了上面这种其成员饭店皆为连锁公司所属饭店这一极端情况外，其他以独立饭店为主体的合作集团也已开始吸收饭店连锁集团下属的饭店为自己的会员。例如，福特信托饭店连锁公司下属的海德公园饭店同时也是“世界一流饭店组织”这一饭店合作集团的成员。此外，一个饭店加入多个饭店合作集团的情况也已开始发展。

所以，饭店合作集团的出现只是在一定程度上增强了独立饭店在同饭店连锁集团竞争中的地位。连锁公司的饭店挤入合作集团，使得它们不仅有自己母公司的支持，同时可分享合作集团在开拓市场方面的好处。在这个意义上，独立饭店同饭店连锁公司的竞争远未形成均势，两者的差距依然存在。尽管如此，我们仍应看到饭店合作集团在目前饭店业发展中的力量和作用。它为众多势单力薄的独立饭店带来了集体的规模经济，从而打破或减缓了饭店连锁公司对市场的垄断。

六、饭店业的发展趋势

酒店推荐

（一）服务产品多样化

从旅游饭店的经营实践来看，其功能是否齐全、所提供的产品与服务是否能满足旅游者日益多变的需求，已成为游客选择饭店必然考虑到的因素。在激烈的市场竞争形势下，服务项目单一的饭店显然难以适应市场的动态发展变化，最终将被其他饭店排挤而逐渐退出市场。这意味着按照饭店经营特色分类的饭店之间的差别正日益缩小。例如，许多度假型饭店也提供商务、会议等服务项目；在商务型饭店中，康乐服务更不能少。由此可见，服务产品和项目的多样化是旅游饭店发展的必然趋势之一。

（二）经营方式多元化

现代旅游早已完成由单一功能的观光式旅游向多功能的参与式旅游的转变，这也使得与之相适应的旅游饭店业的经营方式向多元化发展，除了保持一些传统的经营方式外，许多新的经营方式随着新的市场要求应运而生。

1. “分时饭店”兴起

“分时饭店”是指采用消费者购买客房短期使用权的经营方式的饭店。国际上一度通行的惯例是把一处住所（如旅游饭店的客房）每年的使用期分为52周，将其中51周分时段销售给顾客，每一个单位的分时饭店产品，就是在约定时期内（一般为20~30年）在该住所入住一周的权利。这种方式对经营者来说既可确保客房出租率的稳定，又能预先收回建设成本，缺憾在于很难将分散各地的户主集中到一起探讨管理方案，待售的分时房产过多时则会增加管理及维修费用。

2.“绿色饭店”形成

“绿色饭店”是指那些为旅客提供的产品和服务符合充分利用资源、保护生态环境要求和对人体无害的饭店。目前，越来越多的旅游饭店开始注重在不影响消费者利益的前提下，逐渐推行绿色行动计划，其经营体现出强烈的环保意识，如增加庭院及室内的绿化面积，使用无污染的太阳能、电能或污染较少的天然气能源，提倡客人自备生活洁具或减少低值易耗品的更换次数，降低一次性用具的物质损耗等。

（三）组织机构集团化

现代饭店集团是第二次世界大战以后为适应不断扩大的旅游市场而产生的，也称连锁饭店，它是指在本国或世界各地直接或间接地控制两个以上的饭店，以相同的店名和店标、统一的经营程序和管理水平、一致的操作程序和服务标准进行联合经营的饭店企业。在旅游饭店业竞争中，饭店连锁集团明显占有较大优势，这些优势大都来自饭店集团所享有的规模效应，主要表现在以下几个方面。

1. 经营管理优势

饭店连锁集团一般都具有自己的一套较为先进、完善的管理系统，为所属饭店制定统一的经营管理方法和程序，为饭店的建筑设计、内部装饰和硬件设施规定严格的标准，为服务和管理订立统一的规程，由集团严格控制各饭店的服务质量和标准，以树立集团和饭店的良好形象。

2. 技术经济优势

饭店连锁集团可根据成员饭店的分布情况，将某些设施设备集中起来统一为各成员饭店服务，如对食品的生产加工、对设备的维修改造等。与各饭店自行配备这些项目相比，这种集中提供的做法可以达到降低经营成本的目的。

3. 资金筹集优势

建设资金是否到位是饭店作为一个企业能不能稳步向前发展的关键，饭店连锁集团在资金筹集方面较独立的饭店企业具有更大的优势，因为饭店集团一般实力雄厚、信誉良好，可抵押的不动产资本较多，能够比较容易地通过金融机构的信用认证而得到贷款或通过其他途径筹资。

4. 市场营销优势

饭店连锁集团是一个形象共塑、信息共通、市场共占、客源共享的有机整体，其中任何一个成员饭店的营销宣传活动都可对整个集团产生效果，强化大众对集团品牌的认知[①]。同时，各成员饭店之间既可相互代理预订，又能因彼此接待市场的侧重不同而相互提供补充设施和服务。

---

① 马勇，周霄．旅游学概论［M］．北京：旅游教育出版社，2008.

5. **物资采购优势**

饭店连锁集团在定期采购物资时，可依据各成员饭店的需求统一采购，大批量订购能够获得价格和条件上的优惠。此外，饭店集团还可将所购物资进行集中检验或首先在少数成员饭店中试用，然后再择优大批订购并推广到各个成员饭店使用，从而避免采购失误。

6. **风险扩散优势**

旅游饭店在经营过程中因季节和市场需求量等因素的不利变化而面临的风险是客观存在的，而饭店连锁集团能够通过成员饭店针对不同市场部分的多元经营和成员饭店在地域方面的分散性特点来有效地减少这些风险。

在线案例 实践项目

第五节　旅游交通业

一、旅游交通的含义

旅游交通是指旅游者利用某种手段和途径，实现从一个地点到达另外一个地点的空间转移过程。西方旅游学家曾这样说，旅游交通既是旅游者“抵达目的地的手段，同时也是在目的地内活动往来的手段”。在这个意义上，旅游交通与旅游交通运输意义相同。旅游交通的任务就是为帮助旅游者完成从出发地到目的地的空间转移过程而提供服务。

二、旅游交通工具的类型

（一）现代旅游交通工具的主要类型

目前，人们外出旅游的主要方式是乘坐汽车、飞机、火车和轮船。这些旅行方式的相互配合和相互补充为旅游活动的开展提供了便利的交通条件。

1. **汽车**

由于绝大多数旅游区点都有公路连接，而且公路系统与辅助设施建设逐渐完善，乘坐汽车外出旅游因而成为人们陆上旅行的首选方式。在现代旅游中，汽车的使用比例是最高的。

乘汽车出游包括私人驾车、搭乘公共汽车、长途客车或旅游包车四种。在我国的一些经济发达地区，拥有私人小汽车的家庭不断增多，因此自驾车外出旅游渐成时尚。这种旅行方式之所以受到广泛欢迎，主要是因为它具有自由灵活、能随时停留、任意选择旅游点、便于携带行李等优点。公共客运汽车提供包价旅游服务，因其价格低廉，且通常配备有导游陪护人员而受到老年旅游者群体和以青年学生为主体的较低消费层次旅游者群体的青睐。

2. 飞机

随着各国民航运输业的发展，飞机已经成为现代旅游，特别是国际旅游的主要交通工具。就远程旅游而言，航空旅行是比较经济的，且具有快捷与舒适的优点。

航空客运主要有定期航班服务和包机服务两种。定期航班服务是指在既定的国内或国际航线上按照既定的时间表提供客运服务。包机服务是指根据旅游者和市场形势的需求提供的一种不定期的航空包乘服务。与定期航班服务相比，包机服务有一定的经营优势，主要表现在包机载客率较高，票价较低廉，没有固定时间和固定航线，可根据旅客需要进行调整，因而深受大众欢迎。

3. 火车

自1841年英国人托马斯·库克组织了第一次乘坐火车的团体旅游开始，火车在相当长一段时间内成为人们外出旅游的交通手段。20世纪50年代后，由于铺设路轨的限制，铁路很难形成较细的线路网络与各旅游点直接连通，再加上汽车公司与航空公司的竞争，使得铁路客运在旅游运输中的比例不断下降。但是，铁路客运具有运输量大、费用低廉、相对安全、污染小等优点，对于旅游者仍具一定的吸引力。

4. 轮船

产业革命不仅将蒸汽动力技术应用于陆地的火车，也推广到远洋的船舶，促使远洋航运开始发展。水路客运业务主要可划分为四种，即远程定期班轮服务、海上短程渡轮服务、游船服务和内河客运服务。

轮船客运单纯地作为交通方式，因为速度慢、耗时长等不足而逐渐走向衰落，但作为度假形式的海上巡游和内河船游蓬勃发展起来，成为一种特殊的旅游形式。其特点是悠闲舒适，人们在旅游过程中可以在不同地点登岸游览，又可随时回船休息，免除了寻找旅馆的麻烦。但是，这种游船通常比较豪华，价格昂贵，加之旅游时间长，所以收入低和闲暇时间少的游客难以选择。

（二）特种旅游交通工具

1. 骆驼

骆驼是荒漠半荒漠地区，尤其是沙漠地区的主要的骑乘工具，也曾被广泛用于沙漠考察等工作。骆驼虽不善于奔跑，但其腿长，步幅大而轻快，持久力强，加之其蹄部的特殊结构，因此，适合作为沙漠中重要的交通工具。在短距离骑乘时，双峰驼的速度可达10~15千米/小时，长距离骑乘时，每天可行程30~35千米。

2. 滑翔机

滑翔机（glider）是指不依靠动力装置飞行的重于空气的固定翼航空器，起飞后仅依靠空气作用于其升力面上的反作用力进行自由飞行。根据结构特点，滑翔机又被分为高级滑翔机或翱翔机（sailplane）和悬挂式滑翔机（hang glider）两种。

3. 羊皮筏子

羊皮筏子，是古代沿袭至今的摆渡工具。古代劳动人民“缝革为囊”，充入空气，泅渡用。唐代以前，这种工具被称为“革囊”。到了宋代，皮囊是宰杀牛、羊后掏空内脏的完整皮张，不再是缝合而成，故改名为“浑脱”。浑做“全”解，脱即剥皮。人们最初是用单个的革囊或浑脱泅渡，后来为了安全和增大载重量，而将若干个浑脱相拼，上架木排，再绑以小绳，成为一个整体，即现在的“皮筏”。它是黄河上游的主要运输工具。乘坐羊皮筏子顺流观景，也是一种难得的乐趣。

4. 滑竿

滑竿是中国江南各地山区特有的一种供人乘坐的传统交通工具。其用两根结实的长竹竿绑扎成担架，中间架以竹片编成的躺椅或用绳索结成的座兜，前垂脚踏板。乘坐时，人坐在椅中或兜中，可半坐半卧，由两轿夫前后肩抬而行。中国西南各省山区面积广大，因此滑竿最为盛行。特别是峨眉山上的竹椅滑竿，流行了几千年。滑竿的意义已不局限于交通工具，更是当地民间习俗的一种体现。

5. 溜索

溜索是原始渡河工具，用两条或一条绳索，分别系于河流两岸的树木或其他固定物上。一头高，一头低，形成高低倾斜。溜索又称“滑索”“速滑”“速降”“空中飞人”等，最早用于高山自救和军事突击行动，后演化为游乐项目，是一项具有挑战性、刺激性和娱乐性的现代化体育游乐项目。它可跨越草地、湖泊、河流、峡谷，借助高差从高处以较高的速度向下滑行，使游客在有惊无险的快乐中感受刺激和满足。现在它已分化成崖降、楼降、桥降、溪降等类别，抛开场地原因，其技术上并无多少本质差别。游客身穿保险衣与架子钢索的滑轮连接，借助景点（区）的自然落差，由钢索、滑轮保险绳索与人体连接，从高处发射台顺势而下，以较高速度完成滑翔。

6. 热气球

热气球（hot air balloon），是利用加热的空气或某些气体比如氢气或氦气的密度低于气球外的空气密度以产生浮力飞行。热气球主要通过自带的机载加热器来调整气囊中空气的温度，从而达到控制气球升降的目的。现在热气球已经成为一种旅游娱乐项目，很多景区为了丰富景区娱乐活动，都纷纷开始引进热气球观光。例如，婺源县篁岭景区新开辟空中定向系留飞行与自由飞行热气球项目，游客从高空观赏篁岭千亩梯田全景，拍摄花海美景的同时也带来高空飘移的快慰。

三、旅游交通的特点

旅游交通既具有相对独立性，又具有特殊性。旅游交通具有如下特点：

（一）游览性

游览性是旅游交通的一个突出特点。旅游者不仅仅借助交通工具实现空间位置转移，转移的过程本身就是旅游的过程。

（二）舒适性

旅游是身心的休息，旅游者在选择和使用旅游交通产品时，不但要求方便、快捷，也强调舒适性，包括对交通工具上的设施、服务质量、服务项目等都追求达到舒适的效果。旅游列车、旅游汽车、旅游轮船内的设备设施一般也都优于一般列车、交通客车、交通客轮。

（三）季节性

由于受气候、地理位置、节假日等各种条件的制约，旅游者的旅游需求具有明显的季节性特点，从而旅游交通也显示出季节性特点。

（四）区域性

由于旅游资源空间的差异和区域社会经济发展水平的不同，有的地方旅游的人过多，有的地方旅游的人过少甚至没有，使得旅游交通随着旅游者的数量也表现为一定的区域性。

交通推荐

四、影响旅游者选择旅行方式的因素

作为旅游业中的客运交通经营者，应当考虑的问题是人们为什么会对旅行方式有不同的选择，或者说，人们在选择旅行方式时会为哪些因素所影响。毫无疑问，影响人们选择旅行方式的因素会有很多。归纳而言，较为直接的影响因素主要涉及以下四个方面：

（一）运输价格

对大多数人来说，生活中的各个方面，包括旅游度假在内，都有一定的预算。旅游者所关切的问题之一便是在自己的旅游预算限额之内，如何使旅游活动更充分、更有效率。所以，在计划外出旅游时，人们往往会考虑各种可供选择的旅行方式的价格。甚至在选定某一旅行方式之后，例如在决定采用火车旅行之后，人们还可能会比较不同座席提供服务的价格，并且可能会进一步选择适合自己需要的座席等级。

当然，收入水平似乎也是影响人们选择旅行方式的因素。正像有人曾调查的那样，在 20 世纪 80 年代的美国，如果一个家庭的年收入在 15000 美元以上，那么在外出远距离旅行时，很可能会选择航空旅行而不选择其他交通方式。实际上很多旅游者都来自中、低收入水平的家庭，这使得运输价格对选择旅行方式的直接影响显得更为突出。

（二）旅行距离

旅行距离通常涉及空间距离和时间距离两个方面。在一般意义上，空间距离越长，完成旅行所需花费的时间也就越多，旅行的代价也就越高①。如前所述，对大多数人来说，外出旅游度假的预算是有限度的。同样，人们可用于外出旅游或度假的时间也是有限的。为了更有效地利用有限的度假时间，人们必须努力缩短用于交通方面的时间。因此，对于长距离的旅行，人们通常会选择航空这种旅行方式。反之，对于中、近距离的旅行，人们则较倾向于选择铁路或汽车作为旅行方式。这不但比航空旅行经济，而且也比较便利。

---

① 李天元．旅游学［M］．北京：高等教育出版社，2002.

（三）旅行目的

人们的旅行目的也影响着旅游者对旅行方式的选择。如差旅型旅游者的最大特点是，他们外出旅行的目的是办理公务。他们不能任意改变旅行目的地，并且不能随便选择动身的时间。他们在很大程度上也不担心旅行费用。他们最关心的是旅行安全、便利、快速和舒适。因而他们乐于选择的旅行方式往往是航空、铁路和小汽车旅行，一般很少乘坐长途公共汽车和轮船。观光型旅游者外出旅行的目的是消遣度假。他们在选择旅游方式时首要考虑的是安全、经济和高效。这类旅游者对价格比较敏感，只要时间条件允许，他们会尽量选择价格较低廉的旅行方式，有时甚至会不选用商业性经营的交通工具，而采取徒步、骑自行车或摩托车以及免费搭乘顺路车辆的旅行方式。个人及家庭事务型旅游者的需求特点虽然难以一概而论，但可以明确的是他们在具体的动身时间上有一定的选择余地。他们既不像观光型旅游者那样对出行时间有很大的选择自由，也不像差旅型旅游者那样在时间问题上几乎没有选择的余地。所以，他们选择旅行方式的标准一般都是既要安全、高效，又要价廉。

在线案例

（四）个人偏好与经验

在有多种旅行方式同时可供选择的情况下，具有相同条件的人也可能会选择不同的旅行方式。这是因为其个人的偏好或经验不尽相同而产生的结果。对于初次外出旅行的人来说，他们对某种旅行方式的偏好主要受其个性或心理类型的影响。帕洛格关于旅游者心理类型的理论曾将人的心理类型划出两个极端，即自我中心型和多中心型。自我中心型的人远不及多中心型的人富有冒险精神，因而表现在对旅行方式的选择上，往往喜欢自己开车去某一旅游目的地而不愿乘飞机前往。多中心型的人恰恰相反，喜欢乘飞机而不是自己开车去该目的地。

但更有实际意义的是，人们对某种旅行方式的偏好往往产生于自己过去的旅行经验。例如，不论是在中国还是在其他国家，不少人都喜欢乘火车外出旅行，因为他们的旅行经验使他们深信乘火车旅行比其他旅行方式安全。如果一个人根据自己的经验认为乘火车旅行不理想，甚至讨厌乘火车旅行，那么在有其他旅行方式可供选择的情况下，他便不大可能会选择铁路旅行方式。

第六节　旅游产品

一、旅游产品的概念

（一）对旅游产品定义的回顾与评价

至今，学术界对旅游产品没有一个统一认可的定义，这里列举几个有代表性的旅游产品定义。

“旅游产品是旅游经营者所生产的，准备销售给旅游者消费的物质产品和服务产品的总和。旅游产品可以分解成为三个部分：旅游吸引物，交通和接待。其中旅游吸引物的地位和作用是首要的，因为它是引发旅游需求的凭借和实现旅游目的的对象。

“旅游产品是提供给旅游者消费的各种要素的组合，其典型和传统的市场形象表现为旅游线路。

“所谓旅游商品，是指旅游者在旅游活动中购买的，他所需要的产品和服务的总和……是旅游者在食、住、行、游、购、娱等旅游活动过程中所需要的产品和服务的总和。因此，旅游商品是相对一次旅游活动而言的综合性概念。”

尽管这些定义在旅游产品应包含的要素、各要素的地位及具体的内容表述等方面有所不同，但仔细分析，上述定义仍有以下共同点：

（1）旅游产品是食、住、行、游、购、娱等方面的实物产品和服务。

（2）旅游产品是多种要素的“总和”“组合”“混合”。

（3）或直接或隐含地指出，旅游产品是由旅游经营者所生产并提供给旅游者的。

这些定义较为清楚地表达了旅游产品的特点，但存在的问题也是突出的。例如，随着旅游业的发展，旅游业与其他产业的融合趋势十分明显，旅游者越来越多地享受了非旅游经营者提供的实物产品和服务。将旅游产品的范畴限定于“食、住、行、游、购、娱”已显现出了很大的局限性，不利于旅游业的发展。旅游产品既然是一种“总和”“组合”“混合”，那么，这一产品应该具有一定的层次性，在定义旅游产品时就应该体现这一特点，以便我们对那些更深入、更广阔的问题、现象进行研究，更好地把握旅游业发展的规律。因此，有必要对旅游产品进行更完善的定义。

（二）旅游产品定义

秦宇认为有必要区分旅游产品的“概念性定义”与“技术性定义”。其中，概念性定义是对经验现象的本质规定，技术性定义作为一种认识工具则适用于对某一经验现象的专门研究。按照这一思路，秦宇认为旅游产品从本质上讲是旅游者支付一定的金钱、时间和精力所获得的一种特殊经历和体验。与之相对应，从目的地角度看，旅游产品是目的地满足旅游者对一种经历的需求的提供物，包括提供给旅游者用于满足旅游活动过程中的精神、文化、生活需求的物质实体和非物质形态的服务。在技术层次上，为适应不同层面旅游产品分析的需要，可将旅游产品区分为以下五个逐次上升的层次：第一是核心产品，对应于六大旅游要素中“游”和“娱”的部分，具体指旅游景点、景观等游览项目，在空间形态上与小尺度旅游地概念相当。第二是企业/行业产品，对应于旅游产业中同一类型或同一行业内的企业向旅游者提供的相应物品与服务。第三是产业产品，对应于整个旅游产业协同提供的复合性产品，具体表现为线路产品及不同的产品组合（如度假旅游、观光旅游等）；第四是综合旅游产品，即“大旅游”视野下的旅游产品概念，是行业产品与社会相关行业提供的物品与服务的复合体；第五是总体旅游产品，即大尺度旅游地，如城市、地区、国家等。

按照这一思路，概念性定义可以作为普适性定义应用于旅游学任一子学科。在概念性定义基础上，旅游学各学科可以根据自己对旅游产品的认识角度，构建本学科关于旅游产品的技术性定义。因此，这一方法不仅确立了旅游产品概念在旅游学中的基本定义，而且，其分层的技术性定义又充分考虑了旅游产品在内容要素或项目构成方面所具有的广泛包容性和延伸性特征，从而使不同层次的旅游产品定义相互联结，形成一个清晰的谱系①。

景区推荐 在线案例 拓展阅读

二、旅游产品的构成

一个整体旅游产品必须由四个基本要素构成，即旅游吸引物、旅游设施、旅游服务和可进入性四个基本要素。

（一）旅游吸引物

旅游吸引物是旅游者选择目的地的决定因素。它可能是物质实体，可能是某个事件，也可能是某种现象。旅游吸引物广泛蕴藏于自然环境和人类社会之中，代表各旅游胜地的特色和不同民族的文化传统，其数量的多寡和吸引力的大小是一个地区能否开发成热点旅游区域的先决条件。

（二）旅游设施

旅游设施是直接或间接向旅游者提供服务所凭借的物质条件，分为旅游服务设施和旅游基础设施两种。旅游服务设施是指旅游经营者直接服务于旅游者的凭借物或专为旅游者提供服务的凭借物，一般包括住宿、餐饮、交通及其他服务设施；旅游基础设施是指旅游地建设的基本设施，这些设施不单是为了旅游者而建设，旅游地居民在日常生产生活中也同时使用这些设施设备，但在旅游经营中它是旅游部门和企业必不可少的基本设施，如水电供应系统、通信设施系统、排水排污系统、交通运输系统、医疗救护系统等。

（三）旅游服务

旅游服务是旅游产品的核心，是旅游经营者向旅游者提供劳务的过程。旅游者在旅游过程中，离不开旅游服务②。旅游服务也是一个整体概念，它是各种单项服务组合而成的一体化。按中介所提供服务的形式，旅游服务可以分为接待服务、管理服务、导游服务、产品销售服务。

（四）可进入性

可进入性是指旅游者进入旅游目的地的难易程度和时效性，具体表现为进入游览

① 罗佳明．旅游管理导论［M］．上海：复旦大学出版社，2010.

② 张秋芬，江五七．旅游管理学［M］．北京：航空工业出版社，2008.

点、服务设施和参与旅游活动所付出的时间和费用。可进入性除受交通工具和目的地交通条件的制约外，还受到政府政策和经营方面因素的影响。具体包括顺达的交通条件、便捷的通信条件、手续的繁简程度及旅游地的社会条件等。

延伸阅读 5-1

2015 年旅游业 10 大发展趋势

Getaroom. com 联合创始人及董事长波比·迪纳（Bob Diener），在其著作《聪明旅行者要知道的 175 个省钱方法》（The Savvy Traveler 175 Ways to Save）中，阐述了 2015 年旅游业发展 10 大趋势：

（1）因为经济的复苏，酒店价格和入住率将会提高，尤其是在大城市和高级酒店。所以，对高端酒店做好对比研究，当然，最好提前预订。

（2）随着美国人开始在旅游方面消费的增加，去欧洲旅游的游客将会增多，欧洲内部的游客数量也会增加。在旅游淡季去欧洲，既能避开高峰人流，费用也相对较低，因此会是不错的选择。

（3）提前预订这一趋势会继续保持，鼓励提前预订的促销活动会越来越多，比如某些在线旅游网站会推出的限时抢购：在几个小时的有限时间内，酒店将以促销优惠价提供订房、入住服务，预订会长期有效。

（4）特色度假方式会继续增多，并将更加主流化。消费者越来越期望将兴趣爱好和旅游活动融合在一起，集中在环境、运动或温泉、瑜伽、健康等方面的旅行将会逐渐流行。

（5）同其他行业一样，旅游企业将寻找各种方式创造旅游机会，提供更加个性化和独特性的服务。在 2015 年，供应商将试着适应和满足消费者的特殊需求和想法，创造一个双赢市场。这样，旅行者会越来越享受自己的旅行，供应商也会获得更多收益。

（6）2015 年将会有更多的方式预订旅游出行，除了传统的方式之外，移动端的预订越来越受到青睐。

（7）从网上预订房间和机票，到使用移动设备办理入住，这一行业将实现消费者自助服务。这意味着移动设备功能的自动化，比如，用全天 24 小时随时提供服务和自助入住手续代替客房服务。

（8）移动设备主导旅游。航空和酒店运营商将不得不逐步适应移动设备用户的旅游需求：游客期望可以通过移动 APP 完成预订、领取登机牌和执行其他所有功能。更方便的支付方式也有待解决。

（9）对休闲旅游者来说，物有所值将是一个焦点。消费者通常希望从自己支付的金钱中获得应得的价值。这并不总意味着酒店或景区必须使用低价战略，而是包括其他方面，比如地理位置、便利设施及其他。

(10) 和价值绑定的另一个移动设备友好型旅游趋势就是，酒店提供免费又快速的Wi-Fi。旅行者希望在酒店时能够时时刻刻连到互联网。免费 Wi-Fi 将比其他便利设施更重要，这是客人对酒店的最基本、最重要的要求，我们可以看到酒店评论网站上最多话题的就是关于有无 Wi-Fi 或 Wi-Fi 速度好坏的评论。

实践项目

【本章小结】

本章主要讲了旅游业的概念、构成、功能、性质与特点；接着主要阐述了作为旅游业支柱的三种旅游企业的经营管理，旅行社的经营管理，介绍了旅行社业的分类、特点和旅行社管理的主要内容，概述了旅行社的作用、类型与机构设置；旅游饭店的经营管理，主要包括旅游饭店概述、饭店业在旅游业中的地位和作用、饭店的类型、评定饭店等级的标准、饭店业中的集团化经营和未来饭店业的发展趋势；旅游交通营运管理，阐述了旅游交通的概念、作用、旅游交通工具的类型与特点及影响旅游者选择旅游方式的因素；旅游产品的概念和构成。

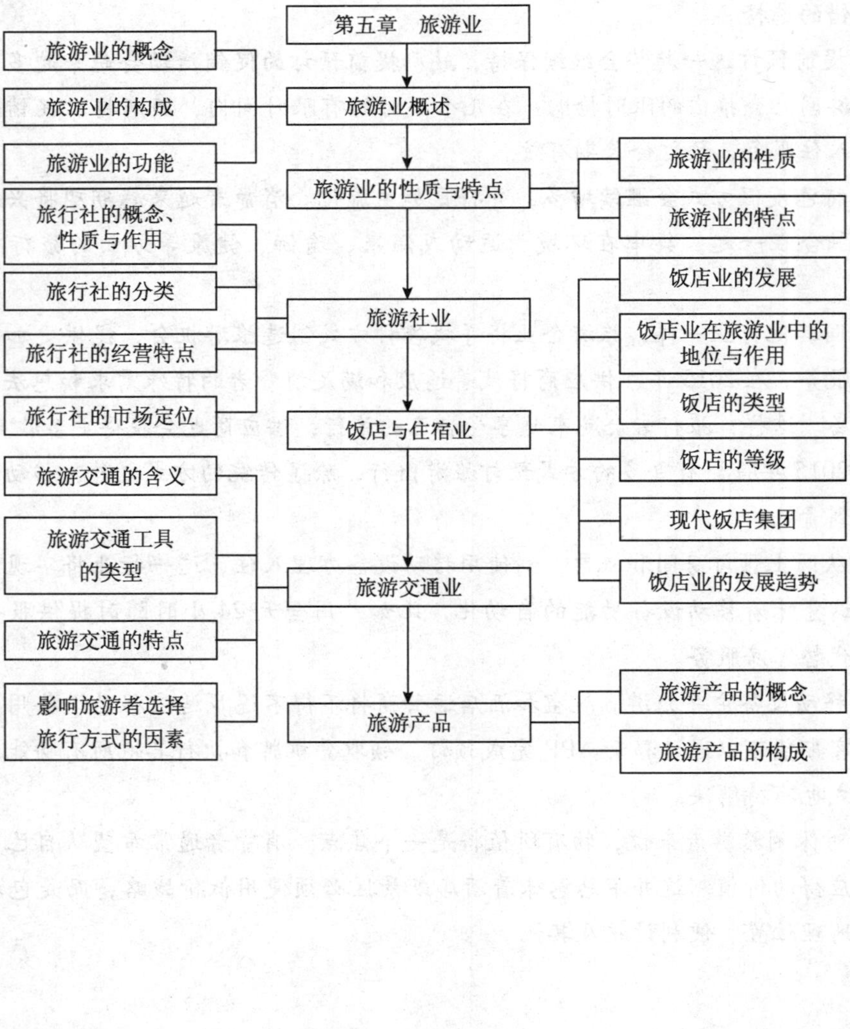

【学习网站】

1. http：//www. cthy. com/

2. http：//www. traveldaily. cn/

3. http：//www. toptour. cn/

【复习思考题】

一、填空题

1. 旅游业主要由三部分企业构成，即__________、__________和__________。

2. 旅游业具有__________、__________、__________、__________、__________和__________等特点。

3. 旅行社的作用有__________、__________、__________和__________。

4. 影响旅游者选择旅行方式的因素有__________、__________、__________和__________。

5. 一个整体的旅游产品必须由__________、__________、__________和__________四个要素构成。

二、名词解释

旅游业、旅行社、旅游交通、旅游产品

三、简答题

1. 简述旅游业的性质。

2. 旅游业有哪些基本特点？

3. 简述欧美国家及我国对旅行社的分类。

4. 饭店等级评定标准所涉及的内容主要包括哪些方面？评定工作的主要原则有哪些

5. 影响人们选择旅行方式的主要因素有哪些？

6. 分析旅游产品的构成要素。

第六章

旅游市场

导言

在全球一体化的背景下，旅游市场在国际旅游业发展中的地位越来越重要。旅游市场是旅游需求市场和旅游供给市场的总和，反映着国家之间、国家与旅游经营者之间、旅游经营者之间、旅游经营者与旅游者之间错综复杂的经济关系。旅游市场的形成和发展是这些关系协调发展的必然产物。按照地域范围，旅游市场可分为国际旅游市场和国内旅游市场。第二次世界大战以后，欧美地区是世界上经济发展最快的地区，欧美国家也成为世界最大的旅游客源市场和世界最大的旅游供给市场，并一直保持着世界旅游强国的地位。然而随着世界经济格局的变化，东亚、太平洋地区的旅游市场不断崛起，成为新的旅游增长点。国内旅游市场也存在差异性，须正确处理出境旅游市场、入境旅游市场和国内旅游市场的关系，积极发挥和扩大旅游业的正面效应。

【教学目标】

本章要求学习者：认识旅游市场的含义及其特点；掌握旅游市场的细分方法；了解全球国际旅游市场的基本状况；认识我国主要国际市场和国内市场的特点。

【关键术语】

旅游市场；市场细分；国际旅游市场；出境旅游市场；入境旅游市场；国内旅游市场

【引导案例】

中国旅游市场分析

1. 出游率、国内旅游人数和收入迅速提高

经济增长是旅游行业发展的根本动力，也是旅行市场发展的根本基础。经济增长带来人均可支配收入的提高，成为中国居民出游能力提升的根本动力。黄金周长假制成为国内居民出游的重要制度保证。两者结合促进了居民出游率（出游率=居民出游人次/居民人口总数）的提高：2001 年和 2003 年的居民出游率只有 59%和 68.4%；到 2014 年，全国人均出游近 3 次。另据国家旅游局公布的数据，2008—2014 年中国国内旅游人数和收入保持了平稳较快增长，如表 6-1 所示。

表 6-1　2008—2014 年中国国内旅游人数和收入

年份	国内旅游人数（亿人次）	增长量（亿人次）	增长率（%）	国内旅游收入（万亿元）	增长量（万亿元）	增长率（%）
2008 年	17.12			0.88		
2009 年	19.02	1.90	11	1.02	0.14	16
2010 年	21.03	2.01	11	1.26	0.24	24
2011 年	26.40	5.37	26	1.93	0.67	53
2012 年	29.57	3.17	12	2.27	0.34	17.6
2013 年	32.62	3.05	10	2.63	0.36	16
2014 年	36.3	3.68	11	3.25	0.62	24

可见，2008—2014 年，国内旅游人数大幅攀升，国内旅游收入几乎跨越式增长，且增长的速度超过旅游人数的增长速度，表明平均每人次创造的收入增加，也即人均旅游单次消费额增加。旅游产业内需市场的发展空间巨大。

2. 旅游业相关国际组织看好中国旅游市场

据世界旅游组织预测：到 2020 年中国将成为世界最大的旅游目的地国家。如今，中国旅游业已成为国民经济的重要产业，在拉动经济增长、促进社会消费和就业中发挥了举足轻重的作用。根据全国最大的旅游网站 *Trip Advisor* 2015 年 3 月 30 日发布的《2015 年全球旅游经济报告》显示，2015 年中国游客出境游人数将增长 14%，与全球增长基本持平（15%）。中国游客出境旅游在过去几年内的年均增长率高达 20%以上，但与世界发达国家出游率（300%~400%）相比，中国整体出游率（158%）相距甚远，伴随国民经济的快速发展、人口老龄化及中老龄人口出游意愿强烈，通过旅游周期性分析，中国

旅游业周期长度为5—6年，2009—2015年这轮日期稳定性增强；旅游人数年均增速约10%，最高增速有望达到21%，负增长的可能性较小。在未来5年，中国旅游业将持续正增长。同时航空业的快速发展也大大缩短了旅途时间，城镇化进程带动更多的旅游消费增量，居民收入增长和消费观念转变，在以上因素的综合影响下，旅游行业必将进入长期快速发展的阶段。

3. 世界第一大出境游市场正在中国形成

中国国家旅游局等有关机构的统计和报告显示，2013年出境旅游人数为9800万人次，同比增长18%。中国出境游为旅游目的地国家创造了可观收入。2011年中国游客出境旅游花费为690亿美元，2012年达1020亿美元，2014年竟高达1400亿美元，出境游从曾经的“奢侈品”发展成为很多中国人生活的一部分。这从以下几个目的地国家的统计可见一斑。

案例问题：

1. 中国旅游市场越来越受到世界的瞩目，试分析：中国为什么能够发展成为世界第一大出境旅游市场？

2. 国内市场与国际市场的区别是什么？两者对我国经济的影响有何区别？

第一节　旅游市场概述

旅游业是向人们提供满足旅游需求的服务性产业。旅游业的经营与其他行业一样，都受到市场环境的影响，都要用适应市场环境的经营观念去指导营销实践。旅游需求来自世界各个国家和地区，而旅游供给又遍布全世界，在科学技术高速发展的今天，旅游者选择旅游目的地已不受时空的限制。在国际政治条件许可的情况下，旅游者的活动不受地区和国家的束缚，旅游供给者的接待对象也无民族、国别之分。

一、旅游市场的内涵与要素

(一) 旅游市场的内涵

与一般商品市场相似，旅游市场是社会分工进一步深化、商品生产发展到一定阶段的产物。现代意义上的旅游是在英国工业革命发生70年后，市场体系确立，商品生产和商品交换获得了高度发展的情况下出现的。一方面，社会上出现了大量的旅游者；另一方面，一些以前为旅行活动提供便利条件的私人家庭、小旅店、骡马车店进一步扩大，形成了经营性的企业，并共同构成了专门为旅游者提供服务的旅游业。这样，便出现了以旅游者为一方的旅游需求和以旅游经营者为另一方的旅游供给，它们之间经济联系的主要形式就是交换——一种具有完全商品性质的交换，从而形成了旅游市场。

由此可见，旅游市场是在商品生产和商品交换充分发展的基础上，实现旅游产品需求者与旅游产品供给者之间经济联系的场所。旅游市场也有狭义与广义之分。狭义的旅游市场是指旅游产品交换的场所，广义的旅游市场则是指旅游产品交换过程中所反映的各种经济现象和经济关系，它不仅仅局限于旅游产品交换的场所，而且涉及一定范围内旅游产品交换中供求之间各种关系的总和。

（二）旅游市场的要素

从市场的概念出发，市场的形成必须具备四个要素，即人口、购买力、购买欲望和购买权利。这四个要素和市场的关系可用以下等式表示：

市场=人口×购买力×购买欲望×购买权利

从数学的角度分析，这个等式表示这样一个含义：当等式右边任一要素为零时，即缺少任何一个要素，等式的左边也将是零，即市场未形成。换句话说，人口、购买力、购买欲望和购买权利四个要素缺一不可，少一个就无法构成市场。对旅游市场而言，同样道理，四个要素缺一不可，缺少其中任何一个要素都无法形成一个旅游市场。我们可以用下列等式来表示旅游市场和这四个要素的关系：

旅游市场=人口×购买力×旅游愿望×旅游权利

下面就此四要素进行分析。

1. 人口

人口是构成旅游市场的基本要素。只有旅游者的存在才能产生对于旅游活动中的食、住、行、游、娱、购等各种需求，才能构成市场。人口因素又包括以下几个具体方面：

（1）总人口。人口因素对市场的影响首先是由人的生理需要引起的。一个国家或地区的总人口多，需要的各种消费就多；总人口少，吃、穿、住、用等各种基本消费就少。同时，人口的变化不仅会引起对基本生活资料需求的变化，也会影响诸如旅游之类的非基本生活资料需求的变化。人口总数的增加对游客人数的增加起着相当大的作用。

（2）人口的地理分布。世界各国的人口分布极不均匀，一个国家的不同地区人口分布的差异也很大，并且在不断变化。人口的地理分布与市场需求有直接联系。不同地区的人口，在消费需要、购买习惯与购买行为方面均存在着差别。这些差别都通过对于商品的不同需求体现出来，具体到旅游市场也是如此。一个国家或地区的城市化程度越高，对于旅游产品的需求也就越大。在游客构成中，城市居民出游的比例总是高于乡村。另外，由于游客来自的地域不同，对于饮食、住宿、穿着、娱乐的要求也不尽相同，这也是选择客源市场、提供适销对路的产品时需要着重考虑的问题。

（3）人口的年龄构成。年龄不同，个人消费结构不同。对旅游产品需求的程度不同，旅游目的、旅游时间、交通工具和住宿条件的要求也不同。年龄在15~30岁的青年人，他们一般就读于学校或刚参加工作不久，虽然他们有寒暑假，有充足的余暇时间，但没有固定的收入或收入不多，尽管渴望外出旅游，但受经济条件的限制很大，因此，这部分市场的潜力不是很大，不能为旅游企业带来较多的经济收益；年龄在30~45岁的中年人，虽然有工资收入和带薪假日，但他们中的大多数人有老人和小孩的拖累，出外旅游往往要受到一定限制；正在工作的50岁左右的人，既有工资收入，又有带薪假日，家中子女也已长大，没有太多牵挂，他们或者利用假日或者利用出差的机会，外出旅游的可能性最大，在旅途中的消费也较高，属于相当重要的一部分市场；而随着时代的进步，老年人旅游市场日益壮大起来，越来越受到旅游企业界的重视。世界市场在人口、年龄结构上的一个显著趋势，是平均年龄在增长，老年人市场在扩大。年龄的差别不仅使消费者对商品的需求不同，而且对同一商品的接受程度和享受标准也不相同，因而就形成了以年龄为标志的各具特色的市场。

(4) 人口的性别构成。在纯粹的生理意义上，由于性别不同，男女在感官功能上如视觉、听觉及触觉等方面有显著的差别。通常说来，男性体力更充沛，体力恢复快，而女性则恰恰相反，因此性别不同，对商品的需求和购买行为也有明显的差别，对于商品的品种、规格、数量、档次的要求也不尽相同。

(5) 家庭结构。家庭是社会的细胞。随着社会经济的发展和社会习俗的变化，过去人口众多的大家庭正在逐渐瓦解，被人口简单的小家庭所取代。随着经济的发展和家庭小型化，家庭平均收入相对增加，优生少生的观念逐渐普及，不少中、青年人从多子女的负担和家室牵累的枷锁中解脱出来，从而有充足的时间、精力和收入投入到旅游活动中来。

(6) 职业与文化水平。一个人的职业在很大程度上决定了他的社会地位、收入水平、闲暇时间及工作性质、生活经历，从而影响了他们的旅游需求和旅游消费水平。通常，受教育程度越高的人了解世界各地情况的愿望越强烈，出外旅游的需求就越大，不同职业的人因公旅游的机会不同，旅游的频率不同，在旅游活动过程中的消费也就不同。

(7) 民族与宗教。在漫长的历史长河和各自迥异的地理环境中，造就出不同的风俗习惯、不同的宗教信仰、不同的道德标准和价值观念的各族人民，他们在衣、食、住、行、用等方面都存在较大的差异，形成了具有不同偏好的民族市场。

2. 购买力

购买力是指人们支付货币购买商品或劳务的能力。消费者的购买力是由消费者的收入水平决定的，所以要研究消费者的购买力水平必须研究消费者的收入水平。消费者的收入水平主要有以下两个指标：

(1) 人均国民收入。人均国民收入的多少标志着一个国家或地区人民生活水平和购买力水平的高低。一般来说，人们用于生存需要的开支部分所占比重随着收入的增加而逐渐下降，而用在享受需要和发展需要上的开支部分所占比重会逐渐上升。旅游是满足人们享受需要和发展需要的一个重要方面，它已由少数人的一种反映特权或某种目的的活动转变为大多数人的发展、享受需要的活动，进而成为大众生活中的一种普遍需要。因此，在人均收入水平较高的国家或地区，用于旅游的开支在个人消费总额中所占比例越来越大。

（2）人均个人收入。一个人的可自由支配收入越高，参与旅游活动的可能性越大。所以说，一个国家或地区的人均可自由支配的收入是产生旅游需求的前提。

3. 购买欲望（旅游愿望）

购买欲望是指消费者购买商品的动机、欲望或要求，它是由消费者的生理需要和心理需要引起的。购买欲望是消费者把潜在购买力变为现实购买力的重要条件，因而也是构成市场的基本要素。具体到旅游市场来说，购买旅游产品的欲望是一种主观愿望，是驱使人们进行旅游活动的动因。

如前所述，消费者的需要包括生理上的需要和心理上的需要两大部分。旅游产品作为一个整体，主要满足旅游者心理上的需要。当然，在旅游活动过程中旅游企业经营者也会向旅游者提供能够满足其生理需要的食、住、行等单项服务。但由于人们的个性、兴趣、爱好和所处环境各异，因此在同样具有经济实力和余暇时间的情况下是否具有这种购买旅游产品的欲望也是各不相同的。例如，有的人渴望出外旅行，看看外面的世界，渴望在旅途中或旅游目的地进行社交活动，以了解异国他乡的生活方式和思维特点；另外一些人则热衷于储蓄或购买高档消费品，而不愿将可自由支配的收入用于旅游。同是旅游者，又可能由于各自的旅游目的不同，追求的满足不同，出游的主观动机也是多种多样的。例如，有的人完全出于好奇，要去异国他乡探奇览胜；有的人为了健康而出外疗养；有的人因祖籍亲朋关系而去寻根访友；有的人为了事业的发展而出外经商或办理公务；有的人则是为了赶时髦，顺应时代潮流。凡此种种，无论是政治上、经济上，还是文化上、心理上的各种因素，都是人们进行旅游的动力。

4. 购买权利（旅游权利）

购买权利是指消费者可以购买某种产品的权利。例如，在法律上或社会习惯上，青少年都不能喝烈性酒，尽管一个青少年有钱，有喝酒的愿望，但他们没有喝酒的权利，因此制酒厂家和卖酒商店都不能把青少年市场作为他们的市场。对旅游市场而言，尤其是国际旅游，往往由于国际烦琐的关系，或旅游目的国，或旅游客源国一方的政策限制，如不发给旅游签证或限制出境等，那么，即使人们有旅游愿望、有钱、有外汇，但由于旅游权利受阻，也无法形成国际旅游市场。

二、旅游市场的特点

（一）竞争性

旅游业是新兴朝阳产业，各级政府给予的政策支持力度较大，且该行业门槛低，没有很高的技术含量要求。因此，在丰厚利润的吸引下，各方面投资纷纷涉足旅游行业，旅游业市场竞争十分激烈。

（二）综合性

旅游产品是由旅游资源、旅游设施、旅游服务等诸多要素组合而成的，旅游业经营主体涉及国民经济的多个行业，具有较强的综合性。

实践项目

（三）复杂性

随着消费理念的不断更新，旅游市场主体的业态形式也发生了巨大转变，如近年兴起的红色旅游、体育旅游及农家乐特色旅游等产业形态的不断涌现，使得旅游市场的业态形式日趋复杂多样。

（四）波动性

旅游业是以顾客需求为主导的产业，由于影响需求因素的多样性，旅游市场随着需求的不断变化而体现出较大的波动性。

（五）缺乏自律性

一些旅游市场主体缺乏自律意识，以追求短期利益为目标，而不是通过诚信经营、品牌经营占领市场，获取收益。加之旅游业立法相对滞后，这也为旅游市场主体违法违规经营提供了可乘之机。

第二节　旅游市场细分

一、旅游市场细分的定义

旅游市场细分是指旅游经营者根据游客群之间的不同旅游需求，把旅游市场划分为若干个分市场，从中选择自己目标市场的工作过程。

与其他商品市场相似，旅游市场也同样存在着一个市场细分的问题。进行旅游市场细分，不是人们的主观愿望决定的，从旅游产品的需求和供给双方来看，旅游市场细分是非常必要的现实问题。任何一个旅游产品的供给者，不管是一个旅游目的地国，还是一家旅行社、一个餐馆，既没有精力也没有足够的实力面向整个国际、国内市场，满足所有消费者的需要。因此，有必要将旅游消费者市场按不同消费特点细分为几个群体，把需求基本相同的旅游者群看成一个细分市场。

旅游者的性别、年龄、收入、兴趣、偏好、价值观等各不相同，从而形成旅游需求的差异性很大。然而，我们也应看到，游客群体内也有十分相似的消费特点。企业可通过辨明具有不同需求的游客群，将整体旅游市场划分为不同特点的细分市场，如度假、观光、会议、商务、探亲访友、文化交流、宗教、探险、考古、体育等旅游市场。在同一市场中，旅游者的需求即使有差别，但旅游吸引物属同一类型，游客对旅游过程中需要的服务也会基本相同。例如，同是会议旅游市场，其吸引物都是会议事件本身，所住的宾馆都需要有会议厅、有同声传译、电信设施，消费水平一般较高。同时，会议之余，常伴有游览观光活动。而在不同类型的细分市场中，旅游吸引物不同，游客需要的设施、服务也不尽相同，如以探亲访友为目的和以参加会议为目的的旅游者来看，在吸引物、设施、服务等方面的要求就有很大的差异。探亲访友旅游者以与亲友相聚为主要吸引物，他们的住宿条件要求不高，有些人就住、食亲友家中，而购物消费则相对要多些，与会议旅游市场或体育旅游市场等的需求存在较明显的差别。

从旅游产品的供给者来看，任何一个旅游企业或旅游地，既没有足够的接待服务能力，也没有足够的旅游吸引物面向所有的国内外游客，满足他们各种各样的要求。例如，一个宾馆，不能同时经营不同星级的各类客房，也不可能拥有适应不同游客需求的各种旅游设施，因此，有必要将旅游市场按不同的消费特点细分为几个游客群体，把需求基本相同的游客群看成一个细分市场，再根据自己供给条件的优势，从中选择自己的目标市场，针对目标市场的需求，制定有效的经营策略。

在现代旅游市场竞争激烈的情况下，一个旅游点或一个旅游企业或组织，要占领一定市场份额并得到发展，必须善于分析潜在需求，善于寻找市场机会，在有利于本企业发展的细分市场上，积极、充分发挥企业经营组合的力量，以获得企业的最佳经营效果。

二、旅游市场细分的依据

细分旅游者市场可使用不同的变量，这些变量可分为两大类。

可以先根据旅游者的特征来细分市场，常见的有地理特征、人口特征、心理特征和行为特征，然后进一步观察这些旅游者细分市场是否具有不同的需求或产品反应。

也可以依据旅游者追求的利益、使用旅游产品的时机或对品牌的反应来细分市场。市场细分完成后，要观察每个旅游细分市场，看其是否具有不同的旅游特征。如研究人员可能会对那些进行旅游时重视“质量”、不求“低价”的旅游者进行调查，看他们在地理、人口、心理行为等方面的变量是否存在差异（见表6-2）。

表6-2 旅游市场细分的主要变量①

变量		典型分类
地理变量	地区	欧洲、美洲、非洲、大洋洲、亚洲东北部、东南亚、西亚等
	城市规模	10000人以下、10000～19999人、20000～49999人、50000～99999人、100000～249999人、250000～499999人、500000～999999人、1000000～3999999人、4000000人以上
	区位	城市、郊区和农村
	气候	热带、亚热带、温带

① 菲利普．旅游市场营销［M］．谢彦君，译．大连：东北财经大学出版社，2002.

续表

变量		典型分类
人口变量	年龄	6岁以下、6~11岁、12~20岁、21~30岁、31~40岁、41~50岁、51~60岁、60岁以上
	性别	男、女
	家庭规模	1~2人、3~4人、5~7人、8人或更多
	家庭类型	中等家庭、小型扩展家庭、大型扩展家庭
	家庭生命周期	青年，单身；青年，已婚，无子女；青年，已婚，有6岁以下的子女；青年，已婚，子女在6岁以上；老年，单身；老年，已婚，无子女；老年，已婚，子女均在18岁以上等
	家庭月收入	1000美元以下、1001~2500美元、2501~4000美元、4001~5500美元、5501~7000美元、7001~10000美元、10000美元以上
	职业	专业技术人员、经理、官员和业主、职员、售货员、农民、学生、家庭主妇、服务人员、退休者、失业者
	教育	小学以下、中学、专科学校、大学本科、研究生
	宗教	佛教、天主教、印度教、伊斯兰教、道教、其他教、不信教
	种族	中国人、菲律宾人、印度人、日本人、马来人、泰国人、其他
	国籍	中国、印度、印度尼西亚、日本、马来西亚、菲律宾、新加坡、泰国等
心理变量	社会阶层	下层、中层、上层
	生活方式	变化型、参与型、交际型、权利主义型、自负型
	旅游者个性	冲动型、进攻型、交际型、权利主义型、自负型
行为变量	时机	一般时机、特殊时机
	追求利益	便利、经济、易于旅游
	旅游者地位	未曾旅游者、曾经旅游者、潜在旅游者、首次旅游者、经常旅游者
	出游率	不出游、少出游、中等出游、经常出游
	旅游忠诚度	无、中等、强烈、绝对
	旅游准备阶段	不了解、了解、熟知、感兴趣、想出游、打算出游
	态度	热情、肯定、不关心、否定、敌视

（一）旅游市场的地理细分

地理细分是指将市场划分为不同的地理单位，如地区、城市规模、区位、气候等。政府旅游机构与旅游企业可以选择一个或几个地理区域开展业务，也可以选择所有地区，但注重各地区在地理需求和偏好方面的差异。

就国际旅游市场的划分而言，用作细分标准的这类地理因素有洲别、世界大区、国别等。例如，世界旅游组织（UNWTO）曾经将全球国际旅游市场划分为六大大区，分别为：欧洲地区（欧洲市场）、美洲地区（美洲市场）、东亚和太平洋地区（东亚太市场）、非洲地区（非洲市场）、中东地区（中东市场）和南亚地区（南亚市场）①。各国际旅游接待国则往往是依据作为国际旅游客源产生地的国别或地区，对国际旅游市场进行划分，如中国市场、美国市场、日本市场、英国市场、法国市场、中国香港市场等。

就国内旅游市场而言，用作细分标准的这类地理因素则往往是省（州）、城市，但有时也会涉及某种跨行政区的地理区域，如我国国内旅游市场方面的珠三角市场、长三角市场、环渤海市场等。

拓展阅读1

（二）旅游市场的人口细分

人口细分是指按照年龄、性别、家庭规模、家庭类型、家庭生命周期、家庭月收入、职业、受教育程度、宗教、种族和国籍等人口变量对市场进行划分。人口变量是区分旅游者群体最常用的基本要素。一个原因是旅游者对产品的需求、偏好和出游率与人口变量密切相关；另一个原因是人口变量比大多数其他类型的变量更易于测量：即使目标市场不按照人口统计变量来描述（如用个性变量），但为了确定目标市场的规模和寻找能有效进入该市场的媒体，也还需要利用人口统计的有关结果。

（三）旅游市场的心理细分

按照心理特征细分市场时，可根据旅游者的社会阶层、生活方式和个性特征将市场划分为不同的细分市场。即使旅游者处于相同的人口细分市场，他们在心理特征上也可能有极大的差异。

1. 社会阶层

旅游者对于观光旅游、健身活动、旅游休闲活动等产品或服务的偏好，会受到其所处社会阶层的强烈影响。许多企业都针对特定的社会阶层来设计旅游产品，提供旅游服务。

2. 生活方式

旅游者对旅游产品的兴趣受其生活方式的影响。事实上，他们的旅游产品同时又反映了他们的生活方式。营销人员正越来越多地利用旅游者的生活方式来细分市场，如以深思熟虑型旅游者、追随潮流型旅游者和随意型旅游者为目标市场。

3. 旅游者个性

营销人员使用旅游者个性变量来细分市场。

拓展阅读2

---

① 李天元．旅游学［M］. 3 版．北京：高等教育出版社，2011：219.

(四) 旅游市场的行为细分

旅游市场的行为细分即根据旅游者对某一产品的知识、态度、使用情况和反应将市场划分为若干旅游者群体。许多营销人员认为行为变量是进行市场细分的最佳出发点。

1. 时机

根据旅游者形成需要旅游或进行旅游的时机，可对他们进行细分。例如，针对商务活动、度假或家庭活动等有关的时机所激发的飞机旅行的需要，航空企业就可以为其中一种时机下的旅游者提供专门的服务，如为集体度假的旅游者提供包机出租服务。时机细分可以帮助政府旅游机构与旅游企业拓宽产品的使用范围。除了与旅游产品有关的具体时机外，政府旅游机构与旅游企业还可考虑一些人生历程中的重大事件，包括结婚、职业变动、退休等。目前已经出现的新婚旅游即为时机分类的结果。

2. 追求利益

根据旅游者从旅游产品中追求的不同利益来划分旅游者群体，这是一种极为有效的细分方法。

3. 旅游者地位

产品市场可以划分为未曾旅游者、曾经旅游者、潜在旅游者、首次旅游者和多次旅游者。另外，政府旅游机构与旅游企业在市场中的地位也影响营销战略的重点。市场份额高的企业应将精力放在吸引潜在旅游者身上，而市场份额低的政府旅游机构与旅游企业应将重点放在竞争对手的现有旅游者身上，设法让他们使用自己的品牌。

4. 出游率

根据旅游者出游的数量可将市场分为一次旅游者、少次旅游者和多次旅游者。一次旅游者所占的人数比例不但大，而且其旅游消费量所占的比重也很大。

5. 旅游忠诚度

市场上的旅游者对于旅游产品的忠诚度是不一样的，可根据旅游者对旅游产品的忠诚度，将旅游者划分为无忠诚度、中等忠诚度、强烈忠诚度和绝对忠诚度等四类。

6. 旅游准备阶段

市场上的旅游者总是处于不同的旅游准备阶段。对于一种旅游产品，有些旅游者一无所知，有些知道一点情况，有些了解得很清楚，有些已发生兴趣，有些希望能去旅游，还有些正打算去旅游。掌握处于不同准备阶段的旅游者人数对于制定营销计划十分重要。

7. 态度

根据市场上旅游者对某种产品的态度，可将旅游者划分为五类：热情、肯定、不关心、否定、敌视。

三、旅游市场细分方法

现实中，旅游市场的细分标准必须根据具体旅游产品市场的旅游需求特征和政府旅游机构与旅游企业达到的目标来加以选择运用，通常依据以下方法对旅游市场细分。

（1）旅游市场细分的单一变量法

单一变量法也称一元细分法，即根据影响旅游者需求的某一种因素进行旅游市场细分，这一变量一般是与旅游者需求差异相关的某一最重要的变量因素。例如游乐园依据年龄变量可细分为成人市场与儿童市场。这种单一变量细分旅游市场的方法一般只适用于产品（服务）通用性较强、选择性较弱的市场。大多数情况下，它只是对旅游市场进行细分的起点，即先期用此方法对旅游市场作比较粗略的划分。把某单项细分变量的细分程度加深，以适应不同旅游者的需求和市场竞争，这种方法称作单一变量的深度细分法。例如，游乐园中儿童市场可细分为1~3岁、3~6岁、6~10岁、10~15岁等子市场。

（2）旅游市场细分的综合变量法

综合变量法又称交叉细分法或多元细分法，即根据影响旅游者消费需求差异紧密的两种及两种以上的并列变量对旅游市场进行细分的方法。例如，同时以旅游者的收入状况（高、中、低）、年龄（老年、中年、青年、儿童）、利益追求（观光度假、修学求知等）三个变量因素细分双休日市场，这样可以细分出比单一变量细分法更多的旅游市场。运用这种分析方法时，要注意选择与一定旅游产品消费需求有关的并且影响突出的变量因素来综合分析。

（3）旅游市场细分的系列变量法

系列变量法即考虑与旅游者需求差异相关的各种因素进行系列划分的方法。这种方法是在较严格意义上的市场细分方式，适合对于旅游者需求差异大，市场竞争比较激烈的旅游产品市场细分。如图6-1所示细分表，就是用系列变量法研究旅游市场。

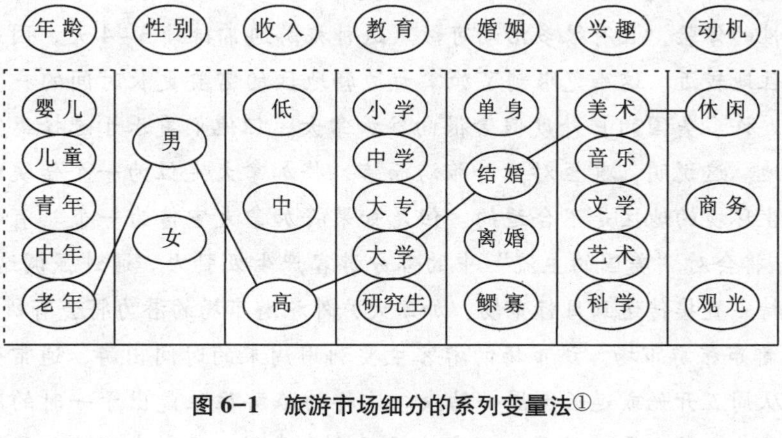

图6-1 旅游市场细分的系列变量法①

① 郭英之．旅游市场研究理论与案例［M］．北京：科学出版社，2008：169.

【案例分析 6-1】

加拿大旅游局曾委托许多研究机构对美国的娱乐旅游市场进行大量研究。美国是加拿大最大的国际旅游市场。在1985年的一项研究中，对美国进行了9000份入户个人调查。被调查者必须具备以下条件：在过去的36个月内，至少进行过一次远离住地100英里，且在外过夜至少一晚的娱乐旅行，并且在旅行中使用了商用住宿设施或交通工具。被调查者中75%为16岁及16岁以上的人，每一份问卷的完成平均耗时50分钟。

经过分析，最终确认了四个主要的细分市场：观光市场、户外娱乐市场、都市旅游市场和度假市场。

（1）观光市场。一次观光旅行通常由一系列独立的产品组成。观光旅行平均持续8天时间。旅行的计划是在利用了大量的信息来源后事先制定的，而且旅游产品是整体销售的。与不同的旅游类型和其他目的地国家相比，加拿大的观光市场份额为美国出境游客总体市场的7%（其他国家的观光旅游占12%）。在美国人心目中，加拿大是一个较好的观光目的地，但较美国本土的观光吸引力弱。这说明作为一个观光旅游目的地，相对于美国本土而言，加拿大吸引美国观光客的主要优势在于“加拿大是一个有着不同文化和生活方式的外国目的地”。

（2）户外娱乐市场。户外旅游的游客主要是有孩子的年轻的美国家庭，他们通常以轿车、小货车和娱乐性车辆为交通工具，以野营为主要的住宿方式。户外旅游游客是“美国的主流”，他们更倾向于一种比较温和安静的户外娱乐方式，比起那些“运动”（sportsmen）更要求活动的舒适性。对该市场而言，比较有吸引力的目的地是具有优美的自然风光，但又不荒凉的地方，可以提供一种与世隔绝的充分私密性的体验，且有很多活动可做。这种旅游通常持续3~4天，因此所选择的地点离住地较近。这难免限制了加拿大边疆地区的需要更长时间的户外旅游发展的潜力。许多美国的户外度假者很向往加拿大，但他们更乐于选择离家较近的本国目的地。这说明，甚至对户外旅游而言，将加拿大定位为一个传统的、拥有广阔的野生环境的地区是不合适的。但是如果将加拿大宣传为一个“有崎岖山区的地方”，将会对“美国的主流”中的部分游客产生吸引力。通过强调这一特点，并将这一特点直接传达到目标市场，加拿大户外旅游市场的潜力将会有所增加。

（3）都市旅游市场。该市场的游客主要利用周末的时间出游，通常会将旅游时间提前从周五开始或延长至周一结束。这样的旅游往往是出于一时的冲动且缺乏计划性的，它的主要目的是逃脱家庭的压力和责任，像一个家庭似的在一起休息和放松。典型的美国都市旅游游客多为已婚者和中年人，他们通常拥有高于平均水平的收入和学历。这样的游客通常会选择著名的、美丽的，并拥有高级饭店的城市为目的地。这种旅游的关键是活动的多样性，如舒适优雅的餐馆、良好的购物条件、不同的文化氛围、令人感兴趣的人物、出色的地方食品和令人兴奋的夜生活等。加拿大拥有美国都市旅游市场2.8%的份额，主要的旅游目的地城市有多伦多、蒙特利尔和温哥华。这些城市不仅是旅游的最终目的地，而且是入境城市和其他旅游类型特别是观光旅游的开始点。可通过将这些大城市描绘为获得广阔的、独一无二的加拿大经历的“入口”，来推销这些城市。

（4）度假市场。度假旅游通常只以某一个度假区域或度假地为目的地。这个度假区或度假地拥有丰富多彩的娱乐条件和机会，如海滨、滑雪场、网球场等。度假旅游的主要目的是休息和放松，持续时间主要依赖于该度假区活动的丰富程度。这样的旅游通常提前两三个月就已经做好了计划。游客往往是受过良好的教育且经济状况较好的中青年人。对于加拿大来说，度假旅游是最弱的旅游类型。主要受到两个因素的限制：它的气候看起来不适于开展水上和海滨活动；它的宾馆、饭店和夜生活看起来不如美国本土那样令人兴奋。这说明加拿大的度假市场应该针对国内游客，或者将度假作为观光旅游线路的一个组成要素，这样比说服美国的年轻人到加拿大度假要容易得多。但专业性的度假，如狩猎度假、垂钓度假仍有一定的吸引力。

以上的市场细分研究产生了一些意想不到的发现，例如，可以明确地假定，美国人将加拿大当作一个有驼鹿、皇家骑警和多山的地方，加拿大在户外旅游市场有较强的竞争优势，观光旅游市场也有很强的竞争优势，这主要来源于加拿大清洁、安全的城市环境，并且是一个可以提供不同于美国本土的一系列不同经历的外国目的地。针对这一研究结果，加拿大对美国市场采取了新的态度，提出了新的营销口号——加拿大：隔壁的世界。

分析内容：

1. 加拿大旅游局是如何对美国客源市场进行市场细分的？
2. 这样的细分结果对于加拿大扩展美国旅游市场有何促进作用？
3. 加拿大政府应如何针对不同的细分市场采取营销策略？

第三节 全球国际旅游市场

大师观点

一、全球国际旅游客流量

近代世界旅游业从第二次世界大战之后开始蓬勃发展，半个多世纪以来，国际游客的人数从1950年的2500万人次增长到2013年的10.87亿人次。

1980—2010 年，全球旅游业的年均增长幅度为 2.7%。1985—1990 年是相对快速增长的时期，年均增幅达 6.9%。20 世纪 90 年代前半期（1990—1995 年）的年均增幅为 4.3%；90 年代的后半期，发生了东南亚金融危机，全球旅游业仍保持了 4%的增长率。2000—2005 年，全球旅游业受到美国“9·11”恐怖事件、伊拉克战争、亚洲爆发“非典”、世界经济低迷等多项不利因素的冲击，旅游市场增长的速度明显放缓。2005—2010 年，前期增长较快，但是到了 2009 年，受美国次贷危机所引发的全球金融海啸的影响，该年的全球旅游活动的规模出现了大幅度下滑。从数据中可以看到，在 1980 年至 2013 年的 33 年，全世界国际旅游活动的规模从 2.86 亿人次增长到 10.87 亿人次（见图 6-2）。

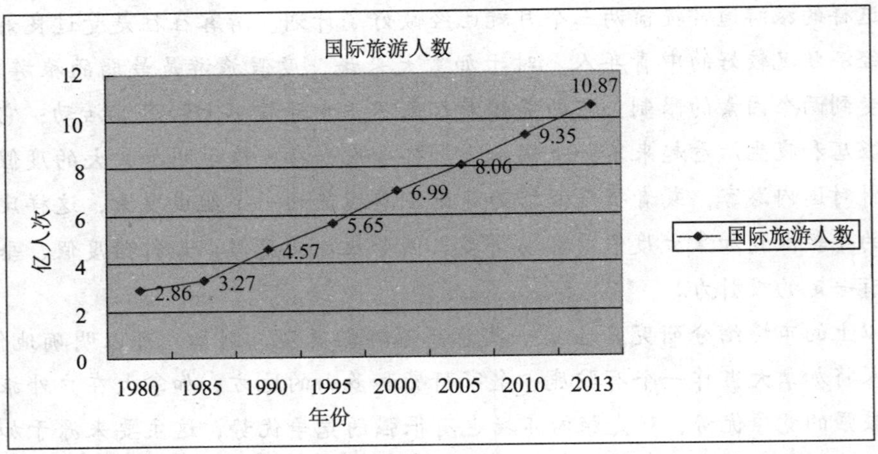

图 6-2　1980—2013 年国际游客增长情况

拓展阅读一

二、全球国际旅游客流分布

长期以来，全球的国际游客主要集中在经济发达的欧美地区流动，欧洲和北美一直到现在仍然是主要的客源产出地。20 世纪 80 年代初，欧洲和美洲分别占到国际市场份额的 65.1%和 21.5%，合计达 86.6%。在随后的 30 年间，旅游发展相对成熟，市场基数相对较大的欧美两大洲以低于全球平均水平的速度持续增长，其在全球市场的份额则持续下降。同期，亚太地区旅游业在新兴经济的带动下，在较小的市场基数上，以大大超出全球平均增幅的速度发展，占全球市场的份额从 1980 年的 8.3%，经 1990 年逾 10%（12.6%），至 2000 年逾 15%（16.6%），到 2005 年达到 20%，到 2013 年，亚太地区超过欧洲，成为全球最大的旅游区域市场。

在亚太区域中，东亚太的市场更加活跃，增长速度更快。东亚太区域内，又分三个区域：东北亚、东南亚和太平洋区域。其中，东北亚占 50%以上的份额，东南亚占 1/3 以上，太平洋不足 10%。

东亚太区域有 14 个目的地的年接待人数在百万人次以上，分别是东亚的中国大陆、中国香港特别行政区、中国澳门特别行政区、韩国、日本和中国台湾；东南亚的泰国、马来西亚、新加坡、印尼、菲律宾和越南；大洋洲的澳大利亚和新西兰。

三、全球国际旅游客源分布

从发展旅游业和开辟国际客源市场的务实角度来考虑，了解和认识目前全球的国际旅游客源都来自何处，以及这些国际旅游客源在当今世界上的分布状况，显得十分必要。

对于一个旅游目的地国家或地区来说，人们通常都是根据自己的测量或统计标准，基于已有游客的来源地域以及各个客源地的游客来访人次，去归纳和分析该旅游目的地的客源分布格局。但是，在分析全球国际旅游客源的分布状况时，人们会遇到很多统计数据难以获取的难题。所以，为了有意义地开展分析，人们通常是根据全世界各个国家或地区的居民在出境旅游期间的消费额，即根据各个国家或地区的国际旅游支出额，去分析与之相关的国际旅游客源分布状况。

根据世界旅游组织和亚太旅游协会的相关数据，全球国际旅游客源分布也在不断发生变化：

1986—1991 年，位居世界前 10 名的国际旅游支出国一直都是美国、德国、日本、英国、意大利、法国、加拿大、荷兰、奥地利和瑞士。在这期间，虽然这些国家作为主要国际旅游客源国的年度排序情况有所变化，但世界十大国际旅游客源国的构成范围一直保持稳定。

1986—1991 年，这十大国际旅游客源国中，有 7 个是欧洲国家，有 2 个是北美国家，只有日本 1 个亚洲国家。可以看出，这十大国际旅游客源国无一例外都是世界经合组织（OECD）的成员国，也就是说，都是经济发达的工业化国家。

进入 21 世纪以后，在世界十大国际旅游支出国的构成中，亚洲国家的数目有了明显增加，即除了日本之外，中国已经稳入其中，甚至韩国有时也会加盟这一行列。尤其值得一提的是，进入新千年以来，中国（内地）出境旅游市场的规模逐年增大。到 2014 年，中国已成为世界第一大国际旅游客源输出国。

进入新千年后，世界十大国际旅游支出国的地域分布并无变化，仍是来自欧、美、亚三个地区。其中，欧洲国家为 5~6 个，北美国家为 2 个，亚洲国家为 2~3 个。

2010 年以后，亚洲国家的出游人数激增，国际旅游支出也不断增加，其中发展最快的是中国。到 2014 年，中国已经成为世界最大的旅游支出国。

自 20 世纪 80 年代至今，全世界国际旅游客源的地区分布格局基本上维持不变，一直都是欧洲地区居首位，美洲地区次之，亚太地区居第三位，其余份额很小的国际旅游客源则在非洲和中东地区产生。但是有统计显示，自 2002 年开始，全世界国际旅游客源的地区分布格局则表现为：欧洲地区居首位，亚太地区次之，美洲地区居第三位，份额很小的其余客源则产生于非洲和中东地区。

四、全球国际旅游客流规律

旅游客流是指一定时间内旅游者的流向与流量。其中，旅游者的流向是指在一定时间内，旅游者根据自己的旅游动机与经济能力所选择的从出发地到目的地的流动方向。旅游者的流量是指在一定时间内，进入同一目的地国家或地区的旅游者的数量。旅游活动的流向与流量是互为条件的：只有一定流量才能构成流向，只有一定流向才能形成流量。二者反映了一定时间内旅游者时空分布的一般状况及其发展趋势。

旅游客流规律所反映的是关于旅游者流向与流量发展的基本法则。根据长期以来的观察，这些基本法则主要表现在以下几个方面：

拓展阅读2

（一）国际旅游主流在发达国家之间移动

国际旅游主流在发达国家之间移动的特征十分明显，这可从两个方面得到反映：

第一，发达国家集中的两大旅游区——欧洲旅游区和美洲旅游区一直是国际旅游的重心。经过 30 多年的发展，随着发展中国家对旅游业的重视，国际旅游的空间范围日渐拓展，涌现了一大批新型的旅游接待国，从而使得欧洲和美洲等传统旅游区在世界市场的份额呈现下降趋势，东亚太地区的地位不断上升。但无论如何，国际旅游客流的主流在发达国家移动的格局仍然没有改变。

第二，世界输出国际旅游客源最多的 10 个国家中，绝大多数都是发达国家，同时，发达国家旅游接待量占世界旅游市场的份额超过了 50%。旅游客源国是世界旅游业发展的关键因素之一。以德国、美国、英国、法国、意大利、日本、加拿大、荷兰为代表的发达国家，长期处于世界十大旅游支出国，所占市场比例一直较大。虽然自 20 世纪 90 年代以来发达国家在世界旅游接待业中的地位有所下降，但少数发达国家接待的国际旅游者人数和国际旅游收入仍超过了数量众多的发展中国家，这是无可辩驳的事实。

（二）国际旅游客流以短程移动居主导地位

在过去几十年里，国际旅游客流始终以短程移动居主导地位，主要原因有两个：

第一，距离衰变规律的作用。从旅游学的角度来讲，在一定的引力和外推力作用下，旅游客流量的大小与距离影响力成反比关系，客源国与旅游目的地之间的距离越大，旅游客流量就会减少。这就是距离衰变规律。造成这一结果的主要原因是，随着离客源地距离的增加，旅行费用和时间逐渐增大，造成旅游强度降低，阻碍了旅游者的可达性，影响到旅游目的地旅游业的发展。距离衰变规律作用的直接结果便是客源流向的近域性。以欧洲为例，出境旅游多为洲内旅游，远途仅占其出境旅游总量的 4%。亚洲出境旅游也以洲内移动为主。例如，近年来，日本出境旅游者的 50% 在亚洲流动，台湾地区离岛者 80% 以上在洲内旅行，新加坡出国旅游者中的 55% 以上在各国旅行。

第二，旅游者外出旅游“一增二减”趋势及旅游者“有钱、没时间”特征的影响。从世界范围看，旅游者外出旅行呈现“一增二减”趋势，即每年旅行次数增加，每次行程时间简短，旅游地点减少。以新加坡为例，据新加坡旅行社协会抽样调查提供的数据，新加坡人的出游方式已经发生了变化，出游次数多，时间多，每次游历的城市少，过去那种一条路线有上 10 来个城市的旅游方式已不受欢迎。此外，随着经济的发展，以及生活节奏的加快，现代人“有钱、没时间”的特征将进一步强化，忙里偷闲去邻近国家或地区旅游将成为大多数旅游者的选择。

（三）国际旅游客流的互动效应明显

国际旅游客流的互动效应，是指国际旅游客源在关系密切的国家之间相互移动的特征。主要表现为：A 国的居民喜欢大批涌向 B 国旅游，B 国的居民也喜欢大批涌向 A 国旅游。旅游客流相互移动的一对国家，或有着民族的亲缘关系，或有着相同的语言文字，或有较密切的政治经济联系，或有相同的宗教信仰，等等。以澳大利亚为例，其游客出境旅游第一位的目的地为新西兰，随后就是英国、美国。

（四）国际旅游客流在南北流向上，主要是由北向南移动

“南、北”有双重含义。从经济地理的角度考察，“南”指发展中国家，“北”指发达国家。据估计，每年从发达国家流入发展中国家的旅游者人数约占国际旅游总人数的 20%，而发展中国家居民到发达国家旅游的人数仅占总人数的 5%左右。可见，由“北”向“南”移动的旅游流显著强于由“南”向“北”的旅游客流。从自然地理的角度考察，“南”指气候宜人，阳光充足的南方；“北”指气候寒冷，缺少阳光的地方。国际旅游客流大量由北方涌向南方（如在欧洲，流向地中海沿岸；在美洲，流向佛罗里达和加勒比海地区），气候因素起着主导作用。

（五）国际旅游客流由内陆向沿海地区及其岛屿移动

全球国际旅游客流由内陆向沿海地区及岛屿移动的特征非常明显。世界三大海滨旅游区地中海、加勒比墨西哥湾和东南亚沿海是世界国际旅游者的主要目的地。有研究显示，内陆国家缺乏颇受旅游者钟爱的太阳、大海、沙滩等“3S”资源，因此这些国家旅游者就会对海滨或岛屿产生强烈的向往之情，故涌向沿海岛屿的国际旅游客流就会大增。

第四节 中国旅游市场

拓展阅读

中国旅游市场经过 30 多年的发展，在全球树立了突出的旅游市场形象，目前中国正在全面实施由亚洲旅游大国到世界旅游强国跨越的发展战略。中国经济的高速发展、市场的长期繁荣和加入世界贸易组织，不仅使中国的入境旅游市场保持高速增长，而且带来了国内旅游市场、出境旅游市场的空前繁荣。

一、中国入境旅游市场

管理评论

我国现代国际旅游业作为经济产业的发展始于1978年。30多年来，中国悠久的历史、灿烂的文化、多彩的风情以及改革开放以来的巨大变化，吸引了越来越多的境外游客。改革开放之初的1978年，我国内地的入境旅游接待规模仅为180.92万人次，旅游外汇收入仅为2.63亿美元。伴随改革开放的深入，我国内地旅游业的入境旅游业务取得了巨大发展，进入新千年后，不论是从所接待的入境旅游人数方面衡量，还是从所实现的旅游外汇收入方面衡量，我国都已经成为世界上名副其实的国际旅游大国。

1978—2014年，我国内地接待的入境游客中，港澳台同胞一直占据绝大比重。进入新千年以来，港澳台同胞在入境游客中所占的比重虽有下降趋势，但始终不低于入境游客比重的80%。相比之下，虽然外国人在入境游客中所占的比重比较低，但绝对规模在逐年增长，加之外国游客在华期间的人均消费普遍较高，所以在我国内地旅游业实现的旅游外汇收入中，外国游客的贡献量起着举足轻重的作用（见表6-3）。

表6-3　1978—2014年我国（内地）入境旅游市场的规模与结构①

年份	总计		外国人		港澳台同胞		港澳同胞	台湾同胞
	人数/万人次	份额/%	人数/万人次	份额/%	人数/万人次	份额/%	人数/万人次	人数/万人次
1978	180.92	100	22.96	12.69	157.96	87.31	156.15	
1979	420.39	100	36.24	8.62	384.15	91.38	382.06	
1980	570.25	100	52.91	9.28	517.34	90.72	513.09	
1981	776.71	100	67.52	8.69	709.19	91.31	705.31	
1982	792.43	100	76.45	9.65	715.98	90.35	711.70	
1983	947.70	100	87.23	9.21	860.45	90.79	856.41	
1984	1285.22	100	113.43	8.83	1171.79	91.17	1167.04	
1985	1783.31	100	137.05	7.69	1646.26	92.31	1637.78	
1986	2281.95	100	148.23	6.50	2133.72	93.50	2126.90	
1987	2690.23	100	172.78	6.42	2517.44	93.58	2508.74	
1988	3169.48	100	184.23	5.81	2985.26	94.19	2933.56	43.77
1989	2450.14	100	146.10	5.96	2304.04	94.04	2243.09	54.10
1990	2746.18	100	174.73	6.36	2571.45	93.64	2467.54	94.80
1991	3334.98	100	271.01	8.13	3036.97	91.87	2955.96	94.66

① 资料来源：国家旅游局.

续表

年份	总计		外国人		港澳台同胞		港澳同胞	台湾同胞
	人数/万人次	份额/%	人数/万人次	份额/%	人数/万人次	份额/%	人数/万人次	人数/万人次
1992	3811.49	100	400.64	10.51	3410.85	89.49	3262.57	131.78
1993	4152.69	100	465.79	11.22	3687.11	88.79	3517.78	153.70
1994	4368.45	100	518.21	11.86	3850.24	88.14	3699.70	139.02
1995	4638.65	100	588.67	12.69	4049.98	87.31	3885.17	153.23
1996	5112.75	100	674.43	13.19	4438.32	86.81	4297.47	173.39
1997	5758.79	100	742.80	12.90	5015.99	87.10	4794.33	211.46
1998	6347.84	100	710.77	11.20	5637.07	88.80	5407.53	217.46
1999	7279.56	100	843.23	11.58	6436.33	88.42	6167.06	258.46
2000	8344.39	100	1016.04	12.18	7326.80	87.81	7009.94	310.86
2001	8901.29	100	1122.64	12.61	7778.66	87.39	7434.46	344.20
2002	9790.83	100	1343.95	13.73	8446.88	86.27	8080.82	366.06
2003	9166.21	100	1140.29	12.44	8025.93	87.56	7752.74	273.19
2004	10903.82	100	1693.25	15.53	9210.58	84.47	8842.05	368.53
2005	12029.23	100	2025.51	16.83	10003.71	83.16	9592.79	410.92
2006	12494.21	100	2221.03	17.78	10273.18	82.22	9831.83	441.35
2007	13187.33	100	2610.97	19.80	10576.36	80.20	10113.57	462.79
2008	13002.74	100	2432.53	18.71	10570.21	81.29	10131.85	438.56
2009	12647.59	100	2193.75	17.35	10453.84	82.65	10005.44	448.40
2010	13376.23	100	2612.69	19.50	10763.54	80.50	10249.49	513.05
2011	13542.35	100	2711.2	20.02	10831.15	79.97	10304.85	526.3
2012	13240.53	100	2719.16	20.54	10521.38	79.46	9987.36	534.02
2013	12907.78	100	2629.03	20.37	10278.74	76.63	9762.49	516.25
2014	12849.83	100	2636.11	20.51	10213.72	79.49	9677.16	536.56

由于港澳台游客的来源地域不言而喻，因此我们所要重点了解和分析的是外国人来华旅游市场的地域及国别分布情况。根据相关数据，目前我国国内接待的入境外国旅游者按市场规模进行排序，依次为：亚洲市场（约占 60%）、欧洲市场（占 23%~25%）、

美洲市场（约占 10%）、大洋洲市场（约占 3%）和非洲市场（约占 1.5%）。与 20 世纪 80 年代时的情况相比，较为明显的变化是，欧洲市场的排位已由当时的第三位上升为第二位。出现这一变化的主要原因是，随着我国改革开放的深入和国际地位的提高，欧洲来华旅游者的数量有了较快的发展。

对于我国内地旅游业入境旅游业务的主要客源市场，人们多是依据有关国家或地区来华旅游的人数去进行辨析和认定。改革开放 30 多年来，我国内地旅游业入境旅游业务的主要客源市场构成有了明显的变化，具体表现在：

第一，20 世纪 80 年代，在我国（内地）旅游业中的十大国际客源国中，近程的周边国家和远程的欧美国家各占了 5 个。

第二，进入 20 世纪 90 年代，特别是从 90 年代中期开始，在我国（内地）旅游业十大国际客源国的构成中，近程周边国家的数目逐渐增多，而德国、法国和加拿大等远程国家逐渐被淘汰出十大国际旅游客源国的行列。

第三，进入新千年后，在排名前 10 的国际旅游客源国中，远程欧美国家仅剩下了美国和英国。到了 2008 年，连英国也被淘汰出了十大国际客源国的行列。

二、中国国内旅游市场

大师观点

（一）国内旅游市场概况

世界著名的未来学家约翰·奈什比把一个国家经历经济增长的过程分为五个阶段：第一个阶段，人们开始下饭馆；第二个阶段，开始买新衣服；第三个阶段，开始购买新的家用电器；第四个阶段，开始买摩托车、汽车和住宅；第五个阶段，开始出国旅游。在我国，各地区不同层次的人们正在经历这五个阶段的某一个阶段，或所有的五个阶段。国家经济界普遍认为，当国民人均年收入达到 300~400 美元，居民产生在国内旅游的动机。在 2000 年时，我国的人均 GDP 便已超过 7000 元人民币，为 840~850 美元。城乡居民消费结构也发生明显变化，首先是消费档次提高，其次是消费领域拓宽。

国内旅游是整体经济发展到一定阶段的产物。20 世纪 80 年代中期以来，随着国民经济的发展，国民可支配收入的增多，国内旅游开始兴起。到了 90 年代，不仅发展迅猛而且势头不减。改革开放之初，我国国内旅游市场的规模很小，以 1985 年为例，仅为 2.4 亿人次，国内旅游消费额仅为 80 亿元人民币。经过 20 多年的持续快速发展，到 2009 年，国内旅游活动的参加规模已经达到了 19.02 亿人次，国内旅游总收入为 10183.69 亿元人民币。进入 21 世纪，对于我国旅游业来说，国内旅游市场变得原来越重要，已经成为我国旅游业最大的收入来源。

表 6-4 展示的是 2001—2013 年我国国内旅游的基本情况。

表 6-4 国内旅游基本情况（2001—2013 年）

		总人数/亿人次	出游率/%	总花费/亿元	人均花费/元
2001 年	全国合计	7.84	62.20	3522.37	449.50
	城镇居民	3.74	110.20	2651.68	708.30
	农村居民	4.10	44.20	870.69	212.70
2002 年	全国合计	8.78	69.20	3878.36	441.80
	城镇居民	3.85	115.30	2848.09	739.70
	农村居民	4.93	52.80	1030.27	209.10
2003 年	全国合计	8.70	67.90	3442.27	395.70
	城镇居民	3.51	100.50	2404.08	684.90
	农村居民	5.19	55.70	1038.19	200.00
2004 年	全国合计	11.02	84.80	4710.71	427.50
	城镇居民	4.59	126.60	3359.04	731.80
	农村居民	6.43	68.70	1351.67	210.20
2005 年	全国合计	12.12	92.70	5285.86	436.10
	城镇居民	4.96	135.10	3656.13	737.10
	农村居民	7.16	76.20	1629.73	227.60
2006 年	全国合计	13.94	106.40	6229.74	446.90
	城镇居民	5.76	156.70	4414.74	766.40
	农村居民	8.18	86.40	1815.00	221.90
2007 年	全国合计	16.10	122.50	7770.62	482.60
	城镇居民	6.12	166.30	5550.39	906.90
	农村居民	9.98	105.40	2220.23	222.50
2008 年	全国合计	17.12	129.60	8749.30	511.00
	城镇居民	7.03	167.40	5971.75	849.40
	农村居民	10.09	111.90	2777.55	275.30
2009 年	全国合计	19.02	142.50	10183.69	535.40
	城镇居民	9.03	145.20	7233.79	801.10
	农村居民	9.99	140.10	2949.90	295.30

续表

		总人数/亿人次	出游率/%	总花费/亿元	人均花费/元
2010 年	全国合计	21.03	157.00	12579.77	598.20
	城镇居民	10.65	160.00	9043.81	883.00
	农村居民	10.38	154.00	3175.96	306.00
2011 年	全国合计	26.41	197.10	19305.39	731.00
	城镇居民	16.87	253.50	14808.61	877.80
	农村居民	9.54	141.50	4496.78	471.40
2012 年	全国合计	29.57	220.70	22706.22	767.90
	城镇居民	19.33	290.40	17678.03	914.50
	农村居民	10.24	151.90	5028.19	491.00
2013 年	全国合计	32.62	243.50	26276.12	805.50
	城镇居民	21.86	328.40	20692.59	946.60
	农村居民	10.76	159.60	5583.53	518.90

(二) 国内旅游市场的特点

1. 市场规模大，发展潜力足

进入新千年以来，我国内地居民的旅游需求大大增加，不论是旅游人数，还是旅游消费总额，国内旅游都已大大超过入境旅游市场。

2. 观光度假旅游是市场的主体

近年来，国内旅游市场上，观光度假的自费旅游者逐年增多，观光游览人数所占出游人数的比例从 1995 年的 45.4%增加到 2002 年的 59.4%。

3. 短程旅游比重大

我国国民中多数人的旅游支付能力仍比较有限，加之带薪年假制度在我国尚未完善，多数人的闲暇时间仍很分散，所以国内旅游活动的开展表现为短程旅游。

4. 活动形式以散客为主

在国内旅游活动中，绝大多数旅游者都不使用旅行社提供的商业性服务。一般而言，对于一个旅游客源地来说，居民自助式出游所占比例高通常是该居民旅游需求发育成熟的反映；对于一个旅游目的地来说，散客接待量所占的比例高则通常是该地旅游业发展成熟的重要标志。但是，就我国的实际情况而言，散客旅游所占比重高并不意味着国内旅游需求市场的发育已经高度成熟，也不意味着国内旅游目的地的接待条件已经实现高度便利。

5. 消费总额增速快，但人均消费水平仍显较低

从我国国内旅游消费开支总额看，从1978年到现在，增长速度很快，但是人均消费仍相对较低。这在某种程度上反映出，我国国内旅游市场目前仍属于人次规模扩张型，在质量上仍显较低。

三、中国出境旅游市场

（一）出境旅游的发展

改革开放初期，我国内地居民的出境旅游活动主要表现为因公差旅。此后，伴随改革开放的深入、国民经济的增长以及社会富裕程度的提升，以探亲和观光为代表性目的的出境旅游需求开始发育，并逐渐形成潮流。经过几十年的摸索，我国于1997年颁布了《中国公民自费出国旅游管理暂行办法》，这标志着中国内地居民出境旅游正规化的开端。

中国公民自费出境旅游包括港澳游、台湾游、边境游和出国游等。

（1）港澳游指我国内地居民前往我国香港特别行政区和我国澳门特别行政区开展的出境旅游活动。它是由内地居民赴港澳探亲旅游发展而来的。1983年11月15日，为了方便内地的港澳眷属到香港、澳门地区探亲访友，广东省旅游公司开始组织广东省内居民的"赴港澳探亲旅游团"，并在之后很长一段时间内以团队方式开展旅游活动。但近年来，随着情况的变化和相关政策的放宽，以"自由行"方式开展的港澳游活动已有了快速发展。

（2）台湾游指我国大陆居民前往我国台湾地区开展的出境旅游活动。过去由于政治原因，海峡两岸的旅游往来较少，赴台的大陆游客仅限于少量的商务人员和探亲者。然而，随着两岸关系的缓和，双方旅游活动交往也逐渐频繁。2004年，国家旅游局宣布开放福建居民赴金门旅游；2005年，出台了关于"开放大陆居民赴台湾旅游"的具体细则。之后，经过各界多方努力，2008年6月13日海峡两岸关系协会会长陈云林与台湾海峡交流基金会董事长江丙坤在北京签署了《海峡两岸关于大陆居民赴台旅游协议》，台湾当局终于同意开放大陆居民来台旅游①。同年，760人的大陆居民赴台旅游首发团启程，标志着大陆居民赴台旅游的正式开篇。如今，两岸旅游业正有序发展。

（3）边境游指中国内地居民前往接壤邻国边境地区开展的出境旅游活动。1987年11月，国家旅游局和对外经贸部批准辽宁省丹东市对朝鲜新义州市的"一日游"，从此开始了中国公民边境游。1998年上半年经国家批准，黑龙江、内蒙古、辽宁、吉林、新疆、云南、广西等省、自治区，与俄罗斯、蒙古、朝鲜、哈萨克斯坦、吉尔吉斯斯坦、缅甸、越南等国家开展边境旅游。经批准的边境旅游项目有56个，形式从一日游到八日游不等。每年通过边境旅游的渠道往邻近国家旅游的中国公民约200万人次，通过这

---

① 洪鸿．两岸旅游交流合作进程［N］．台声，2010（6）．

个渠道来中国的外国旅游者在300万人次以上。1997年10月15日，由国家旅游局、外交部公安部和海关总署联合发布经国务院批准的《边境旅游暂行管理办法》。其中规定，中国公民参加边境旅游的办法是：边境省、自治区公民参加本地区的边境旅游，应向本地区有关承办旅行社申请，旅行社统一向公安机关出入境管理部门申办出境证件。非边境省、自治区的公民参加边境旅游，应向其户口所在地授权经营出境游的旅行社申请，按规定向户口所在地公安机关出入境管理部申办出境证件，并由边境地区有关旅行社统一办理出入境手续和安排境外旅游活动。

（4）出国游主要是指由具备经营出境旅游业务资质的旅行社经办，组织中国内地居民前往经国家政府批准开放的外国旅游目的地开展的出境旅游活动。中国公民自费出国旅游是从出境探亲旅游发展演变而来的。1988年，经国务院批准，规定由海外亲友付费、担保，允许公民赴泰国探亲旅游；1990年10月，增加新加坡、马来西亚；1992年7月，增加菲律宾为探亲旅游目的地国家。1997年7月1日，由国家旅游局与公安部共同制定，并经国务院批准，发布《中国公民自费出国旅游管理暂行办法》，中国公民自费出国旅游正式开始。

我国内地居民出境旅游活动的发展虽然时间不长，但规模增长迅速（见表6-5）。自20世纪90年代以来，除了个别年份略有回跌之外，出境旅游的规模每年都在持续增大。其中，最令国际社会瞩目的是，在全球金融危机阴雨笼罩的2008年，中国公民的出境旅游规模依然出现了两位数字的大幅度增长。

表6-5　1990—2013年我国出境旅游人数

年份	出境旅游总人数/万人次	比上年增加/%	因公出境/万人次	比上年增长/%	因私出境/万人次	比上年增长/%
1990	98.00	–	–	–	–	–
1991	213.00	117.80	125.00	–	88.00	–
1992	293.00	7.60	174.00	39.20	119.00	35.20
1993	374.00	27.60	228.00	31.00	146.00	22.70
1994	337.00	-0.26	209.00	-8.30	164.00	12.30
1995	452.00	21.20	247.00	18.20	205.00	25.00
1996	506.07	11.90	264.68	7.30	241.39	17.50
1997	799.76	58.00	555.86	110.00	243.90	1.00
1998	824.56	3.10	523.53	-8.70	319.02	30.80
1999	923.24	9.60	496.63	-5.10	426.61	13.70
2000	1047.26	13.40	484.18	2.50	563.09	32.00

续表

年份	出境旅游总人数/万人次	比上年增加/%	因公出境/万人次	比上年增长/%	因私出境/万人次	比上年增长/%
2001	1213.31	15.90	518.77	7.20	694.54	23.30
2002	1660.23	36.80	654.13	26.10	1006.10	44.90
2003	2022.19	21.80	541.10	-17.30	1481.09	47.20
2004	2885.29	42.70	587.38	8.60	2297.91	55.20
2005	3102.63	7.50	588.63	0.20	2514.00	9.40
2006	3452.00	11.30	597.95	1.50	2854.41	13.00
2007	4095.40	18.60	603.00	5.30	3492.40	21.30
2008	4584.44	11.94	571.32	-5.25	4013.12	14.90
2009	4765.63	4.00	544.66	-4.70	4220.97	5.20
2010	5738.65	20.00	–	–	–	–
2011	7025.00	22.00	–	–	–	–
2012	8200.00	16.70	–	–	–	–
2013	9818.52	18.00	–	–	–	–

课堂讨论

(二) 出境旅游市场的基本特点

市场特征是市场状况的重要反映，它有助于国内外相关政府部门和企业把握市场动态，有针对性地进行市场开发。

1. 增长速度强劲

一方面，出境旅游人数的增长速度强劲。随着出境旅游政策的放宽与出境旅游目的地的增多，近年来我国公民出境旅游的规模持续增大。虽然因私出境人数和因公出境人数都在增加，但因公出境人员所占的比例相对下降，因私出境人员所占的比例则在增大。由旅行社组织的出境旅游人数所占比例不仅较低，而且呈下降趋势。出境旅游规模的持续上升和散客比例的不断增加，反映出我国内地居民的出境旅游需求正在加速走向成熟。另一方面，出境旅游消费额增长速度强劲。进入新千年以后，我国公民的出境旅游消费额已经进入世界十大国际旅游支出国行列。

2. 客流流向以亚太地区为主

虽然选择众多，但是我国游客出国游的主要流向一直都是近距离的国家和地区，特别是那些开放时间比较早、距离比较近的亚太地区旅游目的地。以 2009 年为例，我国大陆游客出境旅游前 10 位的旅游目的地分别是：中国香港、中国澳门、日本、韩国、越南、中国台湾、美国、俄罗斯、新加坡、泰国。可以看出，除了美国和俄罗斯以外，其余全为亚太地区的国家和地区。其中，港澳游的份额最大，香港和澳门作为我国内地居民的出境旅游目的地，具有旅行距离近、文化障碍小等优势。尤其是在中央政府批准开放“港澳自由行”之后，内地居民前往港澳旅游的客流量最大，并一直保持着较高的增长速度。

3. 消费水平高

据国际亚太地区旅游监测机构（IPK）所属的中国旅游视屏统计显示，中国旅游者一次长假旅游的平均日消费为175美元（不包括购物）。另据AC尼尔森与世界免税协会（TFWA）联合进行的一则调查显示，几乎所有中国内地游客在境外旅游期间都有购物支出，平均购物花费高达987美元，超过日本游客，堪称全球之最①。

4. 流行多国旅游线路

有调查显示，我国内地居民在出境旅游时，多是希望以有限的代价走访多个旅游目的地，尤其是在远程出境旅游时，大多都倾向于选择多国游的旅游线路。

在线案例

延伸阅读6-1

出境游浮华背后的“痛”点 65国亮相第十一届中国出境旅游交易会

2015年4月14日至16日，第十一届中国出境旅游交易会（以下简称COTTM）在北京全国农业展览馆（新馆）成功举办。本届交易会共吸引了65个国家和地区的380家机构参展，其中包括厄瓜多尔、多米尼加、斐济等全新目的地。论坛会议专区，业界专家围绕“出境旅游、自由行OTA、高端/奢华旅行及生活方式”等话题对出境游的发展及“痛”点做了精彩讨论。

1. 展会现场：冷门新鲜目的地唱主角

在COTTM展会现场，此次参展的目的地主要为土耳其、埃及、厄瓜多尔、留尼旺、菲律宾、马来西亚、尼泊尔、南太平洋岛国等，不见欧美大国的身影，只有德国开元旅游集团、西班牙英格列斯百货等部分欧洲地接社、百货商店、酒店等展商前来参展。

其中，厄瓜多尔的大型展台在各色艳丽的厄瓜多尔玫瑰花的装饰下显得尤为瞩目。厄瓜多尔物种和文化资源丰富多样，有世界上最高的活火山、384年历史的托奎拉草帽……厄瓜多尔旅游部市场司副司长玛丽亚·克里斯蒂娜告诉记者，目前中国游客到厄瓜多尔游览，需乘坐荷航班机飞阿姆斯特丹，再从阿姆斯特丹飞大概12个小时到达厄瓜多尔。太平洋岛国贸易与投资专员署张伟建说，在所罗门群岛可以看到很多“二战”的遗迹，包括潜艇、沉船等，很适合潜水、探险。目前萨摩亚则针对中国游客推出了免签停留60天的措施，游客订好机票即可免签前往萨摩亚群岛体验岛屿探险、冲浪的

① 李天元．旅游学［M］．3版．北京：高等教育出版社，2011：263.

乐趣。

埃及驻华使馆旅游处旅游事务参赞阿布介绍，据相关部门数据统计，2015 年第一季度中国赴埃及旅游人数已达 37000 人次，预计截至 2015 年年底，赴埃旅游的中国游客将达 20 万人次。阿布表示，为吸引更多中国游客赴埃旅游，除保留以往经典的历史文化类观光游路线外，将重点开发偏休闲度假的新线路，如 10 至 13 天的红海休闲游，10 天左右的沙漠自驾等。目前埃航已开通北京直飞开罗每周三班。

2. 热点解析：交通不便成出行最大阻碍

中国旅游研究院的最新数据预测，2015 年出境旅游人数将达到 1. 35 亿人次，同比增长 17%。根据 Merrill-Lynch 最近的一项研究预测表明，中国出境旅游到 2019 年将达到 1. 74 亿人次。简化护照申请等利好措施使得国人出境旅游变得更加便捷。随着欧美大国及日韩等热门海岛国家对华签证政策等利好措施的实施，一些冷门新鲜目的地国家、海岛也向中国游客抛来了橄榄枝，但单单是签证还远远解决不了出境旅途中的其他困扰。目前不少新兴目的地有的还未与中国正式建交，没有国内旅行社有相关的线路可以直接咨询参加，有的虽然旅游资源别具特色，但路途遥远，转机奔波的时间要在 24 小时左右。这样耗时耗力，且增加出行成本，在竞争激烈的出境游目的地中将很难最终打动消费者。新兴目的地在国内的推广和普及还有待时日和各方进一步的协调和努力。

3. 行业趋势：旅行社集体向资源方靠拢

对于未来出境旅行社的发展，此次 COTTM 展会上各家旅行社不约而同地表示出一种向资源方靠拢的态势。寰宇旅游总裁谢立新认为，现在批发商位置很尴尬，需要跟渠道商博弈，因此要向资源方靠拢，要能提供碎片化服务。“以后旅行社形态会像日本的 JTB，连目的地资源都是自己的，所有服务全面信息化，要的是效率。”众信旅游副总裁赵锐则表示，自由行人群有人要价格低，有人要服务细，这不光对系统要求高，还要有足够多的资源作为基础，因此不断参与境外资源采购是必需的。华远旅游集团执行副总裁兼北京公司总经理何勇告诉记者，出境游产业链很长，收购不是唯一的路，也可采取战略合作的方式获取资源。北京市旅行社协会副会长钟晖分析说，无论贴近资源还是贴近客源，前提是得有资本支撑，照目前的发展趋势，一两年后在一线城市可能会死掉一批实力不够的旅行社。

4. 论坛焦点：未来发展“服务”是重中之重

提到出境自由行 OTA 面临的机遇和挑战，百程旅行网 COO 段冬东表示，百程现在除了传统的 PC 端，重点放在移动端开发上。目前智能手机已经成为人们不可分割的移动器官，百程利用 LBS（基于位置的服务），在游客到达目的地之后，推送他们所需的如行李、交通、预订等相关服务。海玩网联合创始人及 COO 龚届乐说，海玩网只有一个原则，就是做“京东”，专注于对海外地接社、服务商进行对接，包装成中国游客喜欢的样子进行售卖，海玩网对产品的唯一要求就是服务要好。辛巴达旅行创始人及 CEO 潘云龙认为，目前做定制产品，人力成本非常高，规模化很难，大数据将越来越重要。最重要的是产品和服务要感动用户。

很多人认为高端旅游在国内的发展遇到了瓶颈，对此一些高端旅游运营商在展会论坛上表达了各自的看法。品行之旅总裁杨宁表示，高端旅游和定制游市场未来是蓝海，难度就在于服务的精细化。奇迹旅行总经理喻慧认为，做高端的人要有能力去挖掘出人们不曾体验过的旅行。耀悦总经理张红则认为，硬件部分很容易，产品的创意才是真正体现高端的关键点。

5. 专家说法

（1）中国旅游研究院院长戴斌：签证宽松化趋势不可逆转

过去一年中，在采取更加积极的国际旅游政策创新方面，政府工作是“蛮拼”的。我们看到，继美国总统奥巴马宣布给予中国游客10年有效签证后，日本、韩国、加拿大、新加坡、英国、意大利等国家纷纷跟进，给予中国游客更多的签证便利化，包括但不限于放宽签证有效期、降低签证费用、增加签证官员数量、启用电子签证，还有落地签证和免签证入境等过去被认为天方夜谭的便利。中国政府为了增加护照的“含金量”，也加快了与相关国家的谈判进程。自2015年1月1日起，印度尼西亚对中国等五国游客实行免签政策，这也是第50个对中国实施免签和落地签的国家和地区。随着中国经济社会发展和“一带一路”、孟中印缅经济走廊、中韩、中澳等自由贸易区建设步伐的加快，签证政策的宽松化将是不可逆转的趋势，我们有理由相信“说走就走的旅行”至少在旅行证件方面不再是事儿了。

（2）鸿鹄逸游首席运营官郭明：自驾出境游发展空间大

从整个中国高端人群旅行体验排名看，自驾游位列第二。因此我们针对旅行的私密性、自由度、深度体验和服务品质要求高的顶级旅行者推出轻度“自驾游”产品，这将是高端旅行者的新潮玩儿法。奔驰旅游的欧洲自驾产品目前有9条，涵盖法国、北意、南意、瑞士、阿尔卑斯、西班牙、德国、北欧及东欧。其中“浪漫之路+新天鹅堡+黑森林+奔驰故乡斯图加特全程自驾10天”的行程很适合5~7月出发选择，德国不限速，在保障安全的前提下可以体验速度与激情的刺激。这一系列产品经过德国奔驰专业自驾设计团队和中国资深旅游专家的精心设计，均有在欧洲生活及有丰富自驾经验的中文向导驾驶导向车带路。车型将根据不同目的地选用S或者M/G级奔驰车为专属座驾，全面提升驾乘体验。目前国人高端自驾游才刚刚起步，相对于其他高端旅游，中国高端客群更偏爱自驾游，参与出境自驾游游客的比例和人次每年都有显著增加，未来自驾游还有更大的发展空间。

【本章小结】

随着全球旅游业的发展，旅游市场在国际经济中的地位越来越重要。旅游市场是旅游需求市场和旅游供给市场的总和，反映着国家之间、国家与旅游经营者之间、旅游经

营者之间、旅游经营者与旅游者之间错综复杂的经济关系。本章主要介绍了旅游市场的概念，旅游市场细分以及国际旅游市场和中国旅游市场。在了解旅游市场概念的基础上，掌握旅游市场细分的方法，有助于找准目标市场，进行科学的市场营销。对国际旅游市场和中国旅游市场的了解，有助于我们掌握旅游发展的大趋势，指导我们的实践活动。

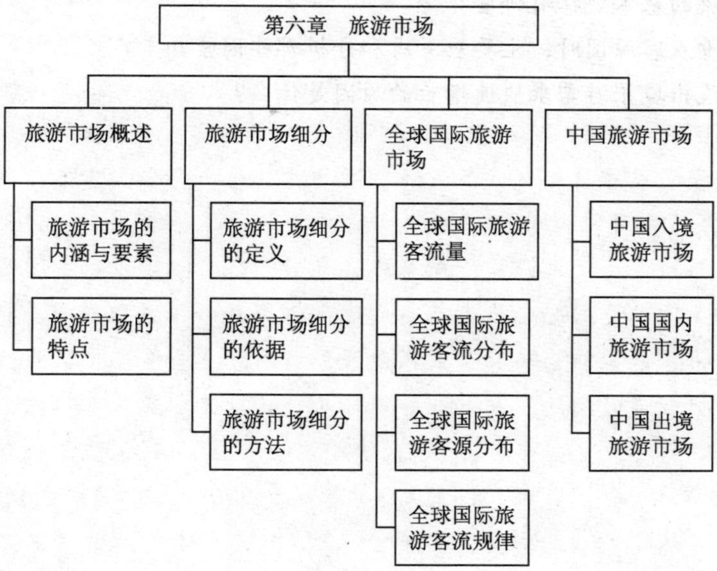

【学习网站】

1. http：//www. 51yala. com/
2. http：//www. cthy. com/
3. http：//ctnews. toptour. cn/
4. http：//www. cnta. gov. cn/
5. http：//www. stats. gov. cn/
6. http：//www. unwto. org/

【复习思考题】

一、填空题

1. 从市场的概念出发，市场的形成必须具备 4 个要素，分别是人、购买力、__________和__________。

2. 旅游市场伴随着旅游业的产生而产生，除了具有复杂性外，还具有__________、__________、__________和__________的特点。

3. 我国国内旅游由于国民旅游支付能力有限，所以国内旅游表现为以__________程旅游为主；又由于旅游业发展不够程度，国内旅游活动形式以________为主。

二、名词解释

旅游市场、旅游市场细分

三、简答题

1. 简要概述旅游市场细分的依据有哪些。
2. 旅游客流的基本规律有哪些？
3. 在选择重点客源国时，主要应考虑和分析哪些因素？
4. 我国公民出境旅游需求快速增长的原因是什么？

第七章

旅游的社会影响

导言

当今世界范围内旅游所产生的影响越来越明显。它关系人类文化演进的走向，构成了人类文化多元化的影响因素。旅游影响又称旅游效应，指由旅游活动所引发的各种利益关系。从旅游地理学的角度分析，旅游影响包括旅游活动对客源地、目的地和联系客源地与目的地的旅游通道所造成的影响。从旅游影响的内容角度划分，可以分为旅游经济影响、环境影响和社会文化影响三个方面。在实践活动中，旅游的三方面影响是相互联系的。旅游对目的地的影响包含三个方面：经济影响、环境影响和社会文化影响。对比这三种影响，经济影响大体上是获益的，社会影响大部分是令人不快的，环境影响则是混杂的[①]，这一观点得到了大部分西方和国内学者的认同。我们应该正确认识和看待旅游活动的影响，建立科学的旅游发展观，发挥和扩大积极的影响，规避和应对消极的影响。

【教学目标】

本章要求学者习：基本掌握旅游影响的含义及相关的理论依据；了解旅游对经济、社会文化、环境的正面和负面效应；掌握旅游对经济、社会文化、环境影响的原因；学会辩证分析旅游对一个区域的影响。

【关键术语】

旅游的影响；经济影响；社会文化影响；环境影响；示范效应；乘数效应

① 王雪华．论旅游的社会文化影响［J］．桂林旅游高等专科学校学报：增刊，1999（10）：60-63.

【引导案例】

大力发展乡村旅游扶贫促进贫困群众脱贫致富

乡村旅游是基层和群众的创造，旅游扶贫是贫困地区扶贫攻坚的有效方式，是贫困群众脱贫致富的重要渠道。大力推进生态保护、旅游开发、扶贫攻坚有机结合，加大对贫困人口参与旅游经营服务的扶持力度，让群众分享旅游资源开发和旅游产业发展红利，将绿水青山变为群众脱贫致富的金山银山，全国各地涌现出了一些成功的典范。地处武陵山片区的恩施土家族苗族自治州集贫困山区、少数民族聚居区和生态功能区于一体，近年来立足资源优势，大力发展旅游扶贫，带动贫困群众就业脱贫，取得明显成效。该州的旅游扶贫开发充分发挥乡村自然资源优势，保护好生态环境，突出民族文化特色，科学规划，有序开发，切实带动了贫困人口脱贫致富。为适应自驾游、养生游、休闲游等旅游新业态发展的需要，该州加强了旅游基础设施建设，完善旅游服务体系，丰富旅游产品，促进了品牌化经营、规范化管理。发挥乡村旅游的综合带动效应，促进了一二三产业融合发展、集群发展，提高了旅游扶贫总体效益。扶持贫困群众开展旅游创业就业，鼓励先富帮后富、先富带后富，积极探索出以旅游资源、扶贫资金等入股参与旅游开发模式，让贫困群众从旅游业发展中获得稳定收益，提高了旅游扶贫的精准度和有效性。

（资料来源：大力发展乡村旅游扶贫促进贫困群众脱贫致富［N］. 中国旅游报，2015-5-20.）

案例问题：

1. 发展旅游业是目前国际上广泛采用并行之有效的扶贫方式之一，具有投入少、见效快、可持续性较强的特点。经济欠发达地区在开展扶贫旅游方面具有自身的优势，又有不足。查阅相关资料找出案例中恩施土家族苗族自治州是如何克服劣势、发挥优势的。

2. 开展扶贫旅游利弊相随，恩施土家族苗族自治州是如何做到既顾及经济利益，又有效地保护了土著文化和生态环境的？

3. 恩施土家族苗族自治州成功的经验对于我国开展扶贫旅游具有哪些借鉴意义？

分析提示：从发挥资源优势，保护好生态环境，突出民族特色，科学规划，制定合理的政策等方面作答。

第一节 旅游的经济影响

在现代旅游中，人们的旅游活动客观上都会不同程度地伴有消费行为，这些消费行为不仅会影响到旅游目的地国家或地区的经济，也会影响到客源地国家或地区的经济，其中，前一方面的影响比较大。学术界对旅游经济的研究一般基于协整理论、投入产出理论、旅游乘数理论。本节我们主要探讨一个国家或地区国内旅游和国际入境旅游对该国或地区经济产生的作用。旅游对目的地国家或地区的经济影响表现为积极的和消极的两个方面。

一、旅游对经济的积极影响

旅游业的发展对国民经济的促进作用是显著的，很多地区将旅游业定位为国民经济发展的支柱产业和主导产业，旅游业在就业、扶贫等民生和社会方面显示出了巨大的活力和潜力。其积极作用主要表现为以下几个方面：

（一）增加外汇收入，平衡国际收支

外汇是用于国际经济结算的，以外国货币表示的一种支付手段。国家外汇储备量的多少标志着该国的国际支付能力的强弱和经济实力的大小，外汇收入也是衡量该国经济发展水平的尺度。外汇收入按来源用途可分为贸易外汇收入、非贸易外汇收入和金融外汇收入三种。贸易外汇，也称实物贸易外汇，是指来源于或用于进出口贸易（国际的商品流通）的外汇。非贸易外汇，是指进出口贸易以外收支的外汇，如侨汇、港口、民航、旅游、保险、银行、对外承包工程等外汇收入和支出。金融外汇与贸易外汇、非贸易外汇不同，既不是来源于有形贸易或无形贸易，也不用于有形贸易，它属于一种金融资产外汇①。发展中国家主要通过无形贸易获得外汇收入。国际旅游者到异国他乡的旅游消费对于目的地国家来说是获取非贸易外汇的重要手段。因此，大力发展国际入境旅游是增加无形贸易收入的重要途径。

作为非贸易外汇创收的组成部分，旅游创汇具有传统的商品出口所不具有的优点。首先，换汇成本低，换汇率高。旅游出口是一种无形贸易，旅游者必须在旅游商品的生产地进行消费，这样就可以节约商品外贸过程中的贸易成本，以及减少损耗，换汇成本低，因此换汇率高。其次，结算及时。按照国际惯例，旅游商品出口时，旅游者必须以预付或者现付的方式进行结算，因此，旅游接待国能够及时得到外汇。再次，不受贸易壁垒的影响。进口国由于受国内经济或政治因素的影响，会对某些进口商品的数量进行配额限制，或者调高进口商品的进口关税，制造关税壁垒。相比之下，在旅游出口方面，由于政治和经济的压力，以政府行为去禁止或者阻挠国民出境旅游的情况罕见。旅游换汇的优点如此显著，大多数发展中国家都在大力发展国际入境旅游。

我国作为世界上最大的发展中国家，旅游资源禀赋优越，旅游业的蓬勃发展为我国增加了大量的外汇储备。

另外，旅游业的发展在平衡国际收支方面也发挥了重要的作用。一方面，在外汇收

---

① http：//baike. baidu. com/view/9970. htm？ fr=aladdin

入不足时，发展入境旅游可以增加外汇收入。另一方面，规范发展出境旅游可以缓解外汇储备丰裕的压力。根据中国人民银行 2015 年 1 月 15 日公布的数据，2014 年年末，中国的外汇储备再创历史新高，达到 3.84 万亿美元。这一数据相比 2013 年末增长了 200 亿美元。同年，国内居民出境达到 11659 万人次，比 2013 年增长 18.7%。

（二）扩大内需，回笼货币

发展国内旅游对国民经济的重要影响是扩大内需和回笼货币。为了维持国家经济的正常运转，任何国家都需要有计划地投放和回笼货币，使货币投放量和回笼量大致保持平衡。市场上货币的流通量与商品的供应量应相适应。在国家的物质商品生产能力有限、一时难以扩大物质商品投放量的情况下，如果社会上流通的货币量过多，就有可能引起通货膨胀，这个时候，必须设法回笼货币。转移人们的购买取向，扩大内需，鼓励人们多消费服务性产品，发展国内旅游则成为必要的货币回笼手段。商品回笼（商品出售）、财政回笼（税收）、服务回笼（服务收费）、信用回笼（信贷）是国家回笼货币的四大渠道。旅游通过提供各种劳务和服务满足人们的需要，既有商品回笼的成分，也有服务回笼的成分。从这个意义上讲，通过发展国内旅游来促进货币回笼，不仅可以起到平衡货币流通量和商品供应量的作用，同时也是稳定物价的一种手段。

大师观点

（三）带动相关行业的发展

旅游业的发展一方面依靠其他相关经济部门或行业的配合和支持，另一方面也带动和促进很多其他经济部门和行业的发展。旅游业涉及食、住、行、购、游、娱等多个子行业，带动系数大且覆盖面广，与 100 多个行业有直接或间接联系，形成一连串的优势产业链。旅游业是国民经济发展的重要产业，它的关联带动作用很强，不仅有效带动了第一产业、第二产业的发展，而且带动了商业、交通、饮食、酒店、邮电通信、保险等第三产业部门的发展，促进其扩大生产和经营规模。云南省腾冲县和顺镇通过发展乡村旅游，带动了第一产业、推动了第二产业、拉动了第三产业，进一步优化了农村产业结构，促进了经济良性发展。2005 年全镇实现总收入 2100 万元，比发展旅游前的 2000 年增长 147%[1]。根据发达国家的经验，旅游业与公共事业的投资比例是1∶5，即旅游业投入 1 元，相应的配套设施投资 5 元。世界旅游组织的统计分析认为，旅游业与相关产业的投资带动作用比例为 1∶7。张华初、李永杰[2]认为中国旅游业对交通运输、住宿业和餐饮业等基本旅游消费的直接拉动能力最大，对旅游购物、邮电通信、娱乐消费等非基本旅游消费的拉动作用有限，说明我国的旅游业发展较之发达国家还处于初级阶段，中国的旅游消费尚有很大的发展空间。

从历年的国民经济与社会发展统计公报可以看出，中国 GDP 增长对旅游业的依存度

---

① http://www.qstheory.cn/zxdk/2007/200701/200907/t20090707_6277.htm

② 张华初，李永杰．中国旅游业产业关联的定量分析［J］．旅游学刊，2007，4（22）：15-19.

不断增强，旅游业对国民经济的贡献率不断提高。同时，发展旅游业，加深了外界对旅游目的地国家或地区的了解，有助于该地区招商引资工作的开展。

（四）扩大就业机会

旅游业的发展带动了相关行业的发展，同时为各个部门提供了大量就业岗位。旅游就业分为直接旅游就业、间接旅游就业和引发就业三种。直接旅游就业是在旅游企业的就业，即直接服务于旅游者的工作岗位，如旅行社的工作人员和服务人员、旅游饭店的管理人员和服务人员等。间接旅游就业是指与旅游业相关行业的就业，即间接服务于旅游者的就业类型，如邮电通信、商业、农副业等。引发就业是指旅游与其相关产业投入的再消费所创造的就业①。根据测算，旅游业每投资 1 万元就可创造 1 个就业机会。自 1996 年开始，旅游业已经成为世界上提供就业机会最多的产业。根据世界旅游旅行理事会的报告，1999 年全球旅游就业人数达到 1.92 亿人，占全球就业人数的 8%。到 2015 年，中国旅游直接拉动和间接就业总量将达 1 亿人②。当前和今后相当长的一个时期内，中国就业形势依然十分严峻，大力发展旅游促进就业势在必行。这就需要进一步完善产业政策，不断促进旅游业规模的扩大和结构优化。全面发展旅游住宿业、旅游餐饮业和旅游商品，完善旅游业的服务功能，提高服务质量，拓宽服务领域②。

（五）促进贫困地区脱贫

贫困地区多分布在少数民族地区和经济欠发达地区，而这些地区往往是旅游资源富集地区。因此，通过挖掘这些地区丰富的旅游资源，大力发展旅游业，不仅可以开发出具有特色的、高品位的旅游产品，而且可以加快贫困地区的综合开发和社会经济的发展，实现旅游扶贫。旅游扶贫指的是通过开发贫困地区丰富的旅游资源，兴办旅游经济实体，使旅游业形成区域支柱产业，实现贫困地区居民和地方财政双脱贫致富③。高舜礼认为旅游扶贫的对象，即目标地区主要是具有一定旅游发展基础的经济欠发达地区，是相对贫困地区，既包括了国家所界定的贫困地区和贫困人口（绝对贫困），也包括了虽已脱贫但经济仍欠发达的地区；旅游扶贫的目标不仅仅在于脱贫，还要在脱贫基础上逐步致富④。刘向明认为旅游扶贫不能仅限于物质的贫困，更重要的是观念上的贫困⑤。周歆红认为贫困人口如何在旅游发展中获益和增加发展机会是旅游扶贫研究的核心问题；同时指出真正意义上的旅游扶贫，应该以“扶贫”为其宗旨，发展旅游业只是手段和途径，而反贫困和消除弱势群体的贫困状态是其核心目标，应以经济效益为前提，贫困社区的综合发展为内容，贫困人口为核心的社会积极变迁为其终极目标⑥。

---

① 冯学钢，胡小纯．中国旅游就业理论与实证研究［M］．合肥：安徽人民出版社，2008.

② http：//news. 163. com/07/0913/22/3OA979O90001124J. html

③ http：//baike. baidu. com/view/8803241. htm？ fr=aladdin

④ 高舜礼．对旅游扶贫的初步探讨［J］．中国行政管理，1997（7）：22-24.

⑤ 刘向明，杨智敏．对我国“旅游扶贫”的几点思考［J］．经济地理，2002，22（2）：241-244.

⑥ 周歆红．关注旅游扶贫的核心问题［J］．旅游学刊，2002，17（1）：17-21.

旅游开发扶贫的理论依据在于旅游资源比较丰富的贫困地区充分开发利用旅游资源，吸引发达地区的人们前来旅游和消费，使旅游资源产生效益，逐步实现部分财富、经验、技术和产业向贫困地区的转移，增加贫困地区的造血功能，从而使其脱贫致富[①]，其基础在于旅游业的乘数效应和旅游业发展初期具有投资少、见效快、效益高的特点。

目前，旅游业已经成为世界贫困国家或地区经济增长的助推器。全世界80%的贫困人口集中在12个贫困国家中，旅游业在其中的11个国家中占有重要的份额，增长迅速。国际社会一直在致力于旅游扶贫。澳大利亚联邦政府于1997年推出了“土著人旅游业发展战略”，澳政府在制定土著人旅游发展战略和规划的同时，在开发旅游资源、旅游服务和经营方法等方面给予土著居民大力支持和引导，并强调发展特色文化和保护生态环境，这项政策所带来的旅游业发展使得土著人地区经济发展水平显著提高。土著人的就业率在两年中上升了5%，生活水平有了较大的提高。

我国贫困人口主要分布于经济发展相对落后的中部和西部的山区。国家八七扶贫攻坚计划所列的592个扶贫开发工作重点县东部44个，占7.4%，中部173个，占29.2%，西部375个，占63.3%[②]。西部地区所占比例最大。中西部地区是旅游扶贫研究的热点地区。

以贵州省旅游局为代表的一些省级旅游局认真总结了旅游开发带动脱贫致富的成功经验，率先在1991年全国旅游局长会议上提出了“旅游扶贫”口号。此后，国务院扶贫办和国家旅游局自1996年10月起，相继召开旅游扶贫工作会议，对旅游扶贫开发工作进行专题研究和工作总结。我国云南、贵州、广东、湖北等省将旅游发展与农村经济结构调整、扶贫开发和生态保护结合起来，积极发展乡村旅游和观光农业，奠定了旅游扶贫的新基础，发展了具有特色的旅游扶贫模式。实践证明，旅游业是扶贫效果最好、返贫率最低、受益面最宽、成本最低、拉动性最强的行业之一。根据对河北野三坡的调查，自1984年发展旅游以来，当地居民5年内基本脱贫，经济意识也大为增强[③]。我国经过30多年的努力，旅游扶贫的效果显著。

在线案例

（六）平衡地区经济发展，缩小地区差异

国家之间乃至国内各个地区之间由于各自的自然和历史条件差异，经济发展呈现出不平衡的状态。旅游业的发展可以起到平衡各国各地区的经济发展，缩小区域经济差异的作用。国际旅游可将客源国的物质财富转移到接待国，在某种程度上起着对世界财富进行再分配的作用，国内旅游则可把国内财富从一个地区转移到另一个地区，起到将国内财富在有关地区间进行再分配的作用。一般来说，经济发达地区人们的出游率比较

① 蔡雄等．旅游扶贫：功能·条件·模式·经验［M］．北京：中国旅游出版社，1999.

② 国务院扶贫开发领导小组办公室．中国农村扶贫开发概要［M］．北京：中国财政经济出版社，2003：56-58.

③ 王雪华．论旅游的社会文化影响［J］．桂林旅游高等专科学校学报，1999（10）：60-63.

高，而经济落后地区人们的出游率比较低。当经济落后地区的旅游资源对经济发达地区的人们产生了吸引力并促使其前去访问时，旅游者在目的地的各项消费所产生的关联带动作用，可以增加目的地的经济收入，有效刺激目的地经济的发展，这种外来经济的注入有助于缩小区域经济差异，对于物质资源匮乏、旅游资源富集地区尤为显著。世界旅游组织资料表明，旅游直接收入每增加 1 元，相关行业收入增加 4. 3 元。我国旅游业收入每增加 1 元，国民经济总产值增加 3. 12 元，第三产业增收 10. 7 元。

二、旅游对经济的消极影响

虽然旅游业的发展对国民经济有很大的促进作用，但是如果旅游接待国或地区不尊重客观规律，片面强调发展旅游经济，结果只会扩大发展旅游业所带来的副作用，甚至会得不偿失。主要表现在①：

（一）有可能引起物价上涨

旅游发展会导致消费品和服务价格上涨。其中物价和房价的上涨是旅游经济负面影响之一。一般而言，外来旅游者的收入水平较本地居民高或者他们为了旅游而长期积蓄，所以旅游者的消费能力高于旅游目的地的居民。从供求关系看，游客的涌入大大增加了旅游相关产品和服务的需求总量，此时，如果旅游目的地自身的供给潜力扩张有限，那么游客的这些需求和消费就会导致目的地物价的上涨，从而使居民的生活消费水平也随之提高，生活成本上升。如果供求矛盾过于突出则会进一步引发当地的通货膨胀。旅游业的发展还增加了对房地产的需求，特别是一些旅游景区附近的土地价格迅速上涨，加上建筑成本的增加，最终导致房价上涨，影响当地居民的住房建设与发展，给工薪阶层和低收入居民带来了一定的生活压力。事实证明，旅游目的地在初期来访游客不多的时候兴建旅馆对土地的投资只占全部投资的 1%，但是在旅游业发展起来之后，兴建旅馆的土地投资很快上升到全部投资的 20%。例如，美国佛罗里达州的奥兰多，伴随“迪士尼世界”的开发和来访游客的增加，与初期购买土地的价格相比较，地价在五年内上涨了 50 倍，这种现象显然会影响到当地居民的利益。在中国，顾筱和黄郁成曾实地考察了三清山，发现山上农民工的服务价格远远高于山下农民工的服务价格，导致山上农民建房成本提高了不少②。

（二）有可能引起产业结构发生不利变化

旅游业的关联带动作用很强，不仅有效带动了第一产业、第二产业和第三产业部门的发展，而且可以优化国民经济产业结构及三大产业内部结构，促进经济的增长。但若旅游业发展与地方经济建设的关系处理不当，就会引起产业结构发生不利的变化。例

① 李天元．旅游学［M］．3 版．北京：高等教育出版社，2011：274-275.

② 顾筱，黄郁成．试论乡村旅游的经济影响［J］．广西社会科学，2006（2）：52-54.

如，一些以农业为主的地区，在发展旅游业后，由于个人从事旅游服务的收入高于务农收入，大量的劳动力弃田从事旅游业，引起产业结构向不正常的方向变化，一方面旅游业的发展扩大了对农副产品的需求，而另一方面却是农副产品产出能力的下降，其结果很可能引起农副产品物价的上涨。而且当地居民失去了赖以生存的基本生产方式，一旦危机袭来影响到旅游业的发展，还可能会影响到社会和经济的安定①。

（三）过度依赖旅游业会影响国民经济的稳定

经济健康发展的标志之一是经济的多样性。如果某个国家或地区在经济上过度依赖某个产业，经济的不稳定性就会增加。同理，对于一个国家特别是大国来说，不宜过分依赖旅游业。原因如下：

1. 旅游活动有季节性

旅游资源的季节性以及观光性旅游活动是旅游需求市场主体的特征，决定了旅游的季节波动性。当旅游淡季时，旅游市场供大于求，不可避免地导致旅游设施和劳动力闲置、剩余物资大降价和居民收入减少等现象，从而给接待国或地区带来严重的经济问题和社会问题。

2. 旅游活动受制于需求市场

旅游需求在很大程度上受制于客源地居民的收入水平、闲暇时间和旅游的流行时尚，而这些都是旅游区的管理者不能控制的。如果客源地出现经济不景气，或者客源地居民对某些旅游地的兴趣偏好发生转移，会直接影响旅游地的市场。

3. 旅游业是敏感性产业

旅游目的地的政治、经济、社会、自然环境等诸多因素都会引起旅游业的强烈波动。一旦这些不可控因素发生不利变化，也会导致旅游需求大幅度下降，旅游业乃至整个经济都严重受挫。

（四）影响本地居民的福利收益

发展旅游业必然要求旅游目的地为游客提供旅游配套设施和设备，政府对社会经济各项事业发展的投资数量是一定的，政府不断投入大量资金用以开发旅游景区（景点）、改善基础设施（如改善道路、排水、通信和公共交通网络等），就会减少对教育、医疗和其他公共服务等领域的投资，从而影响到本地居民的社会福利。

此外，发展旅游给目的地带来了其他的一些负面影响。旅游发展会拉大居民之间的贫富差距。旅游业有一定的从业要求，居民的素质和能力各不相同，通常只有部分居民参与到旅游开发中并获得了收益。旅游发展还可能引起当地居民和外来投资者之间的经济利益纠纷。作为投资方的外来者，拿走了多数利益，但是拥有民宅、民居等旅游资源的居民并没有得到很大实惠，两者之间易产生经济纠葛和矛盾，从而影响旅游业的健康

① 苏勤．旅游学概论［M］．北京：高等教育出版社，2001：6.

发展。

上述可能性的存在说明，从国家或地区安全的角度考虑，必须加强对旅游业的宏观调控和总体规划。我国是社会主义市场经济国家，旅游业的发展也必须体现这一特点，应积极发挥旅游业的政府主导作用，对应当开发和优先开发的地区应大力支持和扶植，对不宜发展旅游业的地区则应加以限制。

第二节 旅游的社会文化影响

管理评论

在现代旅游发展的初期，人们主要关注旅游所带来的主导效益，即经济效益，而较少关注到旅游的整体效应，尤其是旅游的社会文化影响。直到 20 世纪 70 年代西方国家出现了旅游的负面社会效应时，学术界才开始聚焦于旅游社会影响的研究。大量旅游者的涌入，在与当地人的接触中产生了一系列交流活动和复杂的人际关系，对客人和主人两方面都将产生影响。游客主要从科学技术、道德观念、文化知识、思维方式、价值观念、经营管理方法以及生活习俗等诸方面对旅游目的地居民产生不同程度的影响。学术界对旅游社会文化的影响研究一般是基于涵化理论、发展阶段理论、社会变迁理论、社会表征理论、社会交换理论和 Doxey 的刺激指数理论等。

国外旅游社会文化影响研究主要集中在以下几个方面：旅游对目的地的社会文化影响研究、居民对社会文化影响的感知研究、居民对旅游的态度以及旅游对旅游者的社会文化影响。

国内旅游社会文化影响研究主要集中在以下几个方面：其一是建立在案例基础上的旅游社会文化影响研究。这类研究就旅游影响的某一方面或几个方面比如居民对发展旅游的态度进行论述，或就某一旅游区旅游开发的社会文化影响进行研究，共同之处均是从社会学的角度研究旅游开发对旅游地的社会文化结构、形态等方面产生的影响。其二是旅游开发对旅游地民俗风情和少数民族地区文化的影响研究，多从人类学的角度进行。主要成果有综述、对单体的少数民族的实证研究以及有关旅游社会文化影响基本理论的研究。其三是对国外相关研究成果的介绍和翻译性论著。此外，对旅游社会文化影响的研究已被应用到旅游规划实践中。如世界旅游组织主持的“四川省旅游发展总体规划”、保继刚等主持的“桂林市旅游发展总体规划”均涉及了旅游目的地的各种影响包括社会文化影响的评估和预测的相关内容①。

本节我们主要讨论旅游对目的地的社会文化影响。旅游活动是以不同地域、不同社会、不同民族以及具有不同文化传统的人群之间的相互接触为根本特征的活动。其所带来的社会接触和文化交流对目的地社会文化的影响是积极的还是消极的，观点不一。有

---

① 潘秋玲，李文生．我国近年来旅游对目的地社会文化影响研究综述［J］．经济地理，2004，3（24）：412-414.

些学者持否定态度，更多的学者持肯定态度。

一、旅游对社会文化的积极影响

拓展阅读一 在线案例

（一）有助于提高民族素质

1. 旅游活动具有促进人体健康的作用

在现代城市发展过程中，不可避免的城市环境污染问题以及单调、紧张的生活促使人们向往回到大自然中体验充足的阳光、新鲜的空气，以获得身体和心灵的放松，这也是大众旅游的重要动机之一。

2. 旅游活动的开展有助于人们增长知识，丰富人生阅历

读万卷书，行万里路。通过旅游活动，人们到异国他乡了解更多景观和知识，增添文学、艺术、史地、风俗民情知识，从而开阔胸襟，陶冶情操，同时提高审美鉴赏能力，获得愉悦的精神享受。

3. 有助于培养人们的爱国主义情感

祖国的名山大川、历史文化和现代建设成就无疑会使旅游者增强民族自信心和自豪感，加深对自己祖国的热爱之情。

（二）有助于增进不同地域人们的相互了解和友好往来

旅游者来自不同国度、不同地区和不同民族，拥有不同的信仰和生活方式，他们的直接交往客观上会增进不同国家和地区人民之间的相互了解，增强国际的和平友好关系。所以，国际旅游还起着缓和国际关系、促进人类和平共处的作用。旅游作为官方外交的补充和先导，在国家外交中往往起着官方外交所起不到的作用。此外，旅游也是接待国树立国家形象的有效手段。

（三）促进不同人群的思想文化交流和科技发展

旅游是大众化文化传播的重要形式。旅游者在思想、文化、信仰和风俗等方面存在明显的地域差异，但这种文化的异质性并非不可调和。旅游活动为不同文化的交流提供了契机。于是，出现了学术考察、会展旅游、节庆旅游、商务旅游、专题旅游等不同形式的旅游活动。

旅游者的频繁、广泛的流动，起到了传播和交流知识与技术的作用，促进了本土文化与外来文化、传统文化与现代文化的碰撞和交融，使不同地域文化兼容并蓄、取长补短，得以发展。此外，旅游的发展也不断对科学技术提出了新的要求，尤其是在交通运输工具、通信设备以及旅游接待服务设施等方面，要求更加快捷、便利、舒适和安全，从而促进了有关领域科学技术的发展。例如，高速铁路等现代化交通工具的发明和应用大大缩短了旅行距离，人们短时间、远距离出行的期望成为现实。

（四）有助于保护和发展民族文化

旅游目的地为了增加旅游资源的吸引力和发展文化的多样性，在旅游开发中逐步挖掘、整理和恢复一些濒危的文化资源，加强历史文化遗产的保护、开发和利用，使得传统习俗、音乐、舞蹈、戏曲等非物质的文化资源受到重视和保护，被破坏的历史遗存得到恢复和重建，传统文化和民族文化得以重生。目的地居民意识到这些物品的价值，并在态度上重视起来，从而使得一些几近失传的古老传统工艺得以流传，富有传统文化内涵精华的民族工艺品在现代生活中得以生存和发展。例如，一些少数民族地区的蜡染、土布印花、根雕等，让旅游者如获至宝。又如，西安市抢救整理了仿唐乐舞、大同市修复并连接了古城墙、中国剪纸声名鹊起。一些优秀旅游城市充分利用本地浓厚的历史人文资源和秀丽的自然风光，深入挖掘古老民间文学、传说和神话内涵，相继打造了视听效果良好的舞台剧，同时涌现出了以广西桂林《印象·刘三姐》为代表的印象系列、甘肃《大漠敦煌》、河南《禅宗少林音乐大典》等一大批场面宏大、演绎精湛、制作精美、格调高雅的旅游文化演艺作品①，弘扬了民族文化，丰富了旅游资源的类型。

（五）改善了目的地居民的生存条件

为了适应旅游业的发展需要，旅游目的地需要改进旅游基础设施，随之也会增加生活服务设施和其他方便旅游者的设施。虽然这一切初始目的是满足旅游业发展的需要，但客观上也改善了当地居民的生活环境，提高了当地人民的生活质量。据学者对我国长白山进行的调查，74%的被调查者认为旅游将为他们提供更多的就业机会，又分别有85%、45%、60%、50%的被调查者认为旅游改善了公路、购物、娱乐机会和服务设施等方面的条件。经济与生存环境的改善，在某种程度上对家庭成员间的关系也起着积极作用。

课堂讨论　实践项目

二、旅游对社会文化的消极影响

旅游者一般来自经济较为发达、人均收入较高的国家和地区，而许多旅游资源丰富的地区经济却相对落后。旅游造成了旅游者和目的地居民之间的文化互动和交流，在文化交流的过程中，旅游成为文化传播的媒介。旅游者接触旅游地时间短、范围窄，社区居民对旅游者的影响较弱，而旅游者对社区居民的影响较强，体现出文化交流的不平衡性，在文化价值上有所倾斜，从而对旅游地的社会文化产生消极的影响②。

（一）引起地方社会文化认同感的改变③

居民对地方社会文化认同表现在对地方可见的物质层面、生活习俗的层面和精神活动的层面，三者构成地方认同的具体内涵。旅游对这三个层面的认同的影响主要表现为：

---

① 邵琪伟．推动旅游产业与文化产业相互促进共同发展［J］．行政管理改革，2013（7）：46-50.

② 王雪华．论旅游的社会文化影响［J］．桂林旅游高等专科学校学报，1999（10）：60-63.

③ 王鹏辉．新疆民族旅游的社会文化影响研究［J］．北京第二外国语学院学报：旅游版，2006（7）：67-70.

1. **地方景观的改变**

各种外来文化的符号信息，如标准化的饭店和旅游交通等接待服务设施、广告牌、大楼、霓虹灯、娱乐休闲吧、商业橱窗、麦当劳式的快餐店等，使目的地的景观面貌发生显著变化。原有景观的人文内涵逐渐消解，社会文化的特色不再鲜明，旅游对地方固有的物质生活改变很大。

2. **生活方式的改变**

来自经济发达国家或地区的旅游者会将自己的生活方式和价值观念带到旅游目的地并在无形中传播和渗透，他们的消费观念和行为及其言谈举止会对目的地造成“示范效应”。王妙和孙亚平①应用比较文化理论对旅游接待地社会文化影响的变化机理进行了分析，认为主客之间的文化差距产生的这种“示范效应”，其结果可能是有益的，也可能是有害的。许多对示范效应的研究表明：旅游业的发展可以改变当地居民的行为并把他们分成不同的类别。一般说来，老一代居民会不同程度地受游客生活方式的影响，但仍保持着祖先留传下的生活习惯，而年青的、受过教育的居民则到政府部门和商界寻找工作机会以追求先进的生活方式。处于封闭社会中的当地年轻居民最容易受示范效应的影响，他们注意到游客自由和优越的物质生活便千方百计地去模仿争取同样的享受②。目的地居民不切实际的认同和模仿，甚至产生对地方文化的自卑心理，从而引发居民思想和行为的变化。这在条件不成熟的情况下，是有较大危害的。当地居民开始注重物质利益关系，对自己的生活感到不满，并且开始盲目模仿旅游者的穿着打扮和娱乐方式，在一定程度上会产生赌博、色情、诈骗、走私等社会问题。例如，河北野三坡在旅游开发的初期阶段，当地的村民把游客当客人和亲人对待，食宿均不收费。随着旅游业的进一步发展，旅游者所表现出来的行为（如西方旅游者支付小费的商业性行为影响了当地居民的思想观念）提高了当地居民的经济意识，当地人开始以开设家庭旅馆、出租马匹等方式获取经济利益。原来根深蒂固的价值观、风俗习惯和语言等都在不同程度上发生了改变。野三坡自 1985 年发展旅游业以后才开始打破与世隔绝的状态，但在短短几年时间，居民的经济意识、服装款式、审美角度、生活方式等已与北京、保定等城市居民相差无几。

3. **价值观念与伦理道德的变化**

国际旅游发展后，随着旅游者涌入，外来思想对旅游地居民思想和行为产生了重要影响，他们原本根深蒂固的风俗习惯、价值观，乃至语言，都在不同程度上被改变了，并对地方社会文化认同心理产生模糊化的影响。部分人盲目追求经济利益，崇洋思想泛滥，在过高地评价西方社会的同时贬低自己的国家和社会，在思想上表现出崇洋媚外和对本国社会体制不满的思想，在行为上则表现出千方百计寻找机会出国，并在言论上贬

① 王妙，孙亚平．旅游对接待地的社会文化影响［J］．天津商学院学报，2001，21（4）：35-37.

② 傲凡摘译自 1982 年英文《旅游业：经济、自然与社会影响》一书．

低本国社会体制[①]。此外，随着旅游业的发展，女性走出家门从事一些旅游服务工作，改变了当地原有的“男主外，女主内”的家庭模式，冲击了女性原有的价值观，这些也成为离婚率上升的重要原因。2000 年 5 月中南林学院森林旅游研究中心对张家界市进行了社会承载力调查，发现随着旅游业的发展，旅游人数的增加，武陵源区的离婚率明显增高[②]。

拓展阅读2

（二）干扰目的地居民的生活

任何旅游目的地的资源环境承载能力都是有限的。随着外来旅游者的大量涌入和游客密度的增大，当地居民的生活空间相对缩小，正常生活和正当利益受到侵害。在当地物质供应能力有限的情况下，往往把质量上乘的旅游消费品有限供应给肯出高价的旅游者，基本的生活供应如水电供应也优先保证旅游者的需要。更为严重者，有些目的地出现了一些愿意支付高额地价和赋税的外来定居者，个别地区还因环境质量要求“关、停、并、转”某些工矿，从而使居民被迫改变他们的职业和工作，个别的还要迁居，从而造成旅游者与当地居民间人际关系的紧张[③]。吴章文、刘民坤通过对武陵源风景区的居民调查发现有 73. 3%的居民认为开展旅游使他们的生活环境受到不同程度的影响[④]。此外，一些旅游者不尊重当地居民的文化，激发了当地居民的怨恨和排斥。

（三）民俗文化的同化、舞台化、庸俗化

随着旅游的发展，异族以及异地的文化、思想、生活习俗引入，逐渐同化和冲淡了旅游地传统的民族文化、风情民俗。旅游地传统民族服饰被同化就是一个最显著的例证。同时，异地文化对旅游地文化的冲击不可避免地使传统文化在经济利益的驱使下受到歪曲从而丧失本真性。作为文化象征的绘画、舞蹈、音乐、文学等也都被用来迎合游客的好奇心。传统的民间习俗和庆典活动都是在特定的时间、地点以传统的内容和方式举行的，很多旅游区为了迎合游客追求文化快餐的需要，不再按照传统规定的时间、地点举行，而是随时随地搬上舞台，内容也根据旅游者的需要进行压缩或删除，这些活动和习俗已经在很大程度上丧失了传统的价值和意义，最终只能自毁声誉，彻底破坏文化资源的可持续利用。此外，为了满足游客对纪念品的需要，大量生产当地工艺品，很多粗制滥造的产品充斥于市，这些产品实际上已不能完全表现传统的风格和制造技艺，当地文化的形象和价值因此受到损害和贬低。

就旅游积极影响而言，在国际旅游中，要树立国家形象，很大程度上取决于国际游客在接待国旅游期间是否实现了自己预期的愿望，取决于他们是否通过旅游产生或加深了对接待国的好感。如果他们在旅游期间没有获得预期的满意，甚至发生不愉快的经

① 郑向敏．旅游对风情民俗资源的消极影响及对策研究［J］．旅游学刊，1996（3）：44-47.

② 吴章文，刘民坤．旅游活动的社会影响［J］．中南林学院学报，2004，3（24）：3.

③ 刘振礼，王兵．新编中国旅游地理［M］．天津：南开大学出版社，1996.

④ 吴章文，刘民坤．旅游活动的社会影响［J］．中南林学院学报，2004，3（24）：2-4.

历，那么他们带回本国的非但不是对接待国的好感，甚至是牢骚、怨恨和批评。同样，外出旅游也未必都能获得理论上预见的效果——陶冶情操和增长知识。就旅游消极影响来说，它们也并非发展旅游的必然结果。西方很多社会学家在论及旅游目的地社会文化的影响时，往往偏重于消极的一面，并且以已经发生了的大量事实作为结论的依据。事实上，在世界各地旅游发展过程中，特别是在一些发展中国家，的确也因此出现了这样或那样的消极问题。但是，这些问题的形成和严重化不是没有条件的，也并不是不可克服或不可控制的。任何问题的形成都有一个从量变到质变的发展过程。在这个意义上，旅游对社会文化的消极影响一般应指其潜在性或可能性而言。

总之，旅游对社会文化的影响是绝对的，但它发生积极影响还是消极影响是有条件的。认识旅游对社会文化的影响，主要目的是要在澄清认识的基础上采取措施，发挥旅游对社会文化的积极作用，抵制和最大限度地缩小其消极影响。

第三节　旅游的环境影响

旅游与环境之间有着非常密切的联系，是一种相互依赖又相生相克的关系。一方面，构成环境资源的自然旅游资源和人文旅游资源本身就是旅游产品最基本的成分，同时，人文旅游资源的表现往往依托于自然旅游资源。另一方面，旅游业产生的“三废”——废水、废气、废渣等，会使旅游目的地的环境发生变化。旅游活动对环境变化，既有积极的影响，也有消极的影响，既有直接的影响，也有间接和诱导的影响。如今，保护和改善环境已成为旅游开发决策时首先考虑的问题。从研究进展来看，自20世纪60年代起，旅游、地理、环境等学科领域的众多学者均重视与关注旅游发展的环境影响研究。国外学者应用社会学、文化学、人类学与发生学等学科的有关理论和方法展开旅游对环境（尤其是社会文化环境）的影响研究，起步早于国内学者。总体来看，成果主要集中于以下几个方面：旅游环境质量评价标准的探讨；旅游对自然环境的影响；旅游对社会文化环境的影响；旅游对生态环境的影响；旅游环境保护对策；旅游环境容量。研究层次处于对旅游自然环境与社会文化环境的单项实证性研究阶段，具有系统、科学的研究理论体系、方法论及其研究成果尚不多见，特别是较高层次的旅游开发累积环境影响研究例证还属空白。因此，该领域研究依然是一个有待学者进行探索的广阔领域①。

---

① 杜忠潮．陕西旅游开发对环境的影响及旅游环境保护［J］．西北农林科技大学学报：社科版，2003，1（3）：111-113.

一、旅游对环境的积极影响

（一）有助于保护旅游资源

旅游资源保护是指维护资源的固有价值，使之不受破坏和污染，保持自然景观和人文景观的原有特色，对已遭损坏的旅游资源进行治理。旅游资源保护包括保护旅游资源所形成的景物、景观、环境和意境①。为了增加旅游资源的吸引力和多样性，保护旅游资源的真实性和完整性，各国和地区加强对旅游资源的保护，维护、恢复和修整了一大批历史建筑和古迹遗址，并在保护的基础上进行有序的开发，如埃及的金字塔、印度的泰姬陵、美国的黄石公园、澳大利亚的大堡礁等。对于旅游资源的保护应本着开发与保护“双赢”，经济、社会与环境效益“三增”，合理规划、综合决策、协调发展的原则进行。如此，保护工作开展得越好，旅游资源地位就越高，对游人的吸引力就越大，带来的经济效益、社会效益也就越高，从而再将经济收益回馈到保护建设方面，即可使旅游资源的保护开发走上一条保护—开发—增值—保护的良性循环之路。

（二）有助于提高目的地的环境质量和环保意识

为了旅游业的发展和满足旅游者的需求，任何一个旅游胜地都应致力于环境的建设和美化。采取预防为主、防治结合与综合治理的原则，既要做到防患于未然，又要对已形成的环境污染和破坏进行积极治理。例如，增加休闲和娱乐场所及相关设施的数量，改善道路、交通运输服务等基础设施，维持旅游接待地区的环境卫生，防止“三废”污染，维护生态平衡，等等。同时，加强环境保护的宣传，提高公民的环保意识，积极倡导低碳旅游。加强民族自豪感教育，复兴本土传统文化，发扬自身传统文化的独特魅力。积极引导旅游地居民客观对待外来文化，取其精华，去其糟粕，有选择地吸收引进。

二、旅游对环境的消极影响

教学视频

（一）污染和破坏环境

随着旅游者的大量涌入，旅游接待地人口密度增大、交通阻塞、噪声增加，缩小了当地居民的生活空间，配套设施排放的废水、废气、废渣使水和空气的质量下降。我国国民的生态意识较差，风景区内垃圾剧增。驰名世界的黄山、庐山垃圾随处可见，甚至于在喜马拉雅山，游客也留下了饮料袋、包装袋等垃圾，致使清除费用剧增。开展旅游活动的自然保护区环境污染问题也日趋严重，主要表现为垃圾公害、水污染、噪声污染和空气污染。大规模旅游活动的开展可能导致风景区自然生态环境系统失衡。将原始森

① http://wiki.mbalib.com/wiki/.

林建为森林公园，往往引起某些物种濒临灭绝（尤其是野生动物），而络绎不绝的人群又会使许多动物远走高飞①。不合理的海湾旅游开发则破坏红树林滩涂，减少鸟类栖息空间。陆林对安徽黄山市的旅游开发研究表明，旅游活动正威胁着黄山市珍稀野生动物，大量的猎杀使得金钱豹、大灵猫等珍稀动物几近绝迹②。四季常绿的云南西双版纳，由于几十年来的毁林开荒，以林为能源，森林面积急剧下降，严重破坏了原本良好的生态环境。此外，游客的触摸攀爬、乱刻乱画等不当行为，也对历史古迹的原始风貌甚至存在寿命造成了威胁。

（二）过度开发或规划不当导致景观不协调

旅游资源和设施的过度开发或规划不当，轻者导致景观不协调，重者破坏该地的环境。许多地区的有关政府部门在开发旅游资源时，缺乏深入的调查研究和全面科学的论证、评估与规划，便匆忙开发。特别是新旅游区的开发，开发者急功近利，盲目地进行探索式、粗放式的开发。重开发、轻保护，造成许多不可再生的珍贵旅游资源的破坏。例如，被誉为“童话世界”的九寨沟，由于缺乏科学管理，上游和周边森林大面积被砍伐，湖泊水位每年降低6~30厘米，黄龙钙华堤已开始退化、变色。如再不及时采取保护措施，岩溶湖将会过早衰亡。更严重的是，有关部门为了大量招徕游客，在九寨沟景区内建造宾馆，导致自然和人文景观极不协调，严重破坏了景观的整体性和统一性。很多国家针对这种情况采取了严格的控制措施。例如，毛里求斯政府规定在滨海地带兴建的旅游接待设施，建筑物的高度不能超过当地椰树的高度。印度政府规定海滨旅游区建筑物的兴建必须退后于滨海沙滩一定的距离③。

旅游对环境的污染和破坏具有明显的集中性，主要表现在空间和时间两个方面。在某些地区某段时间（主要指旅游热点地区和旅游旺季）范围内旅游对环境的污染和破坏在量上明显增大。因此，从旅游管理角度来讲，控制旅游者的流向分布是加强环境保护的另一有效措施。此外，可以对游客、旅游经营者和当地群众进行环保知识的宣传和教育，建立各种法规来规范旅游开发和限定游客行为④，坚持开发利用与保护环境并重，建立污染整治工程对污染物进行治理，制定旅游区环境保护规划和绿化规划，以提高景区生态质量⑤，有效改善旅游环境。

---

① 郑泽厚．试论旅游经济与环境保护的关系：以香溪河风景线为例［J］．长江流域资源与环境，1998，7（2）：180-184.

② 陆林．旅游的区域环境效应研究：安徽黄山市实证分析［J］．中国环境科学，1996，16（6）：418-420.

③ 李天元．旅游学［M］．3版．北京：高等教育出版社，2011.

④ 刘瑶．我国旅游的环境影响研究及其方向［J］．重庆环境科学，2003，11（25）：153-154.

⑤ 刘向明，杨智敏．对我国“旅游扶贫”的几点思考［J］．经济地理，2002，2（2）：242-243.

【案例分析 7-1】

九寨沟是我国著名风景旅游胜地，是中国唯一拥有“世界自然遗产”和“世界生物圈保护区”两项国际桂冠的旅游胜地。九寨沟“水光浮翠，倒映林岚”，翠海、叠瀑、彩林、银峰以及特异的藏族风情，相互交融形成一个令人神往的“神话世界”“人间仙境”。九寨沟 1984 年正式对外开放为生态旅游区，旅游者蜂拥而至，2000 年以来，每年游客量都超过 100 万人次。“黄金周”里游客塞满九寨沟，车队排成了长龙；沟内平地起新楼，客栈、宾馆林立，城市化的设施遍布九寨沟；旅游业的兴旺使大量的饭店、商场、宾馆、旅行社等涌进沟内，污水垃圾遍地，九寨沟管理局的监测结果表明九寨沟的水体已经有富营养化的趋势，湖泊有沼泽化倾向。

（资料来源：http：//www.kt5u.com/timu/show-YDOOY_ _ gMT5M.html）

分析内容：

1. 九寨沟景区旅游活动的负面影响对旅游发展有何危害？

2. 旅游旺季时，九寨沟景区人满为患，大大超过了其环境承载量。如何解决这一问题？

3. 从旅游规划、环境容量及游客承载量等方面分析九寨沟应如何开展生态旅游？

4. 应如何规范旅游中的游客行为？

【本章小结】

本章主要从旅游目的地的角度出发，重点讨论了旅游活动对经济、环境和社会文化产生的影响，这种影响既有直接的，也有间接的。由于旅游业的综合性特征，它的影响和被影响都有波及性和多因性。所以说旅游业是“脆弱的”行业。旅游业的发展和来访旅游者的增多必然会扩大其对其他行业或服务的需求，很多其他行业因此需要扩大生产和再生产。这些活动的发生必然会对目的地产生这样或那样的影响，这些影响虽然不是旅游业或旅游者直接造成的，但追根溯源都与旅游的发展有关。所以，旅游业的自身特征和相关性决定了旅游发展必须考虑经济、社会文化的发展和环境保护协调同步，走可持续发展的道路。

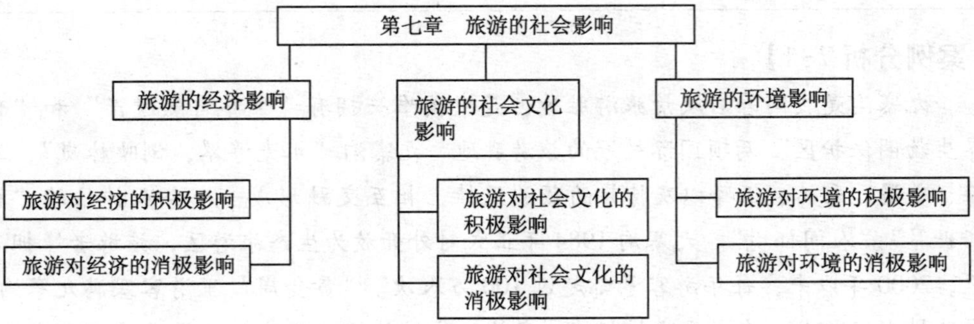

【学习网站】

1. http：//www. 51yala. com/
2. http：//www. cthy. com/
3. http：//ctnews. toptour. cn/
4. http：//www. whcn. org/
5. http：//www. stats. gov. cn/
6. http：//www. gztour. gov. cn/

【复习思考题】

一、填空题

1. 按照旅游效应的结构内容分，旅游效应可分为__________、社会文化效应和__________三种。

2. 旅游资源的破坏原因主要有__________和__________两个方面。

3. 旅游对目的地经济可能产生的不利影响包括：__________、__________、__________和影响本地居民的福利收益。

4. 就国内旅游而言，它对经济的重要作用包括__________、__________、__________和__________。

二、简答题

1. 结合你所在省份旅游业发展的情况，分析旅游对社会文化的影响。

2. 结合实例阐述旅游对环境的消极影响表现在哪些方面。

3. 旅游业带动哪些产业的发展？针对你所熟悉的地区旅游业发展情况找出相关的数据或资料说明。

4. 通过访谈法或者问卷调查法，了解某一地区旅游业的发展对不同年龄段居民的影响。

5. 在发展旅游业的过程中，如何保护民族文化，维持民俗文化的原真性？

第八章

旅游业的可持续发展

导言

旅游业是兼具经济、社会、环境和文化四大功能的现代朝阳产业，加速发展的旅游业不仅成为社会经济发展的重要部分，同时还成为经济持续发展的强有力的支柱产业之一，因此关于旅游业可持续发展的问题已成为人们关注的焦点。旅游可持续发展理论解决满足当代旅游发展需求的同时，不能减低后代人满足旅游需要的能力，保证不破坏后代人发展旅游业的条件这一本质问题，解决旅游资源的开发与旅游业的发展不能超越自然资源与生态环境的承载能力这一核心问题。

实施旅游持续发展战略是各地区实现资源环境与社会经济协调发展的最佳切合点，有助于积极参与国际旅游市场的激烈竞争，满足国际旅游者的多样化需求，尤其是对绿色和生态型旅游产品的需求。实现旅游业的健康发展必须走可持续发展的道路。

【教学目标】

本章要求学习者：基本掌握旅游可持续发展的含义、目标及其原则，掌握旅游可持续发展的特点；了解生态旅游的内涵、特点；了解生态旅游与可持续发展的关系以及《全球旅游伦理规范》的内容；掌握实现旅游可持续发展的途径

【关键术语】

旅游可持续发展；旅游可持续发展目标；旅游可持续发展原则；旅游可持续发展的特点；生态旅游；全球旅游伦理规范

【引导案例】

肇庆生态旅游期待二次腾飞

“肇庆是一个老牌的旅游城市，星湖景区曾是广东生态旅游的代表，但近年来进入了一个相对平稳的发展阶段，需要大项目来提升旅游品质。”这是肇庆市旅游发展局局长刘卫红对肇庆生态旅游发展现状的描述。

事实确实如此，作为广东四大名山之一，肇庆鼎湖山是广东生态旅游的重要名片，创造了众多“第一”的荣誉，早已声名在外。然而，近年来以鼎湖山为龙头的肇庆生态旅游业遇到发展瓶颈，“市场很难再次兴奋起来”。

为寻求突破，肇庆市政府自2012年开始规划建设面积达137平方千米的“肇庆鼎湖生态休闲旅游产业园”，通过建设六大功能各异、优势互补的主题园区，打造一个以生态旅游休闲度假为核心的大型旅游产业园，以此带动肇庆旅游产业实现“两大转变”。

（一）开启广东生态旅游先河

在众多人的印象中，珠三角是一个工业发达的地区，生态环境优势不突出。肇庆市虽然是珠三角城市之一和广佛肇经济圈的重要成员，但生态环境非常好。“肇庆与珠三角其他地市在经济总量上有差距，但在环境质量上是首屈一指的。”

根据公布的统计数据显示，目前肇庆全市森林覆盖率达67.9%，各类生态保护区包括自然保护区、森林公园、风景名胜区、一级水源保护区合计76个，其中国家级3个，总面积1776.08平方千米，占全市总面积的12.34%。城市人均公园绿地面积达22.57平方米，西江水长年达到国家二级标准，这些指标均排在全省前列。

生态环境优良的肇庆市，是广东省最早开展生态旅游的城市之一。

（二）生态旅游基础好、业态多

生态旅游业在肇庆旅游发展版图中占据越来越重要的地位。2012年，肇庆全市接待游客2600多万人次，旅游总收入180多亿元。据刘卫红估算，生态旅游对肇庆“旅游GDP”的贡献在60%以上，并形成了丰富多样的形态形式。总体而言，肇庆生态旅游发展较为成熟的形态主要有四种：林业生态游、湿地湖泊生态游、农业生态游和绿道生态游。

肇庆林业生态旅游起步早，基础较好，湿地生态旅游也走在全省前列，全市拥有湿地70490公顷。其中，星湖湿地公园在2004年12月获省政府批准建立，成为全国第一个由政府颁证的湿地公园。该公园占地11平方千米，核心游览区位于仙女湖。仙女湖湖水清澈、碧幽绝尘、清雅绝俗，常年吸引各种鸟类有180种，4万多只，构成了一幅人和自然和谐相处的美丽图画。

除此之外，肇庆市的农业乡村旅游也有了很大的突破，高要广新农业生态园、广宁八一生态农场、德庆金林水乡、鼎湖天湖旅游生态度假村等乡村旅游新景点蓬勃发展。

近年来，各县区相继推出了一些农业生态旅游线路，如四会的“摘柑采玉之旅”、德庆的“采柑之旅”等深受游客喜爱。农业生态旅游逐渐走向“产业化”，高要蚬岗蔬菜基地、四会砂糖橘种植基地、德庆皇妃贡柑种植基地、封开杏花鸡养殖基地等新型产业基地不断涌现，规模不断扩大。

自2010年以来，肇庆市在珠三角绿道建设热潮中备受关注。该市环绕七星岩打造的环星湖绿道总长20千米，被中国城市竞争力研究会授予“中国最美绿道”称号，不仅为市民休闲健身提供生态、和谐的场所，还是连接人与自然、城市与山水的一道亮丽风景线，成为最具人气和特色的旅游景点。

与此同时，肇庆也开发了一些体验性的生态旅游产品，如燕峰峡温泉、盘龙峡漂流等。

然而，肇庆生态旅游在经历新世纪初期的一波发展高峰之后，进入了一个相对缓慢的增长阶段。“除了七星岩、鼎湖山之外，市场上缺乏具有较大号召力的旅游产品。”刘卫红说，“当务之急是把优质的旅游资源转化为产品。”但是，旅游景区开发投资大、回收慢，社会资本进入生态旅游开发的积极性并不高，这令刘卫红感到旅游招商工作“不容易”。

（三）产业园助推旅游业转型

“十二五”是肇庆旅游业大发展的黄金时期。首先，肇庆市委、市政府高度重视旅游业，把发展生态旅游作为建设美丽肇庆、促进社会经济可持续发展的先导产业之一，着力打好“生态牌”“文化牌”“养生牌”，全力打造生态休闲旅游名城。

肇庆旅游宣传口号为“悠游肇庆，慢漫的享受”。在刘卫红看来，“慢”与“漫”是不同的概念，“慢”主要体现在节奏上，说明肇庆是一个休闲氛围浓郁的城市，而“漫”主要体现在游客感观上，是一种浪漫、幸福的享受。

肇庆市的交通大环境将得到极大改善。南宁到广州、贵阳到广州的高铁在加紧建设中，均在肇庆设站。

更为重要的是，肇庆市率先行动，以鼎湖山为核心，计划打造一个137平方千米的肇庆鼎湖生态休闲旅游产业园。根据规划，产业园将建设六大片区，即鼎湖山片区、鼎湖山新入口片区、云顶片区、羚山-下湾片区、砚洲岛片区和砚阳湖片区。每一个片区的功能各不相同，如鼎湖山片区将是生态旅游高地，云顶片区则主打森林养心旅游，羚山-下湾片区则以湿地运动旅游为主题，资源互补性强。

按照规划，产业园将形成“一轴三带六片区”的格局。“一轴”是从鼎湖山到西江的人文景观和旅游发展轴线。“三带”是森林生态旅游带、城市休闲旅游带、滨江休闲旅游带。“六片区”就是上文所说的六大功能旅游片区。

（资料来源：张俊，郭光明．肇庆生态旅游期待二次腾飞［N］．中国旅游报，2013-07-26.）

案例问题：

1. 肇庆生态旅游的发展给我们什么启示？
2. 肇庆开展生态旅游的前景如何？
3. 肇庆生态旅游的特色在于？

第一节　旅游可持续发展的基本理论

一、旅游可持续发展的概念

20 世纪 80 年代之后，可持续发展思潮在世界范围内兴起的同时，国际社会也逐渐认识到旅游业与可持续发展有关联。一方面，旅游业是个资源型产业，有赖于自然的馈赠和社会遗产；另一方面，与其他产业相比，它与环境更为友好、和谐。在此背景下，可持续旅游的概念被提出来，1990 年，在加拿大温哥华召开的“全球可持续发展大会”上发表了《旅游持续发展行动战略》草案，构筑了可持续旅游的基本理论框架，并阐述了可持续旅游发展的主要目标。1993 年，《可持续旅游》期刊在英国问世，标志这一思潮已在旅游理论界形成规模。1995 年在西班牙召开了“可持续旅游发展世界会议”，制定并通过了《可持续旅游发展宪章》及其行动计划，为可持续旅游的发展规划提供了一整套行为规范和具体操作程序，并通过了 18 条原则和目标。进入 21 世纪后，可持续旅游得到了更广泛层面的重视，多次成为世界旅游大会、可持续发展会议及其他相关国际会议的重要议题。

由于旅游可持续发展的综合性，加之个人背景和认识的不同，其含义也众说纷纭，目前还没有形成统一的认识和概念。在国外，比较权威的旅游可持续发展的定义有三个：

第一个是 1990 年《旅游业可持续发展行动战略》草案提出的定义。

第二个是世界旅游组织顾问爱德华·英斯基普提出的定义。

第三个是世界旅游组织的定义。我国学者田道勇、郭来喜和崔凤军也分别对此提出了自己的见解。事实上，旅游可持续发展的概念是很难进行简化的和抽象的界定。我们只有通过对于作为经济活动的旅游产业本身进行总体的、全方位的把握，才能对旅游可持续发展有正确的认识。

综合国内外不同学者的研究我们可以看出，可持续旅游的实质就是要求旅游、资源、人类生存环境的协调统一，旅游业发展应同社会经济、资源环境的发展相融合，实现协调共同发展。要实现这个目标，就要求旅游业的发展必须建立在生态环境的承载力的基础之上，尽量减少和避免对自然资源、生物多样性和生态环境的破坏；要求旅游业的发展能够有效地维持地方特色和文化的原始性、传承性与地方特色，避免对当地文化遗产、传统风俗和社会生活方式造成负面影响。因此，本书认为旅游可持续发展的概念应包含以下的内容：

第一，旅游能够持续发展，实现旅游的长期发展，同时，旅游发展应该建立在区域资源、环境、经济的支撑之上，与资源、环境、社会经济等协调。

第二，旅游不仅要满足旅游者旅游需求、旅游企业和当地政府的利益需求，要注意提高当地居民生活水平和社会福利，而且要保证人类的后代享有同等的机会。

第三，旅游的发展应对保持全球生态体系完整、各国民族文化多样化做出积极贡献。

大师观点

二、旅游可持续发展的目标

旅游可持续发展目标的提出旨在为旅游者提供高质量的旅游环境的同时，通过旅游业的发展，提高当地居民的生活水平，并在旅游业发展过程中保持旅游环境的良性循环。要实现这一核心目标，基本前提是合理利用旅游资源，合理规划和管理旅游业发展的规模，保持旅游供给区环境的协调性、文化的完整性和市场的可持续利用性。概括起来包括以下几个方面①：

第一，进行科学规划和管理，与地区总体发展计划和地区规划相吻合，防止在旅游区造成严重的环境问题或社会文化问题；

第二，促进旅游的代际和区际公平发展，保护旅游环境，最大限度实现环境效益，具体表现为自然生态美和人文生态美；

第三，实现旅游者的旅游效益，主要体现为经历，具体表现为欣赏、学习和环境教育；

第四，实现旅游目的地的社会效益，主要体现为责任，具体表现为经济、文化和社会效益；

第五，实现旅游企业的经济效益，主要体现为责任，具体表现为自然旅游和生态旅游乃至高级生态旅游。

在线案例

三、旅游可持续发展的原则

基于旅游可持续发展的目标，在旅游实践活动中必须坚持以下原则②：

（一）体现可持续发展基本思想的原则

旅游的可持续发展是全球可持续发展计划的一个方面，应该遵循可持续发展的基本原则，借鉴和应用可持续发展领域的所有理论和经验来指导旅游业的可持续发展。

---

① 杨桂华．生态旅游可持续发展四维目标模式探析［J］．人文地理，2005（5）：75-76.

② 许涛，张秋菊，赵连荣．我国旅游可持续发展研究概述［J］．干旱区资源与环境，2004（6）：124-126.

(二) 教育先导原则

实现旅游的可持续发展必须实现提高全民的可持续发展意识，旅游管理者、旅游开发经营者、旅游服务者和旅游者等都要提高对可持续发展的认识，更加合理地编制旅游规划，降低决策失误的损失，降低开发成本和管理成本，使旅游者的行为更加文明，旅游行业更加稳定。

(三) 广泛参与原则

旅游业的发展涉及很多社会和自然因素。只有协调好各方面的利益，旅游业才能健康发展，才能通过旅游业促进区域内经济和社会的发展。

(四) 合作原则

为了保护自然和文化资源，使旅游业健康、持续、稳定发展，所有从事旅游的组织和个人应该团结一致、互相尊重和积极参与。相邻地区之间在政府主导下，密切协作，特别是旅游环境保护薄弱的敏感地区，更应加强各方面的彼此协调和配合，加大环境保护的力度。

(五) 政府支持原则

实现旅游可持续发展比传统的旅游发展要付出更多的成本，许多国家和地区，包括发达国家，在实现旅游可持续发展的过程中都面临的巨大的经济困难。只有地方政府大力支持，敦促全社会共同努力，旅游的可持续发展才能真正落到实处。

(六) 协调发展原则

旅游业是个复杂的系统，存在着多重对立统一的关系。协调好各个方面的关系，使环境保护和开发协调、旅游业和其他产业协调、旅游地之间协调、居民和开发企业协调、政府和企业协调、企业和企业协调、投资和回报协调，才能使旅游业处于一个稳定的状态。

(七) 开发与保护并进原则

开发是旅游业发展的基础，合理科学的开发本身就意味着积极保护，开发是保护的必要手段。同时，保护是开发的前提，保护是为了更好开发。保护与开发并不是一对不可调和的矛盾。

(八) 尊重原则

在制定旅游发展战略过程中，要充分认识和尊重当地传统风俗习惯和社会活动准则，注意维护地方特色、传统文化和旅游地的特点，要尊重旅游地居民对传统文化的自主传承和自动演进，旅游活动的开展应该基于传统文化族群自觉、内在的意愿。

（九）公平原则

发展旅游应该考虑民族、地区之间的社会平等发展，考虑未来各代人的利益和需求，保护好旅游资源和环境，为后代人提供平等发展机会。

（十）资源环境资本核算原则

在我国传统的经济和价值观念中，或者认为没有参与劳动的东西没有价值，或者认为不能交易的东西没有价值，总之，两者认为资源尤其是自然资源没有价值。这种传统的资源环境无价观及这种观念基础上形成的理论和政策，导致对旅游资源无偿占有、掠夺性开发和浪费使用，造成旅游资源损毁、生态破坏和环境恶化。

（十一）容量控制原则

旅游资源的利用应保证环境质量不发生明显的变化，控制在环境自我修复能力界域之内（旅游地环境承载力）。

（十二）污染者付费原则

对造成污染的生产、生活单位、部门及个人采取收费方法以控制污染行为。

四、旅游可持续发展的特点

一般而言，旅游可持续发展具有全球性、系统性、公平性和持续性等几个方面的特点。

全球性是指旅游资源是全人类的共同财产（如世界文化遗产和自然遗产），而且旅游可持续发展不可能在一个国家之内完全实现，必须重视旅游以及旅游可持续发展的国际合作。

系统性是指在一个局部的社会经济系统中，必须考虑旅游与其他社会经济活动的关联作用。除了自然资源与生态环境因素外，旅游可持续发展还与社会文化与传统的变迁、重大突发事件的发生密切相连。所以，旅游的持续发展需要政治的、经济的、社会的和法律的制度或系统保障。

公平性是指必须在本代人之间、代际以及区际公平分配有限的旅游资源，特别是公平分配不可再生的旅游资源。

持续性是指强调旅游资源的开发与旅游业的发展应在生态系统的承载能力之内，保持生态生命保障系统和生物多样性，保证可再生资源的持续利用同时使不可再生资源的消耗保持在最小的限度之内。

五、旅游可持续发展的实现途径

拓展阅读

（一）旅游可持续发展的影响因素

可持续旅游超越了旅游企业的边界，没有政府、社区、旅游者等众多利益相关者的参与，仅仅依靠旅游企业是不能达到可持续发展目的的。与制造型企业相比，旅游企业本质上是提供服务的，而这种服务又具有实时性和长远影响。在现实中，将可持续发展原则转变成实际行动还存在着极大的困难。政策的制定与政策的执行之间存在鸿沟，因为管理当局、旅游开发商和旅游目的地居民之间存在各种形式的冲突。人们已经普遍认可了可持续旅游的原则，但在某些方面由于它的含义的模糊性，它很难付诸实际行动。

从环境角度探讨旅游可持续发展问题，是比较经典的问题，也符合可持续发展概念的本意。但旅游可持续发展则不仅仅涉及环境问题，有许多因素会影响到旅游的可持续性①。

1. 旅游资源

资源的独特性、原始性、生物多样性等方面的影响受到的人为干扰越小，原始性保存越完整，资源的生物多样性越丰富，利用价值也就越大。

2. 经济发展水平

经济发展水平主要从两个方面影响旅游业的发展：一是影响旅游开发的投资规模，二是影响旅游开发区的环境保护力度。

3. 当地居民的态度

旅游可持续发展和当地居民的态度两者互相影响。居民的态度影响旅游发展的顺利与否，甚至决定其能否成功。旅游发展会对当地的文化、观念、社会风气等方面造成影响。这些影响既有积极的，如促进地方文明程度的提高；也有消极的，如造成物价上涨、供应紧张、民俗文化和社会道德观念的破坏，甚至是生态环境破坏，进而导致当地居民对旅游开发的不满，甚至是敌视。

4. 客源市场

客源市场的教育背景、收入水平、环保意识、环境责任感都会影响到目的地旅游业的可持续发展。

5. 交通条件

旅游地除了要求具备优越的资源禀赋之外，还需要较好的对外交通条件，以便保证游客的可进入性。如果开发地的可进入性差，那么不管其旅游资源特色多强、知名度多高、吸引力多大，也只能接待小部分的游客或者没有游客光顾。

6. 政府决策者行为

政府决策者行为包括以下内容：一是各级政府对发展旅游业的态度、扶持和政策优惠。二是各级政府在协调旅游投资者和当地居民双方利益时的态度和措施。三是对旅游企业外部环境的培育。

7. 投资者决策行为

投资者决策行为主要包括选址、开发内容、经营理念、投资规模等。

---

① 杨朗. 乡村旅游可持续发展研究［D］. 长沙：中南大学，2009.

8. **区域旅游的空间聚集**

区域旅游的空间聚集可以理解为在同一区域内旅游景点或景区的多寡。一般而言，若区域内旅游景点较多且又有特色，且组合性好，则会提升区域旅游知名度，吸引更多的游客，这对于本区域新开发旅游景点客源市场有很好的辐射和带动作用。

（二）实现旅游可持续发展的关键

旅游业可持续发展的关键就是旅游环境承载力的约束问题。这里的旅游环境，不是指单纯的自然环境，而是一个包括了社会、经济、自然环境在内的复合环境系统。一个旅游目的地的环境承载力由多个方面共同组成，其中主要包括经济承载力、生态环境承载力、资源环境承载力和社会承载力。

经济承载力指某一旅游地的最大综合经济承载能力，尤其是适合用于建造旅游设施的土地数量以及这些旅游设施的最大综合接待能力。主要包括主副食供应、饭店床位、水、电、煤气、热力、电话、交通车辆、停车场等方面的供给水平所能承载的旅游者人数。

生态环境承载力指在不至于导致当地的生态环境和生态系统发生不可接受影响的前提下，所能吸纳游客的最大数量，即生态环境自恢复能力所允许的最大游客数量。

资源环境承载力指在不至于导致当地旅游环境的对外吸引力下降的前提下，所能吸纳来访游客的最大数量。

社会承载力亦称社会心理承载力，指在不至于导致当地社会公众的生活和活动受到不可接受的影响的前提下，所能接待来访游客的最大数量。作为一个综合的概念，旅游环境承载力取决于根据不同的旅游环境要素内容划分的各承载分量值的大小。它本质上是对旅游环境系统组成与结构特征的综合反映，决定着旅游业可持续发展的规模极限，体现的是“量力而行”的发展原则。

教学视频 管理评论

（三）我国实现旅游可持续发展的途径

1. **制定科学的旅游规划，适度开发**①

做好旅游开发规划，贯彻资源和环境保护的思想，这不仅是开发取得成功的保障，也是预防资源和环境遭到破坏的重要措施。因此，在编制旅游区总体规划时，必须对旅游区的地质资源、生物资源和涉及环境质量的各类资源进行认真的调查，以便针对开展旅游活动所带来的环境损害进行足够的准备，并采取积极措施，消除或减少污染源，加强对环境质量的监测。旅游规划的目标首先是增加游客的满意度，以维持旅游市场的持续增长；其次是增加旅游收入，以加强和吸引旅游投资，保障旅游供给，维持旅游供给和需求的动态平衡；再次是保护旅游资源，以维持旅游资源代内和代际的持续利用（包括自然的和文化的）；最后是加强旅游社区和地区的联系，以维持接待区和游客之间的

---

① 付蓉．“全国旅游业可持续发展研讨会”综述［J］．旅游学刊，1998（3）：9-10.

社会协调。

为保证生态旅游的环境质量的高品位，旅游区的有关建设必须遵循适度、有序、分层次开发的原则，不允许任何形式的有损自然的开发行动。每个项目都必须进行环境影响评估，要从生态角度严格控制服务设施的规模、数量、色彩、用料、造型和风格，提倡以自然景观为主，就地取材，依景就势，体现自然之美，对那些以高投入、高污染、高消费等刺激经济增长的项目坚决制止。

2. 加强法制管理①

世界上旅游业搞得成功的国家、地区，都制定有严格的法规，并有专门机构来监督这些法规的执行。

目前，我国由国务院有关方面制定的法规只有《旅行社管理条例》《导游人员管理条例》《中国公民出入境管理条例》，并没有一部完整的旅游法。我国现行生态旅游资源开发和保护是以众多的单行法为依据的，如《森林法》《草原法》《水法》《野生动物保护法》等，缺乏整体的配合，旅游市场无法规范。而且由于执法渠道不畅或执法不严，资源和环境不断遭到破坏的现象时有发生。

结合我国实际，借鉴别国经验，现阶段我们应不断完善促进旅游业可持续发展的政策、法规体系，改变政策、法规建设滞后的局面，推进旅游业管理法制化、规范化、程序化进程。在立法上，应综合考虑旅游的经济效益、资源整体价值、可持续利用等多方面因素，明确资源所有权、管理权与开发利用权，建立有偿使用、综合利用制度。具体而言，我们应该加快制定、颁布旅游法及相关的实施细则，加快制定旅游景区质量等级标准和实施细则，加快制定旅游景区规划通则、实施细则和资源管理条例。

3. 加强政府协调职能①

研究旅游可持续发展，必须有相关的政策分析。在旅游发展和环境保护之间的确存在着很大矛盾。一方面，旅游要发展，要对当地经济做出贡献，要改善当地居民的生活质量，就需要扩大接待能力，吸引更多的游客。另一方面，游客的增多会对当地环境造成不利影响。一个影响旅游地可持续发展的消极因素如何在最短时间内被消除，就要依赖政府做出及时的反应，其中包括迅速制定各种政策。旅游地的衰败或旅游企业的破产可能只是局部问题，但是有许多影响旅游可持续发展的因素具有全局性，这就需要国家、地方，有时甚至需要国际组织进行协调，建立共同协调的机构和机制，指导并规范当地的旅游活动。

4. 提高旅游管理水平

保证原有自然和文化的特性，关键是管理。合理的旅游管理在很大程度上有助于物质环境和文化遗产的保护与开发，也有助于生活质量的改善。景区管理部门应积极地适应生态旅游的发展需求，成立如生态旅游管理委员会等机构，制定和实施对生态旅游地

① 熊元斌，蒋昕．旅游业可持续发展的路径依赖及其创新选择［J］．商业经济与管理，2011（2）：95-96.

资源环境有利的旅游法规、经济政策和生态旅游发展规划；在旅游地建立永久性监测点，对旅游地环境进行监测和保护，制定一些保护生态旅游环境的生态旅游标准，开展生态旅游区环境质量调研评析，取缔不符合环境标准的项目；对旅游者、旅游开发者及当地居民进行管理，处理旅游地的日常工作和重大突发事件等。

5. 建立具体可行的旅游可持续发展的评价体系和测算方法

我们不能以牺牲自然环境为代价换取眼前的利益。因此，要对每一个具体的旅游开发和建设项目做出旅游可持续发展的评估与测算，批准、鼓励符合旅游可持续发展的项目，否决、取消那些发展潜力甚小或消极影响巨大的旅游项目，以避免对旅游环境造成无法挽回的重大损失。

【案例分析 8-1】

以生态文明建设引领旅游业可持续发展

党的十七大首次提出建设生态文明，党的十八大将生态文明建设列入“五位一体”总体布局，提出“给自然留下更多修复空间，给农业留下更多良田，给子孙后代留下天蓝、地绿、水净的美好家园”。这是基于我国生态环境问题日益突出、资源环境保护压力不断加大的形势下做出的重大战略决策，预示着我国生态文明建设将进一步加速，这既给旅游业发展指明了方向，也提出了新的更高的要求。

旅游业与生态文明密切相关，生态文明是旅游业可持续发展的重要前提，旅游业是生态文明建设的重要组成部分。我国幅员辽阔，生态资源丰富，生态保护区域众多，为旅游业发展提供了广阔空间。同时，旅游业在积极倡导人们走进自然、亲近自然的同时，提高保护自然意识，促进人与自然和谐共处，在建设生态文明方面有着天然优势。通过发展旅游，一些荒山、荒地、荒坡、沙漠、盐碱地、资源枯竭矿山等得到了综合利用，一座座城市“显山、露水、透绿、通畅”，人民群众的生态保护意识不断增强，生态旅游、低碳旅游正在成为旅游消费者的自觉行为。

但也不可否认，在旅游业快速发展的今天，一些地方由于片面强调经济效益，往往过度开发甚至掠夺性开发生态资源，导致旅游业赖以生存的生态资源遭到破坏或消失，剥夺了子孙后代的自然财富，甚至导致人类与自然的紧张对立。从这个方面讲，旅游业也要努力加快转变发展方式，自觉服从于生态文明建设的要求，并为之做出应有的贡献。

党的十八大再次发出加快推进生态文明建设的紧急动员令，要求实现“天蓝、地绿、水净”，是时代赋予旅游全行业的历史重任。我们要勇于担当，努力成为生态文明建设的主力军或有力支撑。

我们要牢固树立生态文明的旅游发展观。要像十八大报告所强调的那样，把生态文明建设提升到治国理政的层面来认识，这样才能把生态文明建设作为原则、目标等深刻融入和全面贯穿到旅游业发展的各方面和全过程。要把生态文明作为旅游业发展的基本价值取向，在发展旅游经济和保护生态环境的良性互动中，实现旅游产业的长期可持续发展。

要正确处理保护与开发的关系。要以环境保护为第一前提，注重长远发展，积极探索在发展中保护、在保护中发展的旅游发展模式，遵循代价小、效益好、排放低、可持续的基本要求，勇作生态文明建设的引领者和实践者。要建立有效管理机制，加大生态资源尤其是珍贵资源保护力度。要注意生态旅游区的游客容量和承载力，采取有效措施，努力减轻生态环境压力。要避免盲目开发、一哄而上，尽可能把发展的空间更多地留给后人。

要加强规划和环境影响评估。规划的目的是更好地利用资源和保护环境。要明确规划审批程序和内容要求，确立规划的法律地位，加强对规划实施的监督。要严格执行环境影响评价制度，根据不同区域的生态功能定位，对旅游规划和建设项目进行环境影响评价。一切以是否促进旅游业的发展和环境是否得到改善作为判明可持续与否的依据。旅游与自然和谐了，可持续发展才有坚实基础。

要强化培养绿色行为。旅游业要实现可持续发展，应实施“三绿工程”，即绿色生产、绿色经营和绿色消费。绿色生产，即旅游开发建设和推出旅游产品的过程符合绿色环保标准；绿色经营，应采取符合绿色环保标准的经营管理方式和服务手段；绿色消费，体现无污染文明消费，突出环境保护。旅游者要树立环境意识和节约观念，强化法制思想，主动保护资源与环境，避免因过度消费而造成浪费，从而造成环境污染。

要加强协作，严格监管。建设生态文明，实现旅游业可持续发展，需要加强涉及诸多部门和领域之间的沟通、协调与合作。要建立联合监管的长效机制，推动有关政策、法规、标准、制度的落实。各级各部门要积极做好服务，环保、旅游、发展改革、财政、建设、林业、水利、农业等部门要在各自职责范围内致力建设生态文明，共同建设美丽中国、美好家园。

党的十八大将生态文明建设列入“五位一体”总体布局，这既给旅游业发展指明了方向，也提出了新的更高的要求。

（资料来源：白四座．以生态文明建设引领旅游业可持续发展［N］．中国旅游报，2012-11-15.）

分析内容：

1. 什么是生态文明？生态文明的核心价值理念是什么？

2. 生态文明视野下，要实现旅游业可持续发展应采取哪些对策？

第二节 生态旅游与旅游可持续发展

在线案例

一、生态旅游的内涵

生态旅游是随着城市化、工业化发展而兴起的。其最早于 1983 年由谢贝洛斯（Heballos）和拉思克瑞（Lascurain）两位学者提出①，并在 1986 年召开的国际环境会议上得到确认。此后，学术界对生态旅游的定义以及归类等问题进行了许多积极的讨论。1992 年“联合国世界环境和发展大会”召开后生态旅游在国际社会得到广泛的研究和实践。与其他旅游形式相比，生态旅游具有区位上的自然性、层次上的高品位性、开发上的可持续性和内容上的专业性等突出特点，它符合近年来在游客中十分盛行的崇尚自然、返璞归真与天人合一的旅游心态，是国际、国内旅游业发展的重要方向和趋势。

虽然生态旅游直到现在都没有一个统一的定义，但大家对生态旅游的内涵认识却基本一致：生态旅游的基本对象是相对未受干扰的自然区域（包括文化遗产）；生态旅游的过程是把生态保护、环境教育作为既定前提的；生态旅游的目标是实现经济、社会、文化和环境高度协调，生态良性循环，人与自然和谐发展。

二、生态旅游的特点

（一）自然性

指旅游生态环境和文化环境的原始自然性。它包括三个方面：

（1）指旅游者所到的旅游区域具有独特的自然生态风光，人口相对稀少，受工业化影响程度较低，保存着生态环境的相对原始状态。

（2）指这个区域内具有独特的历史和现实的文化，其生活方式和文化模式保留纯自然原始状态的系统，对于旅游者具有心理文化上的吸引力。因为使旅游者选择去某地旅游的共同心理特征是他们希望了解、观察、体验有别于他们本土文化模式的异域文化。

（3）指在上述两个内容的基础上设计的特种旅游项目和线路，要体现特定的旅游生态环境特征相对集中、自然地理条件与人文条件和谐相存的要求，项目和线路能够使旅游者体验到过去未曾体验到的心理感受②。

（二）保护性

与传统的旅游活动相比，现代生态旅游的最大特点就是其保护性。现代生态旅游的

① 卢云亭，王建军．生态旅游学［M］．北京：旅游教育出版社，2001.

② 卢云亭．生态旅游与可持续发展［J］．经济地理，1996（1）：106-112.

保护性体现在旅游业中的方方面面：对于旅游开发规划者来说，保护性体现在遵循自然生态规律和人与自然和谐统一的旅游产品开发设计上；对于旅游开发商来说，保护性体现在充分认识旅游资源的经济价值，将资源的价值纳入成本核算，在科学的规划开发基础上谋求持续的投资效益；对于管理者而言，保护性体现在资源环境容量范围内的旅游利用，杜绝短期经济行为，谋求可持续的三大效益协调发展；对于游客，保护性则体现在环境意识和自身的素质，珍视自然赋予人类的物质及精神价值，保护旅游资源及环境成为一种自觉行为[①]。

（三）参与性

生态旅游的参与性主要表现在两个方面：一方面，生态旅游可以让旅游者亲自参与到自然与文化生态系统之中，在实际体验中领会生态旅游的奥秘，从而更加热爱大自然，崇尚高雅文化，这也有利于自然与文化旅游资源的保护。同时，通过参与来保证旅游者获得与众不同的经历和充分的旅游体验。另一方面，生态旅游是旅游者、旅游地居民、旅游经营者和政府、社会组织及研究人员广泛参与的一种旅游活动。所以，生态旅游还要求旅游者、旅游地居民、旅游经营者和政府、社会组织及研究人员广泛参与旅游决策与管理，从而提高旅游决策和管理的科学性、民主性，以利于地方经济和社会的发展[②]。

（四）高品位与普及性

在生态旅游开展的早期，生态旅游的参与者多为特定族群，一般来说是具有较高的教育背景或文化素养的人。但近些年，生态旅游发展的现实却表现为生态旅游正朝着普及化的方向发展，参加生态旅游的游客已不仅仅限于有经济实力和社会地位的上层人士，越来越多的普通工人、职员、学生等也加入到生态旅游的队伍中。随着社会经济的发展，大众环境意识的提高，到大自然中呼吸新鲜空气、修身养性的生态旅游将成为人们的基本生活需求，生态旅游者的队伍还将不断地扩大[②]。

课堂讨论

三、发展生态旅游的意义

生态旅游是经济发展、社会进步、环境价值的综合体现，是以良好生态环境为基础、保护环境、陶冶情操的高雅社会经济活动。因此，生态旅游是最值得开展的旅游方式。与传统旅游活动相比较，生态旅游的重要意义在于游览地区的生态环境和当地的民族风俗和传统文化得以完整保存，旅游开发不至于导致当地人文、地理环境破坏。

（一）保护不可再生性资源

旅游景观不仅是一种有限的资源，而且遭到破坏就无法复原，具有不可逆性，也就是说旅游景观的改变具有持久性。生态旅游正确处理了开发与保护的关系，是在保护基

① 史冬防．中国生态旅游的研究现状与前瞻［J］．河北理工大学学报，2006（1）：90.

② 郭来喜．中国生态旅游：可持续旅游的基石［J］．地理科学进展，1997（4）：1-10.

础上的开发，可以对旅游资源进行有效的保护。

（二）满足人类对生活品质的不断需求

马斯洛（Maslow）提出的人类需求层级中，最高层次是自我实现，以及求知、求美的需求。旅游活动包括在大自然环境中的自然欣赏，以及在文化环境中对人文景观的欣赏。

（三）传承和延续历史资源

我们的旅游资源是经由中华民族祖先的血汗、智慧以及梦想改造而成的，是先人留给我们相当重要的遗产和宝贵财富。游客可以感受到各个历史阶段的痕迹，这些旅游资源具有不可替代的教育意义、象征意义和潜在作用。

（四）构建和谐的社会生态价值系统

大自然是一切科学发展的源泉，提供科学研究的环境。生态旅游有助于生物、人文形态、历史与古迹、原始环境、游览观光资源以及土地资源等的保护。

另外，生态旅游可以通过经济利益的再分配使社会分工达到合理化，扩大社会就业机会。

四、生态旅游与旅游可持续发展的关系

拓展阅读 实践项目

（一）生态旅游是一种实现可持续发展的方式

生态旅游为旅游者提供积极的体验，同时做到经济上可靠、环境上适宜、社会文化上可以接受。没有积极的体验，旅游者就不会再来；经济上不可靠，旅游者所需要的设施和服务就没有人提供，生态旅游对提供者和当地人的潜在经济收益也就无法实现；如果环境没有得到保持，就破坏了生态旅游赖以存在的基础；如果不是文化上可以接受，就很难得到当地人的支持，他们甚至会对旅游产生敌意，加以抵制。

（二）生态旅游是遵循可持续发展原则的自然旅游

从包容关系来看，生态旅游是自然旅游的一个子集，但不是所有的自然旅游都是生态旅游。自然旅游强调对自然资源的利用，而生态旅游则侧重于对它的保护，强调可持续的价值观，同时涉及社会文化因素、当地人的需要等；自然旅游强调旅游动机和单个旅游者的行为，因此并不必然是可持续性的，而生态旅游则侧重于综合性，包含了社会目标的设定和实现。

（三）生态旅游是实现可持续发展原则的一种形式

生态旅游是实现可持续旅游发展原则的一种典型形式，但不是唯一形式，更不是可持续旅游发展原则本身。实际上，所有的旅游活动，尤其是占主流的大众旅游，都应该遵循可持续发展原则，将其负面影响降低到最小。

延伸阅读 8-1:

《全球旅游伦理规范》的推行

1999 年 9 月，在智利的圣地亚哥，世界旅游组织第 13 届大会讨论通过了《全球旅游伦理规范》。大会重申了《世界旅游组织章程》第 3 条所制定的目标：促进和发展旅游，为经济发展、国际相互理解、和平、繁荣，以及不分种族、性别、语言和宗教信仰尊重人权和人的基本自由做贡献，并意识到联合国大会所承认的世界旅游组织实现这一目标中所发挥的“决定性的中心的”作用。

大会坚信通过不同文化和生活方式的人们之间产生的直接的、自发的和平等的接触，旅游是推进和平的重要力量和增进世界人民之间的友谊和理解的重要因素，旅游以一种可持续的方式坚持与环境保护、经济发展和反贫困协调一致的基本原则，如 1992 年联合国里约热内卢地球峰会及其通过的《21 世纪议程》中所阐明的基本原则。

大会还坚信世界旅游业就整体而言，在一个支持市场经济、私有企业和自由贸易的，适合发挥其创造财富和就业机会功能的环境中，可以取得更大的成绩。如果能够遵循一些基本原则和一定规则，负责任的和可持续的旅游与支持旅游部门企业运行的服务贸易自由化环境并不矛盾，在旅游部门实现经济与生态，环境与发展、开放国际贸易和保护社会文化特征之间的协调是可能的。大会希望促进公平的、负责任的和可持续的世界旅游秩序，由此带来的利益将在与开放的和自由化的国际经济的联系中由全社会所有部门分享。

大会庄严地正式通过以下《世界旅游伦理规范》原则①。

第一条　旅游：促进人民和社会之间相互理解和尊重

1. 了解和倡导人类共有的伦理价值，以宽容和尊重的态度对待不同宗教、哲学和道德信仰的多样性，既是负责任旅游的基础，也是负责任旅游的归宿；旅游发展的利益相关者和旅游者都应当遵从所有民族（包括那些少数民族和原住民族）的社会文化传统习惯，承认它们的价值；

2. 旅游活动的开展应当与东道国家和地区的特点和传统协调一致，尊重他们的法律、习惯和风俗；

3. 东道社区和当地的旅游从业人员都应当了解和尊重到访的旅游者，了解他们的生活方式、兴趣爱好和期望；对旅游从业人员的教育和培训有助于热情周到的接待；

4. 为旅游者和访问者及其财物提供保护是政府当局的任务；由于他们可能特别容易受到伤害，政府当局必须特别关注外国旅游者的安全；根据旅游者的需要，在信息、预防、安全和救助方面，应当采取特别的措施为他们提供便利；对任何攻击、伤害、绑架或威胁旅游者或旅游从业人员的行为，以及故意破坏旅游设施和文化或自然遗产基础的行为，应当依据他们各自国家的法律予以严厉谴责和惩罚；

---

① 张广瑞．全球旅游伦理规范［J］．旅游学刊，2000（3）：71-74.

5. 旅游者和访问者在旅行过程中不得从事任何犯罪活动或者任何被访问国法律认为是犯罪的活动；应当避免让当地人感到无礼的和伤害的行为或者可能破坏当地自然环境的行为；不得从事任何违禁药物、武器、文物、受保护的物种以及危险物品和国家法令禁止交易的物品的交易活动；

6. 旅游者和访问者甚至在旅行出发前就有责任熟悉他们准备前往的国家的特点；他们必须认识到任何离开他们日常环境的旅行所具有的健康和安全方面的风险，并采取相应措施把这些风险降到最低；

第二条 旅游：个人和集体满足的方式

1. 旅游是一种常常与休息、娱乐、运动以及亲近文化与自然联系在一起的活动，它应当作为一种能满足个人和集体需要的优先考虑到的手段予以计划和实施，如果以一种非常开放的思想从事旅游活动，它就构成了自我教育、相互宽容以及了解各民族和文化之间的合理差异及其多样性的一种不可替代的因素。

2. 旅游活动应当尊重男女平等；应当促进人权，尤其是那些最容易被伤害的群体特别是儿童、老人、残疾人、少数民族和原住民族的个人权利；

3. 对人的任何形式的不当利用，尤其是性方面的利用，特别是对儿童的性利用，都是与旅游的基本目标相冲突的，是对旅游的否定；根据国际法，所有有关国家应当合作严厉打击这种行为，这些行为应当受到东道国家司法机构严厉惩罚，即使这些行为发生在国外，也应当受到行为者国家司法机构的严厉惩罚；

4. 出于宗教、健康、教育和文化或语言交流的目的而进行的旅行，是非常有益的旅游形式，应当得到鼓励；

5. 应当鼓励把旅游者交流的价值以及这种交流产生的经济的、社会的和文化的利益和风险引入教育课程；

第三条 旅游：可持续发展的因素

1. 为了实现稳定的、不间断的和可持续的经济增长，使当代人和后代人的需要和愿望都平等地得到满足，所有旅游发展的利益相关者都应当保护自然环境；

2. 所有有利于节约稀缺和珍贵资源特别是水资源和能源的、并能够最大限度地避免废弃物产生的旅游发展形式，国家、地区和当地政府应当给予优先权，并予以鼓励；

3. 应当在时间和空间上错开旅游者和访问者的流动，尤其是那些由带薪休假和学校假期产生的流动，应当考虑更加均衡的假期分布办法，以便减少旅游活动对环境的压力，增加其对旅游业和当地经济的有益影响；

4. 旅游基础设施的规划和旅游活动安排，应当保护由生态系统和生物多样性构成的自然遗产，保护濒临灭绝的野生生物物种；旅游发展的利益相关者尤其是专业人员，当他们在一些特别敏感区域如沙漠、极地和高山区、沿海区、热带雨林或湿地开展活动时，应当同意接受对他们活动的限制和约束；

5. 如果能尊重自然遗产和当地人民，并控制在活动场所的承载力范围内，自然旅游和生态旅游被认为特别有助于加强和促进旅游的持续发展；

第四条　旅游：人类文化遗产的利用者和改善这些遗产的贡献者

1. 旅游资源属于人类共同财产；资源所在地域的社区对它们具有特定的权利和义务；

2. 旅游政策的制定和旅游活动的开展应当尊重艺术的、考古的和文化的遗产，对这些遗产应当保护并使之世代相传；应当特别精心地保护和修缮纪念物、圣地和博物馆以及考古和历史遗址，这些地点必须对旅游者广泛开放；应当鼓励私人拥有的文化财产和纪念物向公众开放，并尊重其所有权，同时也鼓励宗教场所向公众开放，对他们正常的宗教活动的需要不得抱有偏见；

3. 文化场所和纪念地从接待游客中所得资金，应当至少有一部分用于这些遗产的维修、保护、开发和美化；

4. 旅游活动规划应当使传统文化产品、工艺品和民俗得以生存和繁荣，而不至于导致它们退化和变得千篇一律；

第五条　旅游：有益于东道国和社区的活动

1. 当地居民应当与旅游活动相联系，公平分享旅游活动所产生的经济、社会和文化利益，特别是旅游创造的直接、间接的工作岗位；

2. 旅游政策的运用，应当有助于提高到访地居民的生活水平和满足他们的需要；旅游度假地和住宿设施的规划建设和旅游经营，应当尽可能广泛地和当地经济社会结构结合在一起；在技能相等的情况下，当地劳动力应当优先；

3. 应当特别关注沿海地区和岛屿以及容易被破坏的农村和山区的特殊问题，对这些地区而言，在面临传统经济衰退的情况下，旅游常常代表着难得的发展机会；

4. 接受由政府制定的规章制度管理的旅游业人员，尤其是投资者，应当研究其开发项目对人文和自然环境的影响；有关他们将来的项目及其可以预见的影响，他们也应当提供最透明客观的信息，并就其内容与相关地区的居民进行对话；

第六条　旅游发展的利益相关者的责任

1. 旅游从业人员有义务向旅游者提供有关旅游目的地及其旅行、接待和逗留条件的客观真实的信息；他们应当确保他们提供给消费者的合同条款容易理解，如他们承诺提供的服务的性质、价格和质量以及如果由于他们自己单方面违反合同时的经济赔偿等；

2. 旅游从业人员应当在他们的职责范围内与政府当局合作，对寻求他们服务的旅游者，应当关心其安全保护、事故预防、健康保护和食品安全；同样，他们应当确保具备相应的保险和援助系统；他们应当承担国家法律规章规定的报告义务，在他们没能履行合同规定的义务时，应当给予适当的赔偿；

3. 旅游从业人员在他们力所能及的范围内，应当使旅游者在文化和精神上得到满足，并允许他们在旅行过程中从事宗教活动；

4. 客源国和东道国政府应当与相关专业人员及其行业组织合作，应当保证在组织旅行的企业破产的情况下，有送返旅游者的必要机制；

第七条 旅游权利

1. 期望个人直接地发现和享受地球资源，是世界上所有人平等享有的权利；日益广泛地参与国际国内旅游应当视为自由时间持续增加的最好体现之一，不应当对此设置障碍；

2. 普遍的旅游权利必须视为休息和休闲权利包括《世界人权宣言》第24条和《经济、社会和文化权利国际公约》第7条所保证的合理限制工作时间和周期性带薪休假的必然结果；

3. 应当在政府当局的支持下发展社会旅游，特别是社团性旅游，有助于更多的人广泛参与休闲、旅行和度假活动；

4. 家庭旅游、青年旅游、学生旅游和老年旅游以及为残疾人组织的旅游，应当得到鼓励并为其提供便利；

第八条 旅游者往来的自由

1. 在遵守国际法和国家法令的情况下，旅游者和访问者享有在他们的国内和从一个国家到另一个国家往来的自由，这符合《世界人权宣言》第13条的规定；他们有权进入过境地、逗留地和旅游和文化场所，免遭繁文缛节和歧视；

2. 旅游者和访问者应当有权使用一切可以利用的国际国内通讯；他们应当能够及时方便地得到当地提供的行政、法律和健康方面的服务；按照有效的外交惯例，他们应当享有与本国领事代表取得联系的自由；

3. 旅游者和访问者应当享有和到访国家的公民相同的对个人资料和信息特别是当它们以电子方式存储时的保密权；

4. 过境管理程序，诸如签证，或卫生检疫和海关方面的手续，无论是属于国家权限还是源于国际协议，都应当尽可能地改进，为最大限度的旅行自由和广泛参与国际旅游提供便利；应当鼓励国家集团之间达成协议，协调和简化这些手续；应当逐步废止或纠正损害旅游产业和削弱其竞争力的特别税费；

5. 只要客源国的经济状况允许，旅游者应当能够获得他们旅行所需要的可兑换货币数额；

第九条 旅游业员工和经营者的权利

1. 在旅游业及其相关活动中领取薪水的和自雇的从业人员，特别是考虑到他们工作的季节性，旅游产业的全球性和他们的工作性质所要求的灵活性等不利因素，他们的基本权利应当在国家和当地政府的监督下得到保障，客源国和接待国都应当特别关注；

2. 在旅游业及其活动中领取薪水的和自雇的从业人员，有权利和义务获得适当的入门培训和继续培训；他们应当得到充分的社会保障，应当尽量减少他们工作的不稳定性；对旅游部门的季节性员工，应当提供特殊的条件，特别关心他们的社会福利；

3. 任何自然人或法人，只要具有必要的能力和技能，应当有权根据现行国家法律从事旅游职业；企业家和投资商特别是中小规模企业的企业家和投资商应当有权在最少的法律和行政限制下自由进入旅游部门；

4. 来自不同国家的管理人员和工人，无论其是否领取薪水，为他们提供经验交流有利于促进世界旅游业的发展；应当尽可能依照相关国家法律和国际公约为这些活动提供便利；

5. 作为促进国际交流发展的和急剧增长的不可替代的联结因素，旅游业中的跨国公司不应当利用它们有时所占据的优势地位；它们应当避免成为把某些文化和社会模式人为地强加到东道社区的工具；它们应当充分认识到，作为它们投资和贸易自由的交换，它们应当参与当地发展；应当避免过多地将利润撤回国内或由它们引起的过多进口，而减少它们对当地的经济贡献；

6. 客源国和接待国企业之间的伙伴关系与平等关系的建立，有利于旅游可持续发展和旅游增长利益的公平分配；

第十条　全球旅游伦理规范原则的实施

1. 旅游发展中的公共和私营部门的利益相关者，应当合作实施这些原则，并监控其实际执行情况；

2. 旅游发展中的利益相关者，应当承认国际机构首先是世界旅游组织和非政府组织在旅游促进与发展、保护人权、环境和健康方面所具有的权力，应当尊重国际法的普遍原则；

3. 在应用和解释《全球旅游伦理规范》过程中无论出现什么争议，这些利益相关者应当表示愿意接受公正无偏见的第三方即世界旅游伦理委员会的调解。

【本章小结】

当今世界，旅游业作为“无烟工业”在过去的几十年中得到了迅猛发展，成为世界上最重要的产业部门之一。特别是对一些发展中国家或岛国，旅游业更是整个国民经济的支柱产业。但旅游者大量到来，会有意无意造成环境破坏，对旅游地区的文化和社会造成一定的影响。有些地区的旅游资源出现了萎缩和枯竭，造成了“过多的旅游者扼杀旅游业”现象的出现。为了保护人类的共同财富不至于因过度开发而衰竭，产生了一种

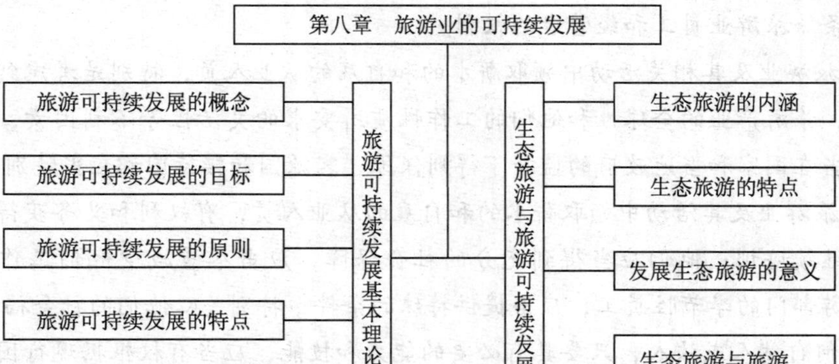

新的发展规划——旅游业的可持续发展。本章从旅游可持续发展的概念入手，回顾了国内外有关旅游可持续发展的基本理论，提出了促进旅游可持续发展的若干建议，并对旅游可持续发展的有效途径——生态旅游进行了全新的阐述，辩证分析了生态旅游与旅游可持续发展的关系。

【学习网站】

1. http：//www. sdinfo. net. cn/
2. http：//cssd. acca21. org. cn/

【复习思考题】

一、填空题

1. 旅游可持续发展的实质，就是要求＿＿＿＿＿＿、＿＿＿＿＿＿和＿＿＿＿＿＿三者的统一，成为一个整体。

2. 旅游承载力决定着旅游可持续发展的＿＿＿＿＿＿。

3. 旅游可持续发展的核心是＿＿＿＿＿＿。

4. 生态旅游的特点有＿＿＿＿＿＿、＿＿＿＿＿＿、＿＿＿＿＿＿和＿＿＿＿＿＿。

5. 发展生态旅游具有＿＿＿＿＿＿、＿＿＿＿＿＿、＿＿＿＿＿＿和＿＿＿＿＿＿等意义。

二、简答题

1. 怎么理解旅游可持续发展的含义？
2. 简述旅游可持续发展的目标。
3. 谈谈你对旅游可持续发展原则的理解。
4. 旅游可持续发展有哪些特点？
5. 实现旅游可持续发展的关键是什么？
6. 旅游可持续发展的影响因素有哪些？
7. 什么是生态旅游？
8. 生态旅游有哪些特点？
9. 发展生态旅游的意义何在？
10. 生态旅游与可持续发展的关系是什么？
11. 简述《全球旅游伦理规范》的内容有哪些。
12. 怎样实现旅游业的可持续发展？

第九章

旅游组织和旅游业的发展趋势与未来

导言

旅游业早在20世纪90年代初就已发展成为超过石油工业、汽车工业的世界第一大产业，也是世界经济中持续高速稳定增长的重要战略性、支柱性、综合性产业。当今，随着经济全球化和世界经济一体化的深入发展，世界旅游业进入了快速发展的黄金时代。2011年3月3日，世界旅游及旅行理事会发布的《2011—2021旅游业经济影响报告》认为，尽管目前世界经济增长遇到了很多挑战和不确定因素的影响，但旅游业却一直是增长速度最快的部门之一，而且成为推动经济和就业增长的主要力量。预计未来10年里，世界旅游业对全球国内生产总值GDP的贡献每年将达到4.2%，总额为9.2万亿美元，并创造6500万个就业机会。了解旅游组织的类型、性质和作用，准确把握世界及我国旅游业的发展模式、特点和主流趋势，对于我国确立旅游业发展战略，提升旅游业的国际竞争力，实现由旅游大国向旅游强国的迈进，具有十分重要的意义。

【教学目标】

本章要求学习者：了解旅游组织的成因类型、性质和作用以及发展趋势，世界旅游经济发展的主要特征、发展趋势及其对世界经济发展的作用；了解旅游发展的不同类型以及不同旅游业发展模式的主要特征，正确认识它们同社会经济发展水平的关系；掌握影响旅游经济发展战略制定的因素；认识我国旅游经济的发展趋势、模式及其主要特征。

【关键术语】

旅游业常规型发展模式；旅游业非常规型发展模式；发展趋势、特点与转型

【引导案例】

旅游业发展的韩国模式

韩国旅游业的迅猛发展，源于韩国政府强大的干预力量。韩国政府在主导旅游业发展中，特别注重政策法规体系的建立和完善，加上行之有效的机构建设和管理体制，为旅游业的发展创造了良好的环境，这也成为韩国模式的一大重要特色。

1. 健全旅游政策法规体系

早在1961年，韩国政府就颁布了《旅游振兴法》。20世纪70年代，韩国政客制定颁布了《旅游基本法》《旅游商业法》《旅游促进和发展法》等一批规范和推动旅游业发展的法律，基本建立起了韩国旅游法律体系。80年代至90年代，韩国政府在贷款和税收减免、旅游贸易法定程序等方面给予企业相当大的支持。1997年以来，韩国政府大力鼓励旅游业投资，促进入境旅游，适度控制出境旅游市场，加强了对旅行社行业的规范管理，旅游业的快速发展成为韩国经济复苏的带动力量之一。

2. 加强机构建设，完善管理体制

韩国旅游管理体制机构健全、职能明确、层次分明，为韩国实行旅游业政府主导管理模式提供了重要的组织保障和制度保障。

（1）国家旅游决策机构：旅游事业审议委员会。1965年，韩国成立了国家旅游事业审议委员会，由国务总理亲自担任委员长。职责是审议和制定国家旅游业的整体发展战略、政策和措施。统一制定旅游业发展计划和对外营销方案，统一安排旅游基础设施的建设与布局，协调旅游行业之间的各种关系，是韩国旅游业发展的中枢机构。

（2）中央政府管理部门：文化观光部。文化观光部成立于1998年，其主要职能涵盖文化、旅游、体育等事业。总体负责组织开发旅游资源，改善旅游基础设施，完善旅游法规制度等，主管韩国观光公社。

（3）半官方机构：国家旅游发展局（韩国观光公社）。韩国观光公社建立于1962年，1982年更名为韩国国家旅游发展局，是政府投资建设的企业，主要负责旅游基础设施建设以及境内外旅游的促销宣传，举办各种旅游观光活动，组织策划旅游宣传，是韩国旅游业发展的实际推动机构。

（4）行业自律机构：韩国旅游协会。韩国旅游协会是由旅行社、酒店、纪念品商店等旅游相关企业组成的行业协会。根据旅游促进法的规定，负责开发旅游产品，为其成员提供服务，并向社会公众宣传旅游的经济和社会意义，提高大众对韩国旅游的认识。

（资料来源：韩国旅游发展局网站 http：//kto. visitkorea. or. kr/chn/ck/ck_ 1_ 1_ 1. jsp）

案例问题：

1. 韩国模式的特点是什么？

2. 结合本章的知识，请思考：未来支持旅游业持续发展的关键是什么？

第一节　旅游组织

一、旅游组织概述

旅游组织的产生和发展是与旅游业的发展密不可分的。最早及真正意义上的旅游组织可以追溯到1898年设立的旅游协会的国际联盟，1949年改称国际官方旅游联合会，即今天的世界旅游组织前身。

现代意义的国际旅游组织起源于欧洲，为其兴起和发展提供肥沃土壤的是近代旅游业。18世纪末英国的工业革命使人类社会的经济生活发生了巨大的变化，旅游规模、范围、内容和队伍都发生了翻天覆地的变化。这一阶段，世界上尤其欧洲地区出现了一些专门的旅游组织，如1845年成立的托马斯·库克旅行社，1890年德国、法国的观光俱乐部等，虽然这些旅游组织都是国内机构，但跨国旅游的出现已使这些旅游组织之间建立了一定的业务联系，为国际性旅游组织的出现打下了基础。

20世纪，特别是第二次世界大战结束后的半个世纪，新兴独立国家的大量增加、科学技术的革命性发展与传播、世界政治形势的相对稳定以及国家间相互依存关系的加强，大大推动了旅游业的迅猛发展。这一阶段，国际旅游和洲际旅游成了人们向往的旅游方式。旅游业的这一发展态势，将整个世界的旅游业联系到了一起，呼唤着与之相适应的多边合作的旅游组织形态，因此在这一时期，旅游组织的数量激增，形式也多种多样，呈现出多元化发展趋势，如既有国际旅馆与餐馆协会组织、国际航空运输协会这样的国际性旅游组织，也有欧洲旅游协会、太平洋亚洲旅行协会这样的地区性旅游组织，也有旨在加强对旅游业的领导和管理，推进本国旅游业的发展，有效地组织实施国家旅游政策而由国家设立的全国性旅游组织专门机构，最常见的是国家旅游组织。各国国家旅游组织的设立形式、地位高低和权力大小依据本国的国情来决定。大致可以分为三类：第一类是由国家政府直接设立，并且在编制上作为国家政府的一个部门或机构。第二类是经国家政府承认，代表国家政府执行全国性旅游行政事务的半官方组织。第三类是经国家政府承认，代表国家政府行使旅游行政管理职能的民间组织。

虽然旅游组织形式不一，性质五花八门，但它们都有一个共同的目的，即普及旅游理念，营造良好的旅游发展环境，促进和发展旅游事业，使之有利于经济发展并促进国际和行业间的相互了解、和平与繁荣。

二、旅游组织的成因和背景

旅游组织的产生和旅游业的发展相辅相成，旅游业的发展促使了旅游组织的诞生，旅游组织的存在又促进了旅游业的进一步发展。旅游业的发展是和社会生产力的发展水平相联系的，它是社会经济发展到一定阶段的产物，社会生产力的发展水平决定了各个时代旅游的规模、内容和方式；同时，旅游不是纯粹的经济活动，而是包括政治活动、文化交流、人们往来、商业贸易、体育比赛、学术讨论等多方面的内容，是一项涉及政治、经济、文化各个方面的社会活动。因此，旅游组织的产生和发展实际上也是社会发展和经济发展的综合产物。具体地说，国际旅游组织的产生有以下几个因素①：

（一）现代旅游业的发展

第二次世界大战以后，世界政治形势呈现相对稳定状态，社会生产力迅速恢复并向前发展，社会文明程度提高，人民生活水平普遍上升，大众性的旅游活动蔓延全球，旅游意识深入人心。无论是出境旅游还是入境旅游都得到了迅猛发展，各种旅游形式也不断出现，如文化旅游、修学旅游、探险旅游、商务旅游等。这种旅游者的流动不单单是人们越过地缘国界的简单运动，它与政治、经济、文化等方面都有着十分复杂的关系，单一的国家或个体旅游部门的管理力量已力不从心，为了管理、协调、规范现代旅游业，国家间、区域间的合作已势在必行。因此，各大洲以及旅游者往来频繁的国家和地区纷纷成立区域性的旅游协调组织，如欧洲旅行委员会（ETC）、太平洋亚洲旅行协会（PATA）、加勒比地区旅游组织（CTO）等。

管理评论

（二）政府对旅游业的兴趣和关注

现代旅游业的发展势头强劲，20 世纪中期后，逐渐成为国民经济支柱产业，在有些国家甚至超过石油、汽车、钢铁等传统的巨大工业成为第一产业，由此各国政府对旅游业的兴趣和干预力度也加大，如在海关控制、签证、卫生、安全、环境、保护国家利益等领域。鉴于旅游活动的广泛性，涉及部门和机构众多，单纯的国内旅游组织在国家间的协调和合作能力不够，即使在经营合作十分有效的情况下也难免在组织和维持跨国旅游活动方面遇到难题和阻碍，因此政府就会表现出在世界和地区范围内订立规范、协同合作的愿望，一些政府间的国际旅游组织或涉及旅游的国际组织便应运而生。如 1970 年，国际官方旅游联合会被联合国接纳为正式附属机构，成为纯政府间国际组织，即世界旅游组织。涉及旅游的政府间组织还有联合国贸易与发展组织、世界卫生组织、经济和社会委员会等。

---

① 王向宁，国际旅游组织成因、影响和发展趋势研究［J］. 北京第二外国语学院学报：旅游版，2006（5）：87.

（三）经济全球化的浪潮

第二次世界大战后各国政府治理模式的变迁和冷战结束后国际关系焦点的转变是经济全球化发展的前提条件。在第二次世界大战刚刚结束的时候，各国政府集中力量发展本国经济，政府管制在各国的经济生活中占据主导地位。但是，到了20世纪70年代，“政府失灵”问题渐渐浮出水面，自由经济思想走向强势，对地缘政治的关注开始转向地缘经济，具体表现为：跨国经营增多，市场扩大，逐步形成世界市场；生产、投资、贸易、服务等活动超出一国领土，参与国际竞争；各国在经济领域相互竞争又相互依赖。在这种背景下，对国际经济秩序规范化和市场规则统一化的呼声越来越强烈，希望实现资本流动畅通无阻，信息与科技实现共享，各国共同合作，分享利益。国家间的相互依存关系及其利益的一定重合，产生了国际合作的必要与可能。国际组织就是现代国家既相互独立又相互依存这种矛盾现象的连接点。国际旅游组织也不例外。虽然各个国际旅游组织的性质和架构不尽相同，但它们都有一个共同的使命和宗旨，即协调国家间和企业间的关系，订立共同合作的规范，消除旅游业发展产生的负面影响，促进旅游业的健康发展。

（四）与旅游相关的全球性问题日益严重，亟待解决

现代旅游活动的迅速发展在促进国际合作、增进友谊的同时，也造成了国际的一些矛盾和冲突，产生许多复杂的国际问题，如文化冲突、人口膨胀、环境破坏、经济依赖等。也就是说，在各国开放市场，相互依赖的同时，某些问题也逐渐突破国界，危及人类的生存与发展。这些问题的妥善处理都要求世界各国协调合作、相互制约、共同应对，在世界范围内由独立行使权力的第三方组织来仲裁争议、调解冲突。在这种环境下，成立更多的、更有权威的国际旅游组织的要求变得越来越迫切。

（五）推动旅游业的进一步发展

旅游组织不仅是经济全球化进程中的一个产物，同时是经济全球化的重要推动者。在竞争激烈和飞速发展的旅游业中，旅游组织可以运用自己独特的地位和影响力推动旅游业的合理发展，为成员展开各种层次的对话与合作提供场所，为旅游企业寻求跨国合作伙伴创造有利条件，实现共同发展。另一方面，汇集世界上著名的旅游领域学者和专家，通过传播先进的理念与技术对成员进行指导和帮助；通过学术研究和专业调研方面的合作与交流促进旅游研究成果的国际传播和交流。如国际旅游科学专家协会、国际旅游科学院的成立就基于以上原因。

拓展阅读1

三、旅游组织的分类和性质

旅游组织形式不一，其性质也不尽相同。根据不同的标准有不同的分类（见表9-1）

表 9-1　旅游组织类别划分与举例①

划分标准	分类	举例
发起人和成员身份	政府间/官方旅游组织	世界旅游组织
	非官方/民间国际旅游组织	国际旅游科学院
地理范围	国际性旅游组织	世界旅游组织
	地区性旅游组织	欧洲旅游委员会
	国家旅游组织	美国旅游管理局
运作模式	营利性国际旅游组织	世界旅行旅游理事会
	非营利性国际旅游组织	国际旅游科学院
性质	政治经济性国际旅游组织	欧洲旅游委员会
	科学学术性国际旅游组织	国际旅游科学专家委员会
	业务行业国际旅游组织	国际旅馆协会

各类旅游组织在正式程度上存在着差别。一般来说，为适应经济全球化趋势和协调国际范围内旅游活动而形成的政府间的国际旅游组织和非政府国际旅游组织，其组织形式相对正式，组织规则相对完备，在成员间具有较高的权威，如世界旅游组织、太平洋亚洲旅行协会等。这类国际旅游组织通常制定有严格的组织规则，定期收集、整理、分析和发布信息，经常组织专家对成员进行技术指导和传播先进理念，定期召开年会或专题研讨会，注意协调成员间的关系、规范成员的行为和维护成员的利益，促进成员的共同发展，它们在成员中享有很高的权威性。

拓展阅读2

四、旅游组织的作用和影响

旅游组织的出现是旅游业发展到一定阶段的必然产物，同时是推动旅游业更快、更深入、更规范发展的力量。总的来说，国际旅游组织对旅游业发展的作用和影响表现在以下几个方面①：

（一）推动旅游业相关战略问题决策的制定

旅游组织可以有效推动各国政府或旅游主管部门对旅游业相关战略问题做出决策。这一点主要表现在对政府层面的直接影响上。国际旅游组织一般通过定期向各成员政府

① 王向宁，国际旅游组织成因、影响和发展趋势研究［J］. 北京第二外国语学院学报：旅游版，2006（5）：87.

机构或旅游主管部门提供统计资料、研究报告等形式进行指导和帮助。例如，世界旅游组织对各成员国经常在下列旅游领域里给予咨询和援助：第一，潜在的旅游资源调查，全国发展总体计划（包括财政来源和投资），为国内和国际旅游的发展制定政策、规划和项目；第二，合理利用国土，开发新的旅游景点和旅游产品（如海滩、水上运动、疗养院、登山基地、滑雪场、自然保护区、国家公园、文化旅游等）；第三，旅游宾馆：宾馆的规划、选址、利用与完善，度假村、疗养所、汽车旅馆、宿营地等，以及饭店星级评定制度等；第四，旅游法规，旅游统计，旅游业的预测和数字分析，旅游宣传，旅游市场、市场销售的研究和分析；第五，简化手续和自由经营，消除旅游障碍；第六，市场和促销：根据成员国提供的对市场销售和制定战略规划十分有价值的资料和预测不断地检查和分析世界旅游的发展，并出版一系列期刊和包括大多数旅游客源国和接待国以及旅游其他方面的统计报告。

（二）促进旅游信息的交流和传播

旅游组织一般都设有战略情报中心，负责搜集市场的第一手资料，对全球和热点地区进行趋势分析，编写统计报告和出版相关资料，同时对未来发展进行预报和预测，如太平洋亚洲旅行协会通过月刊《动向和趋势》向会员清晰易明地剖析亚太地区旅游业的动向、议题与趋势。

（三）帮助提升和树立旅游目的地形象

旅游组织具有广泛的代表性和影响力，各成员政府机构或旅游主管部门在接受组织的指导和帮助的同时，可以利用这种代表性和影响力来积极开展目的地营销活动，通过组织所发布的权威信息来树立旅游目的地的鲜明形象，提升本国、本地区旅游业的整体水平，扩大在业内的知名度。

大师观点

（四）推动和促进同行业的跨国合作和协调关系

这一点主要表现在对企业层面的直接影响上。组织内的成员通过沟通和交流信息，共享资源，共同致力于地区旅游业或同行业的进一步发展。例如，欧洲旅游委员会在对市场进行调查研究的基础上，组织成员国联合开发潜在的目标市场，提高世界其他地区来欧洲旅游委员会成员国旅游的水平，尤其是吸引美国、加拿大和日本的旅游者；国际航空运输协会明确提出客货运率、服务条款和安全标准等，并力图逐步使全球的空运业务制度趋于统一，积极处理和协调航空公司与旅行社之间的关系，对票价提出建设性的意见。

（五）规范开发建设行为，促进旅游业的可持续发展

旅游组织通过监督与劝告来制止成员为了追求短期的经济利益而进行的破坏性的开发与建设，通过保护旅游资源保证旅游业的可持续发展。例如，世界旅游组织和世界旅游业理事会设有专门机构对成员国的旅游发展进行跟踪研究并定期发布报告，对旅游发

展中存在的问题给予警告和提出解决措施；强调旅游发展的适度性，建议在旅游产品和旅游服务的长期推销过程中，不仅要有商业意识，而且要具有环境保护意识。世界旅游组织还专门出版了《国家公园和旅游保护区布局指南》《区域规划者指南：适度旅游之发展》《旅游点发展的整体方案》等书籍。

（六）加强人才队伍建设

旅游组织通过举办年会、研讨会、培训班等形式，提高旅游业从业人员水平，在人才层面上为旅游业的进一步发展储备后继力量。众所周知，旅游业发展所面临的最大挑战之一是人才资源，旅游业的发展需要源源不断的，具有不同专业技术知识和创新思想的人才。适当的教育和培训不论是对已经从事旅游工作的人，还是对在企业中负责培训的人，都是一种基本的需要。例如，世界旅游组织为成员国和会员积极提供教育和培训的教师、教材及其他便利条件；它还与珀杜大学宾馆餐饮管理系、索尔邦内大学世界旅游高等研究中心合作举办函授班，提供包括文化遗产的保护、通信、调研、旅游经营、市场学等不同形式的教育与培训，与美国、加拿大、意大利、法国、荷兰、英国、澳大利亚、摩洛哥等国高等旅游管理院系合作建立一个全球性的不断扩大的教育培训中心网络。太平洋亚洲旅行协会特地为政府旅游官员设立 EDIT 奖学金计划，每年选派会员单位政府官员赴美国夏威夷旅游执行发展学院进行学习。

（七）引导行业导向

旅游组织通过发布分析报告、提供资讯服务、发行内部刊物等形式，发布新的发展趋势，引导行业导向，对国家和地区的旅游业发展起着指导作用。

课堂讨论

（八）提供有效的保障机制

旅游组织在旅游业面临健康、安全、自然灾害等危机时，能够运用自己独特的影响力采取积极有效的措施来保障及推广成员的声誉和形象。例如，2003 年“非典”疫情暴发后，太平洋亚洲旅行协会（PATA）携手政府及私人机构设立“凤凰计划”，推动了亚太地区旅游形象的恢复，为重塑全球对亚太地区的信心做出了积极贡献；为应对海啸对亚太地区旅游造成的消极影响，太平洋亚洲旅行协会成立并带领亚太旅行协会旅业联盟先于世界旅游组织通过网络发动了旅游重振行动，并在短时间内募集了几十万美元的捐款。

五、旅游组织的发展趋势

随着现代旅游业的迅猛发展，随着全球化浪潮的风起云涌，毫无疑问，旅游组织将获得更大的活动空间，在国际社会中扮演越来越重要的角色，这是旅游业发展进程中最显著的态势，同时亦表现出一些引人注目的新趋向①：

① 王向宁，国际旅游组织成因、影响和发展趋势研究［J］. 北京第二外国语学院学报：旅游版，2006（5）：87.

(一)旅游组织在数量和种类方面将不断增加

按照世界旅游组织的预测，世界旅游业今后将以更快的速度、更大的规模发展，到2020年全世界每年将有16亿人次到国外出游，每天平均将有50亿美元花费在旅游上；国内旅游将达到160亿人次，花费达20万亿美元。这些可观的数字展示了未来旅游业发展的一个巨大空间，即旅游总量持续增长的态势是十分清楚的。同时，经济全球化使各国之间经济交往日益增加，各国的管制放松，全球经济趋于一体化。另外，旅游范围和种类的拓展、新兴旅游形式的出现，如近年的商务旅游、奖励旅游、会展旅游、太空旅游、健康医疗旅游等，都将促使新的国际旅游组织尤其是行业协会类国际组织的大量增加。

(二)国际旅游组织的地位将不断提升

随着经济全球化进程的推进，国际旅游组织将逐渐成为旅游领域内“全球治理”的主体之一，在调解相互冲突、调和不同利益方面的作用和影响力将越来越大。同时，随着旅游业成为世界第一大产业，各国政府必将越来越重视并给予大力支持。为了树立旅游目的地形象，扩大知名度，越来越多的国家、企业甚至个人将借助国际旅游组织来扩大自己的影响力。另一方面，国际旅游组织的一项重要活动内容是收集、整理、分析和发布信息，这些信息既包括成员的动态，又包括各类统计数字。由于国际旅游组织独立于政府而存在，其信息具有一定的客观性，又由于它们直接从各个成员处获得并汇总信息，其信息又具有一定的完备性。信息的客观性与完备性使国际旅游组织在旅游领域的指导和帮助具有很大的权威性。

(三)亚太地区的旅游组织影响力将不断扩大

欧洲和北美是现代国际旅游业的两大传统市场，在20世纪以前，他们几乎垄断了国际旅游市场，既是主要的旅游客源国又是主要的旅游接待国，成为世界国际旅游的主体。在这一时期，主要的旅游组织都出现和集中在欧美地区，即使有个别旅游组织把眼光投向亚太地区，但总部也基本设在欧美国家。但是，最近20年来，随着亚洲太平洋地区逐渐占有比以往更大的市场份额，全球旅游市场格局发生了很大的变化。根据世界旅游组织预测，到2020年，东亚太地区接待国际旅游人数将超过美洲而居第二位，旅游重心也相应东移，亚太地区将成为未来国际旅游业的热点地区。随着亚太地区旅游时代的到来，亚太地区各种专门的旅游国际组织必将大显身手，有一番作为。

(四)非政府旅游组织的数量将增多，作用将加强

政府是旅游业的主要合作伙伴，它们为旅游业的发展创造有利的条件，保障旅行与旅游的安全和自由。但是，随着经济全球化的发展，新技术带来的社会结构的变化，政府对旅游业的干预将越来越少。众所周知，瑞典和美国都取消了国家旅游局，法国降低了旅游部长的级别，而意大利则干脆取消了旅游部。这一方面反映了政府干预力度的减弱，另一方面则正好显示了非政府力量对旅游业的管理和影响力的逐渐扩大。随着全球

化的进一步深入，在旅游业不同层面上的合作和交流的需求将会越来越迫切，各种论坛组织、行业协会必将不断涌现，并大量介入国际旅游活动中，协调各方利益，共同发展，它们在全球化过程中的活动引人注目。

（五）旅游组织的组织体系更加完善，并呈现专业化、细分化的趋势

为了适应旅游业的快速和多元化发展，国际旅游组织在本身的机构设置、人员配备等方面必将做出一些相应的调整。一方面，它们将调整本身的组织体系，使之更趋完善和周到，同时面对不同的客源和客流细分市场进行专业化和细分化的分工；另一方面，加大对旅游热点地区的关注，增强该地区的调研和管理力量，如增设办事处、配备常驻代表等。

第二节　世界旅游业的发展趋势

一、世界旅游业的发展趋势

（一）世界旅游业发展的新特点

过去 60 年来，世界旅游业发展一直长盛不衰，中间虽然也有波动，但总体上呈现高速增长态势。推动世界旅游业迅速发展的关键因素有三个：一是各国经济快速增长及与其相关的国民收入稳步提高，使人们有能力支付价格不菲的旅游旅行费用。比如，目前在欧洲，一个月收入 4000~6000 欧元的中等收入家庭，可非常容易地到亚洲、非洲旅行。每人每次旅行的平均费用大约为 2000 欧元，比月收入还低。现在欧美有些家庭每年的出境旅游已成为习惯。二是交通运输技术的巨大进步，使长途旅行发生了革命性的变化，大大缩短了国家与国家之间的距离，使“地球村”的理念成为现实。其中特别值得一提的是宽体喷气式飞机的发明、家用小汽车的普及和高速铁路的广泛运用。三是劳动生产率的大幅度提高和人权、民生状况的不断改善，使人们可以有大量的闲暇时间用于旅游旅行。以发达国家中每周工时最短、一年带薪假期最长的国家法国为例，从 1919 年起每周法定劳动时间为 48 小时，1936 年起减为 40 小时，2000 年起实行每周 35 小时工作制；除了每年法定的节假日，一年带薪假期 1936 年是 2 周，1956 年增加到 3 周，1968 年是 4 周，1981 年起增加到 5 周。也就是说，法国人每年大约有 5 个月不用工作。北欧其他一些国家也是大同小异。休闲度假已成为现代社会人们的重要生活方式，休闲经济成为经济社会发展的重要经济形态。

60 多年来世界旅游业的发展，呈现以下突出特点和发展态势[①]。

---

① 刘文海．世界旅游业的发展现状、趋势及启迪［J］．中国市场，2012（33）：62-65.

1. 高速、持续、稳定增长

旅游业增长高速、持续、稳定，没有哪一个行业可与之相提并论①。有学者研究表明，就全球旅游者数量而言，从1950年到2000年的50年中，基本每隔10年就会翻番，从1950年的2500万人次增加到2000年的6.7亿人次；从2000年到2010年的10年中，由于旅游者基数不断增加，增速有所放缓，但10年中仍然增加了2.7亿人次，到2010年达到9.4亿人次。就世界旅游业收入增长速度而言，过去60多年中年平均增长率为6.9%，也基本是每隔10年就会翻番。其中，从1950年到1960年的第一个10年，年均增长率为10.6%；依次第二个10年为9.1%，第三个10年为5.6%，第四个10年为4.8%，第五个10年为4.3%，第六个10年为6.5%。对比分析可见，世界旅游业收入增速明显高于同期世界经济年均增速（按每10年作为一个周期来测算，通常年均增长率在3%以下）。2011年3月3日世界旅游及旅行理事会发布的《2011—2021旅游业经济影响报告》认为，尽管目前世界经济增长遇到了很多挑战和不确定因素的影响，但旅游业却一直是增长速度最快的部门之一，而且成为推动经济和就业增长的主要力量。预计未来10年里，世界旅游业对全球国内生产总值GDP的贡献每年将达到4.2%，总额为9.2万亿美元，并创造6500万个就业机会。

2. 休闲化、大众化和社会化特征明显

旅游已成为人们普遍的一种生活方式和基本权利，世界已经进入“旅游时代”。过去60多年来，随着经济社会的发展，人们的休闲时间与时俱增，恩格尔系数则与时俱减。早在1995年，全世界就有145个国家实行每周5天工作制，其中大多数国家又实行每年5~52天不等的在职带薪休假制。有些发达国家甚至打算实行每周工作4天、每天工作5小时、每周工作20小时，并进一步延长带薪休假时间。在发达国家和地区，恩格尔系数已降到20%~30%，人们可自由支配收入大幅度增加。从20世纪70年代末、80年代初开始，旅游者已不满足于传统的观光旅游产品，开始选择具有鲜明地域特色、时代特色和个性特色的休闲度假旅游产品。欧美发达国家是休闲度假旅游的发源地。目前，休闲度假旅游已经成为最重要的市场方向，世界旅游强国基本也都是休闲度假旅游比较发达的国家。在美国，人均约有1/3的休闲时间，2/3的收入用于休闲，1/3的土地面积用于休闲。休闲度假已成为现代社会人们的重要生活方式，休闲经济成为经济社会发展的重要经济形态。其中，海岛、滨海休闲度假是旅游业的第一大支柱，在一些国家和地区成为主要经济收入来源，如在百慕大、巴哈马、开曼群岛，旅游业收入占其国民收入的50%以上，而地中海沿岸、加勒比海地区、波罗的海及大西洋沿岸的海滨、海滩，则成为极负盛名的旅游度假胜地。

---

① 中共北京市委研究室，北京市旅游局．旅游产业作为世界第一大产业发展状况研究［N］．中国旅游报，2010-05-28.

3. **旅游市场"三足鼎立"**

世界旅游市场逐步出现分化，呈现"三足鼎立"新格局①。欧洲和北美长期以来一直是世界上最受欢迎的两大旅游胜地，是全球旅游市场的"双雄"。但最近十年来，情况却正在发生快速变化。经济全球化和区域经济一体化的进程深刻地影响着世界旅游业的发展，也打破了原有的旅游市场格局。东亚太经济的崛起，为世界旅游热点向亚太转移创造了经济平台。中国-东盟自由贸易区的形成，将出现一个拥有17亿消费者、近2万亿美元国内生产总值、1.2万亿美元贸易量的经济区。国际旅游者对于旅游目的地的选择出现多样化，东亚及太平洋地区已经成为第三首选目的地，从而形成欧洲、北美、东亚及太平洋地区"三足鼎立"的新格局。据预测，东亚太地区接待国际旅游人数占世界的份额将从1995年的14.2%上升为2020年的27.3%，超过美洲（2020年为17.8%），位居世界第二。欧、美主宰世界旅游市场的局面已被打破，全球旅游市场形成欧、亚、美三足鼎立的新格局。在这一新格局下，区域经济一体化的推进加速了区域旅游的发展，使世界各大洲内部的区域性旅游成为国际旅游的主体。据世界旅游组织预测，2020年世界各主要旅游区内部的国际旅游者将占其国际客源的份额分别为：非洲70.5%、美洲71.0%、东亚太78.5%、欧洲84.8%、中东73.0%。

4. **经济型酒店迅猛发展**

度假旅游的导向作用和休闲经济的迅速发展，拉动了经济型酒店业的迅猛发展，部分经济型品牌酒店的扩张速度达到年均200%~300%的增速。大众化旅游度假市场的蓬勃发展将给我国经济型酒店业的增长提供巨大的发展空间，国内未来的市场格局或可形成10家左右的著名经济型酒店品牌，而行业领先者的规模应该在1000家连锁酒店以上。

5. **旅游市场供求内容发生质变**

与传统观光旅游的基本内容相比较，团队行军拉练式、走马观花式旅游已被休闲度假旅游所代替。整个旅游市场的供求内容发生了实质性变化。从20世纪70年代末、80年代初开始，旅游者已不满足传统的大众化的观光旅游产品，开始选择具有鲜明地域特色、时代特色和个性特色的度假旅游产品。因此，供给者便着力培育世界一流的旅游度假胜地这一主流产品，除了得天独厚的自然资源和历史文化资源以外，核心就是度假地特有的、不可复制的社会资源、民俗文化资源和交通、通信、网络等基础设施以及度假地的游憩设施，形成规模性的复合型度假产品体系，满足各个层面的游客需求。度假者在度假期间除了在度假地活动之外，往往还会以该地为中心，做短途游览，进行观光、考古、探险、运动等，认识、感悟和体验不同旅游度假地的特色文化，扩大视野，放松身心，提升内涵。

6. **旅游业与其他产业的结合紧密**

旅游业与科技教育、文化体育、商务会展等产业的结合越来越紧密，特别是与信息

① 中共北京市委研究室，北京市旅游局．旅游产业作为世界第一大产业发展状况研究［N］．中国旅游报，2010-05-28.

化“珠联璧合”，成为跨领域、跨行业的综合性、战略性产业。首先，科学进步和技术创新已成为世界旅游业发展的主要推动力。信息技术、网络技术、交通技术的快速发展，促进了旅游需求多样化、旅游管理信息化、旅游装备科技化。在线旅游预订业务、电子旅游信息、电子签证和电子商务等正在改变旅游业的市场环境，社交网络的广泛应用也在改变旅游业的面貌。其次，旅游业与文化体育事业产业的结合成为亮点。文化是旅游产品的灵魂。如奥运会、世博会这样重大的文化体育盛会，既可以为主办国带来强劲的旅游客源和旅游收入增长，又可以传播本国文化、展示文明成果、提升国家形象。最后，旅游业直接促进了与其密切相关的酒店业、餐饮业、服务业和百货及奢侈品消费。而且，旅游公司本身也可以成为庞大的商业帝国。如全球最大的旅游企业美国运通公司，资产总额2000多亿美元，有遍布全球130多个国家1700多家营业网点，年收入360亿美元。

（二）世界旅游业发展的新趋势

世界旅游业上述几个方面的发展特点和态势，也是未来的发展趋势。可以预测，今后10~20年世界旅游业发展还将呈现以下几个新趋势①。

1. 旅游参与国际竞争

越来越多的国家把发展旅游业上升到国家战略的地位，作为参与国际竞争的重要平台。美国、法国等许多发达国家都把发展旅游业作为国家战略，中央政府普遍成立集中统一的旅游事务管理部门或多部门参与的旅游政策协调委员会，各级财政增加导向性投入，改善公共服务设施，开发旅游精品，提高国际旅游竞争力。许多国家元首、政府首脑和政要亲自宣传本国旅游，甚至担任“旅游大使”，把旅游作为参与国际事务的平台或媒介，积极扩大国际影响力。例如，日本实施“观光立国”战略，韩国提出“国民观光职业化”，马来西亚提出“马来西亚，真正的亚洲”国家旅游宣传口号，印度提出“令人难以置信的印度！”口号。特别是2008年国际金融危机爆发以后，西班牙政府通过“旅游促进计划”，决定2008—2020年年均投入15亿欧元，用于促进旅游业发展。墨西哥将“国家旅游发展计划”列为法律，并把2011年定为“旅游年”。旅游业已经成为各国应对经济危机、促进经济复苏、培育新经济增长点的重要手段。

2. 旅游的软实力作用显著

旅游业日益与一个国家的人文、社会、历史紧密结合，成为国家软实力的重要方面。随着信息化、全球化时代的到来，国家之间的竞争力已经从硬实力的较量，发展到文化形象等软实力的竞争。越来越多的国家认识到，国际旅游是输出国家文化、形象和影响的重要渠道，通过举办国家主题文化年、体育赛事、盛大展会等活动，可以更广泛地吸引国际游客，可增进各层面、各领域的国际交流，扩大本国历史、文化、价值观的输出，有利于传播价值观和提升国家软实力。例如，2011年世界旅游组织确定的年度主

① 魏敏．世界旅游业发展趋势与胶东半岛旅游业发展战略定位［J］．山东社会科学，2010（4）：138-139.

题是“旅游与各种文化高度耦合”，中国国家旅游局确定的年度主题是“中华文化之旅”。这表明了人们对旅游与人文社会历史紧密结合的认识不断提高。旅游与文化紧密结合的态势，使得像中国、希腊、埃及、印度等具有悠久深厚人文社会历史传统的国家，可以在未来旅游业发展中增添一些国际竞争力。

3. 整合资源，形成格局

注重相关资源整合，形成“大旅游”的发展格局。欧美一些旅游强国都非常重视旅游相关资源的整合，重视将旅游业与大型文化交流、体育赛事、文物古迹和遗址保护、商品博览交易会等活动结合起来，形成一个大的产业群、产业链。同时，旅游业作为第三产业，本身与交通运输业、酒店业、餐饮业等关系十分密切。“大旅游”的发展，对一个国家的国民经济、社会建设、人的素质的提高都有好处。为此，各国政府普遍加大与旅游业相关的公共投资力度，用于改善道路交通、环保设施、文物保护和开发、旅游教育和科研、景点开发、景区度假区环境和辅助设施建设等方面。同时，各国普遍重视强化旅游商品开发，严厉打击各种侵害游客购物消费权益的不法行为，营造公平透明、友好舒适的旅游购物环境。例如，在欧洲各国以及日本等的旅游业收入中，旅游购物就占有相当大的比重。

4. 国家旅游管理部门的作用强化

国家旅游管理部门对国家旅游事务的统筹协调和综合性管理作用进一步强化。各国旅游管理体制的模式存在较大差异，也都处于不断调整完善之中，这与各国国情、政体和历史文化传统有关。总体上看，随着当代世界旅游业的快速深入发展，各国旅游管理体制呈现出若干共同或相似的趋势，形成了“政府部际协调决策—行政主管部门—行业组织协调自律—专业机构宣传推广”四个层次的旅游管理体制与运行机制。旅游产业的综合性、关联性、依托性强，在中央政府层面上建立部门间协调配合的机制，有利于强化经济社会文化各部门对旅游业的支持和配合。行政主管部门则按照政企分开、政事分开、政社分开的原则，履行宏观管理职能，研究制定旅游发展战略、法规政策、发展规划、部门协调和国际联络等产业发展的大政方针。行业组织发挥着十分重要的作用，部分原来由政府行政主管机构的职能转向旅游行业组织、中介机构和非政府组织，如行业服务标准制定推广、饭店星级评定、旅行社等级评定、旅游企业信用认可、游客中心管理、服务质量监督、从业人员培训、市场调研、信息分析和咨询服务等。旅游宣传推广，则由政府主管机构包揽向主管机构与行业组织结合转型，从行政式宣传向专业化、市场化促销转型。例如，越来越多的国家建立政府主导、行业合作、企业参与、专业运作的市场营销的宣传推广机构，比较成功的是日本观光振兴会、韩国观光公社、法兰西之家、美国国家旅游组织等。

5. 度假旅游将成为世界旅游业的主流产品和重要支柱

未来的旅游市场，度假旅游将更为盛行，并会逐步取代观光旅游成为国际旅游的主体。度假旅游产品、专项旅游产品、个性化旅游产品将是发展的主流趋势。一些旅游度假胜地，如地中海沿岸、加勒比海地区仍将是国际旅游者集中的旅游胜地。在东亚、太平洋地区，夏威夷、泰国、印度尼西亚等具有海滩资源的地区将是旅游者青睐的目的地。而主要吸引商务和购物客人的城市型旅游地，如中国香港、中国台湾、新加坡、韩国将会在度假旅游浪潮中失去一部分市场。到21世纪末，泰国、夏威夷将会取代中国香港、新加坡成为东亚、太平洋地区第一位和第二位的旅游接待地。

6. 旅游产品市场进一步细分化

未来旅游者的旅游目的将更加个性化，旅游机构也将更加重视从更深层次开发人们的旅游消费需求，旅游产品市场将会进一步细分，更加丰富多彩。除了传统的观光旅游、度假旅游和商务旅游这三大主导项目和产品外，特殊旅游、专题旅游更有发展潜力，如宗教旅游、探险旅游、考古旅游、修学旅游、民族风俗旅游等，将会形成特色突出的旅游细分化市场。此外，观光、度假、商务三大传统旅游项目也将进一步升级。观光旅游在中低收入国家仍将占据第一主导地位，并逐步普及化、大众化；在高收入国家的市场则会逐步萎缩。度假旅游方面，彰显区域文化特色和以生态、绿色、低碳的自然资源环境为支撑的度假胜地，将成为旅游市场的主流产品。商务旅游方面，则会随着世界经济多极化和经济增长中心、商务热点转移而出现多极化、多元化，欧洲、北美、日本等传统商务旅游重点目的地的地位一时还难以撼动，但也会增加东亚、中东以及新兴经济体等新的商务旅游热点地区。

7. 旅游方式更为灵活多变，旅游目的更加注重切身体验和感受

旅游方式将会朝个性化、自由化的方向发展，各种新颖独特的旅游方式将应运而生。在追求个性化的浪潮下，未来散客旅游特别是中短距离区域内的家庭旅游份额将逐步增加。旅游者在旅游中追求更多的参与性和娱乐性，那些富有情趣活力、具有鲜明特点的旅游场所，那些轻松活泼、寓游于乐、游娱结合的旅游方式，亲身体验当地人民的生活，直接感受异国的民族文化风情，通过参与和交流得到感情的慰藉和心灵的撞击，将受到越来越多旅游者的追捧。民族风情、地方特色、游娱结合将成为未来旅游产品设计开发的重要方向。

8. “银发市场”不断扩大

按照联合国现行标准，一个国家60岁以上老年人口占总人口的比例超过10%（或65岁以上老年人口占总人口比例超过7%）即进入老龄化社会。老龄化是全球性问题，发达国家老年人口占比通常在20%以上。西方主要客源国大都进入了老年型国家，其中英国、德国、瑞士等国老年人比例已超过总人口的14%。发展中国家的状况稍好，但老龄化势头迅猛。在当今社会，老年人是一个有钱、有闲、健康活跃的阶层，对休闲度假和异国古老传统文化比年轻人更感兴趣，必然会是旅游者队伍的一支重要力量。近些年来，欧美等高收入国家出现了老人携儿孙辈一起出游的现象。“银发市场”越来越被各旅游接待国所重视，未来将成为世界旅游业异军突起的一个重要市场。

9. 旅游安全日益受到重视

旅游目的地的局部战争、地区冲突、民族冲突、宗教冲突、国际恐怖主义、政局动荡、社会不安定和自然灾害、重大事故、传染性疾病等因素，都会打击旅游者的消费信心，从而对世界旅游业的发展产生不利影响。特别是在美国“9·11”事件之后，旅游安全成为旅游者首先要考虑的问题。毫无疑问，未来的旅游安全和旅游目的地的社会稳定和谐，将越来越被旅游机构和旅游者所重视。

10. 区域旅游势头不减

由于地缘文化接近，对大部分国家来说，邻近市场仍将是本国旅游客源的主体市场。区域经济一体化会以其“地利、人和”的优势，推动区域旅游业以更高的速度增长。在不久的将来，东南亚海域将成为世界滨海游乐业蓬勃发展的地区之一。

11.“绿色旅游”成为一个新动向

各国会越来越重视旅游业的可持续发展，以及对自然资源、人文资源和生态环境的保护，加强旅游目的地的环境建设，同时引导旅游企业和旅游者积极履行社会责任、环境责任，关注和应对全球变暖问题，努力减少旅游活动对自然、人文和生态环境的负面影响。主要表现为：人们一方面积极倡导绿色经济和环境保护，提倡旅游活动的生态化；另一方面更愿意接近自然、走进自然，与自然融为一体，倡导生态旅游产品的消费。因此，乡村旅游、绿色旅游、生态旅游日益成为旅游的热点和发展趋势[①]。

二、世界旅游业的发展模式

在线案例

（一）世界旅游业发展模式的类型

旅游业发展的模式问题，由于不同研究者的出发点、角度和思维方式的不同，因而，研究的方法和结论也大不相同。我国一些学者试图从旅游业的形成、发展同国民经济的关系等角度来总结旅游发展模式的不同类型[②③]：

1. 超前型与滞后型

（1）超前型模式是指旅游产业的形成和发展超越了国民经济总体发展的一定阶段，通过发展旅游产业来带动和促进国民经济中与其相关联的其他产业和地区发展的一种发展模式。此类模式的实行必须具备一些条件：拥有足以吸引游客的旅游资源，在境外存在对其旅游资源的市场需求并有相应必要的外部投资，政府给予大力支持。

（2）滞后型模式又称自然发展模式，它是指国民经济发展到一定阶段后，旅游产业便自然而然地形成和发展起来的一种发展模式。它的产生和发展的条件是国民经济全面发展，人民收入水平显著提高，旅游需求与供给对称式发展。

2. 市场主导型与政府主导型

（1）市场主导型模式是指旅游产业的发展主要依靠市场机制来推动的发展模式。特

① 邹金萍．后改革时代中国旅游业发展趋势及在城乡经济一体化中的作用［J］．西北大学学报：哲学社会科学版，2010（5）：41-42.

② 田里．旅游经济学［M］．北京：科学出版社，2008.

③ 张辉，厉新建．旅游经济学原理［M］．北京：旅游教育出版社，2004.

点表现为：主要依靠市场机制实现旅游产业内部的自行调节和自行均衡，政府主要通过市场参数间接地调节旅游经济运行，国家产业政策对旅游产业的影响主要侧重于市场的需求。

（2）政府主导型模式是指以各个时期的旅游产业发展规划或通过制定旅游产业政策来实现其发展的一种发展模式。主要发生在具有政府干预和控制经济的历史传统的国家（地区），需要在短时期内推进旅游经济快速发展的国家（地区），即所谓的“赶超型国家（地区）”。

3. 延伸型与推进型

（1）延伸型模式是指旅游产业的发展以国内旅游为前导，在国内形成旅游产业的基础上，发展入境旅游和出境旅游，最终实现国内旅游、入境旅游和出境旅游全方位发展的模式。特点是由境内向境外延伸。它是在社会经济发展的基础上自然形成的。

（2）推进型模式是指先以发展入境旅游为主，再由入境旅游形成旅游产业的基础上，随着社会经济的发展伴随着发展国内旅游，最终实现入境旅游、国内旅游和适度出境旅游全面发展的发展模式。特点是以先发展入境旅游来推动其他类型旅游的发展，旅游产业的发展主要以社会经济的发展为基础，但政府的作用不可忽视。

4. 经济增长驱动型和市场调节驱动型

（1）经济增长驱动型模式主要发生在经济发展相对落后的国家或地区，旅游发展的目标往往服从于国家整体的经济增长目标，旅游发展轨迹是按照“国际入境旅游—国内旅游—出境旅游”的逻辑来发展的，旅游发展的主要收益更多用于国家其他方面的发展，这种旅游发展模式给旅游目的地国家或地区带来了巨大的经济利益，使当地人产生一种“旅游盲目崇拜”的心理情结。优点是能够为国家的经济增长与社会发展提供巨大的资金收入，在借助国外资金和服务来提升本国的旅游业管理水平时，能够引进国外旅游业管理的先进经验，并加速本国向世界的开放过程。缺点是这种发展模式往往忽视旅游业发展的自身规律，在快速增长目标和利益的驱动下，容易对旅游资源（自然和人文）造成破坏。

（2）市场调节驱动型模式主要发生在经济比较发达的国家或地区，旅游发展模式的目标在于满足本国居民（及国外旅游者）的休闲与享受的消费需求，旅游发展轨迹一般是按照“国内旅游—邻近国家和地区的出境旅游—远程海外旅游”发展，这种旅游发展模式会引发对发展旅游认识的矛盾心理。在这种旅游发展模式中，市场机制发挥着主要的作用，政府以及相关的行政管理部门在其中扮演着协调者和调度者的角色。

（二）世界旅游业发展模式

各个国家在政策、经济上存在差别，导致旅游业发展的差异较大。但从总的情况来看，这些国家的旅游业发展与其经济基础、经济发达程度有十分密切的联系。根据这些国家旅游业发展的现状，大致可以分为以下几种模式：以苏联为代表的传统型社会主义模式、以南斯拉夫为代表的开放型社会主义模式、以美国为代表的经济发达国家模式、以西班牙为代表的旅游发达国家模式、以印度为代表的欠发达国家模式、以斐济为代表的岛国模式。①

1. **苏联模式**

苏联模式又称传统型社会主义模式，其特点如下：

（1）国内旅游作为公民的社会福利受到国家的重视。

（2）由于地理位置、文化传统、政治制度、外汇结算协议等，国际旅游多数在本区域的社会主义国家之间进行。此外，出于政治和经济上的考虑，公民出国旅游受到较大的限制。

（3）由于传统体制的封闭和保守，国际旅游业相对不发达，发展较晚。

（4）国家旅游行政管理机构权力大，国家垄断性的旅游企业是旅游经营的主体。

（5）自20世纪80年代中期以来，在这些国家内，旅游业各部门相继实行民营化，通过签证制度、进出境法、关税调节条例，各国绝大部分地区对外国游客开放。

2. **南斯拉夫模式**

南斯拉夫模式又称开放型社会主义模式，其特点如下：

（1）实行全面开放。

（2）国家干预少，企业有充分的自主权。

（3）政府在宏观上采取各种措施促进旅游业的发展，如低息贷款、外汇提成、减税等。

3. **美国模式**

美国模式是经济发达国家旅游发展模式，包括美国、德国、加拿大、比利时、荷兰、挪威、日本等国都实行这种模式。这些国家人均国内生产总值高，一般在5000美元以上，服务业在国内生产总值中所占比例高，一般在50%以上，旅游收入相当于商品出口总收入的比重一般在5%~10%。美国模式的主要特点如下：

（1）旅游事业开展比较早，国内与国际旅游都比较发达。这些国家的旅游业是随着本国经济发展而发展起来的，一般都经历了国内旅游—邻国旅游—国际旅游这样一个层次递进的自然常规发展过程。它们的国内旅游与国际旅游都发展到成熟阶段，国内旅游是整个旅游业的基础。国际旅游收入小于旅游支出，旅游国际收支平衡呈逆差。

（2）发展旅游业以扩大就业、稳定经济为主要目标。

（3）旅游管理体制以半官方旅游机构为主，而管理职能主要是推销与协调。由于旅游开展的历史比较长，旅游业比较成熟，各方面法规比较健全，因此相比之下旅游行政管理比较松散，不直接从事或干预旅游企业的经营。

（4）旅游经营体制以公司为主导，小企业为基础，行业组织发挥着重要作用。在这些国家中，由于多年的竞争形成了一些大的旅游公司、跨国公司，在旅游业经营中起主

① 田里．旅游经济学［M］．北京：科学出版社，2008.

导作用。旅游业的发展比较均衡，经营方式比较灵活。

近年来，这些国家在旅游的宏观管理上表现出以下几种趋势：更加重视旅游事业的重要性；更加注重国家旅游业发展的总体规划，对游客的流向进行引导控制；利用各种途径和方式消除旅行的障碍，如简化或取消入境手续，开放天空以达到自由旅行的目的；对外国游客购买劳务不收增值税，并鼓励投资。

4. 西班牙模式

西班牙模式是旅游发达国家的旅游发展模式，包括奥地利、瑞士、希腊、意大利、摩洛哥、埃及、突尼斯、泰国、土耳其、墨西哥、新加坡、以色列等国家都实行这种模式。这些国家地理位置优越，旅游资源丰富而独特，国民经济较发达。人均国民生产总值一般在1000美元以上，服务业占国民经济比重在50%左右。西班牙模式的主要特点如下：

（1）把旅游业作为国民经济的支柱产业。这些国家，依托其地理位置与旅游资源的优势，旅游业已成为国民经济的支柱产业，一般国际旅游收入占其商品出口收入的10%以上，旅游业的收入相当于其国内生产总值的5%~10%，其中国际旅游收入是最重要的外汇收入来源。

（2）旅游发展速度快。在这些国家中，虽然有的国家早就是驰名世界的旅游目的地国家，但大多数国家都是20世纪60年代以后才发展起来。20世纪70年代以来旅游业持续高速发展，无论在国际旅游者接待人次上还是国际旅游收入上，这些国家的发展速度都高于世界旅游平均增长速度，也高于实行美国模式的国家的平均速度。

（3）以大众市场为目标。这些国家的旅游资源集中，特点突出，而且又多靠近主要客源国，有便利的交通条件，因此这些国家的旅游业务多以邻国的大众旅游市场为主要目标，如邻国与本区域内的驾车旅游、周末旅游或短期度假旅游等。

（4）旅游管理机制逐步完善，在产业政策中发展旅游业成为国家的主导政策之一。此外，还加强区域协调，使地中海旅游国家向一体化方向发展。

近年来的发展趋势表现为旅游产品多样化，重视旅游业带来的不利影响。

5. 印度模式

印度模式是最不发达国家旅游的模式，包括巴基斯坦、尼泊尔、肯尼亚、坦桑尼亚、卢旺达、冈比亚和不丹等国家都实行这种模式。这些发展中国家国民经济十分落后，人均国内生产总值在500美元以下，农业仍是国民经济的主体，工业与服务业均处于低水平。印度模式的主要特点是：

（1）有特殊的旅游资源，但旅游业的发展受其经济落后的制约。这些国家拥有一些独特的旅游资源，有发展旅游业的潜力，但由于国家资金短缺、旅游基础设施薄弱、人才缺乏等制约，旅游资源的潜力难以充分发挥出来。

（2）旅游管理体制不完善，难以发挥作用。这些国家设立了不同的管理机构，但由于对旅游业的认识不一致，旅游业的发展不稳定，因而往往得不到有关部门应有的重视与支持。

（3）国家基本上采用的是国有企业与私营企业并举的混合型发展机制。这些国家为了发展旅游业，国家专门成立旅游开发公司，从事资源开发和旅游服务设施的投资、建设与经营，由于旅游业规模小、范围窄，又涉及外汇收入与外国人的活动，这些国有公司在一定程度上占据着垄断地位。私营部门的规模则比较小，而且多数没有强有力的行业组织。

（4）国际旅游业超前发展，注重国内旅游的同步发展。

印度模式存在的主要问题是经济落后限制旅游业的发展，大量外汇流出。

6. 斐济模式

斐济模式又称岛国模式。那些面积较小、人口较少，历史上曾是西方某个国家殖民地的岛国，如巴哈马、牙买加、巴巴多斯、塞浦路斯、马达加斯加、斐济、马尔代夫、多米尼加与海地等国家都实行这种模式。这些岛国经济状况差异很大，一般为中等水平。斐济模式的主要特点如下：

（1）有着发展旅游业的优越条件。岛国大多风光秀丽，气候宜人，是比较典型的阳光、沙滩和海水型的目的地。这些岛国靠近旅游客源国或地处交通要冲，又与西方发达国家政治、经济、文化与种族等方面存在着长期、紧密的联系，有着比较充裕的客源市场。

（2）旅游业逐渐成为国民经济的支柱产业。虽然有些岛国早在殖民主义占领时期就已是旅游胜地，但大部分国家的旅游业是在 20 世纪 70 年代大规模发展起来的。现在旅游业在这些岛国中已经成为外汇收入的主要来源、国民经济最重要的产业部门；旅游收入一般都占国家外汇收入的 20%以上，旅游业是国家经济的支柱和最大的产业。

（3）旅游行政管理机构地位高，权限较大。由于旅游业对国家经济有至关重要的作用，这些国家的旅游行政管理机构在政府中的地位一般都比较高，权限比较大，而且多由国家首脑和政府要员直接管辖。

（4）在旅游业的经营中外国公司发挥着重要的作用。由于地域狭小、人才缺乏，这些岛国为发展旅游业通常会利用大批外资，引进外国的管理，有的国家的旅游业主要靠外国企业来经营。特别是旅馆业，外国的旅馆联号、旅馆管理公司或外籍人员起着支配作用。

（5）旅游业受世界经济影响较小。当发生世界性政治或经济危机，洲际长途旅游会大量转向这些小国。

（6）漏损严重。由于旅游设施建设以利用外资、引进外国管理为主，这些岛国不但在政治上受到控制，而且在经济上因外汇收入严重漏损，外国投资者获益最大。

斐济模式存在的主要问题是旅游业发展使国家经济主体倾斜，潜在危机很大，旅游业的发展以文化和环境的破坏为代价。

第三节　中国旅游业的发展趋势

教学视频一

一、中国旅游业的发展趋势

改革开放以来，我国的旅游业发展取得了巨大的成就。旅游市场从原来单一的入境旅游市场发展到入境旅游、国内旅游和出境旅游三大市场，旅游人数和收入也迅速增加，我国的旅游业呈现出三大旅游市场全面发展、共同繁荣的局面。

中国已经成为亚洲一个增长迅速的新兴客源国。2014 年，中国已成为第一旅游客源国。

进入 21 世纪，在新的历史时期，许多学者对我国旅游业的发展趋势进行了研究，并提出了自己的预测[1,2]。

（一）产业地位显著上升

从发展趋势来看，中国旅游业凭借丰富的旅游资源以及现在已经形成的旅游产业规模，发展成为支柱产业已是一种必然。从历年的平均数据来看，旅游业总收入占国民生产总值 5%以上，且占 GDP 的比重有不断上升的趋势，这反映了旅游业作为国民经济支柱产业的地位日益增强。旅游业在国民经济各产业发展速度中处于首位，我国旅游产业成为国民经济新的增长点地位的确立，激发了各地的重视程度，并且达到了前所未有的高度。目前，旅游业已经成为很多地区的支柱产业，并已经体现出支柱产业所具有的特征，在不久的将来旅游业也会成为全国的支柱产业。

教学视频2

（二）旅游产业结构逐步完善

1. 行业结构的优化

旅游行业结构的优化就是通常所讲的食、住、行、游、购、娱这六要素之间的优化。在这六要素发展的过程中，20 世纪 80 年代始终存在短线制约，一开始的制约点是饭店，后来的制约点是交通，短线制约点在不断地转移，进入 20 世纪 90 年代后大大缓和了。现在来看，旅游发展的短线制约点已经基本不存在，但是薄弱环节是存在的。20 世纪末最薄弱的是购物环节。海外旅游者到中国购物占总花费的比重是 20%，国内旅游者的购物比重不到 10%，假如能够达到国际上 30%的一般水平，仅购物这个方面就会形成一个大产业。

2. 市场结构的优化

优化的市场结构应该是多元化的，中国作为一个大国，仅靠单一市场或少数市场不

① 魏小安．中国旅游业发展的十大趋势［J］．湖南社会科学，2003（6）：91-98.

② 许金如．论中国旅游业发展的五大趋势［J］．旅游经济，2014（2）：74-77.

仅风险大，而且容易受制于人，所以必须形成一个多元化的市场结构。目前来讲体现在两个方面：一是入境旅游、国内旅游和出境旅游，这是一个大的市场结构问题。总的方向是大力发展入境旅游，积极发展国内旅游，适度发展出境旅游。从目前来看，尤其从地方发展旅游的角度来看，国内旅游实际上变成了重中之重。二是市场结构的多元化。如果从入境旅游的角度来说，我们有一个对全世界市场的开拓问题，即哪一个市场都要抓，如抓重点市场促新兴市场，抓老客户促新客户等。从国内来说，各个地方也存在市场多元化的问题，形成本地市场、周边市场和远距离市场的格局，这是各地旅游局正在下大功夫抓的事情。总体来说，海外市场的多元化和国内市场的多元化的形成对旅游完善的产业结构的形成起到了一个基础性的作用。

3. 产品结构的优化

产品结构优化的目标是产品多样化。包括两个方面：第一个方面是大的产品品种的结构问题，就是观光旅游、度假旅游和特种旅游这三大产品的结构，目前来看这个结构还是不合理的。首先需要追求观光、度假、特种这三大品种之间的平衡和协调发展，总体趋势是度假旅游和特种旅游会逐步上升，观光旅游的比重相对下降。但从长远来看，中国最大的旅游资源优势是文化性的观光资源，所以观光旅游作为主体的局面长远来看不会动摇，但是在结构上会逐步优化。第二个方面，从质量的角度来说，应该形成普品、精品、特品和绝品四类旅游产品。形成大众化的旅游产品，提高产品的文化内涵，形成地方乃至国家级的拳头性产品。

4. 行业联动，社会协作

如果从国家和政府的角度来看，旅游产业结构的完善应该体现在行业联动、社会协作上，现在恰恰在这一点上，是旅游产业结构完善过程中最薄弱的地方。旅游业具有很强的综合性，对部门协调、共同配合的要求更高。所以，行业联动和社会协作应该是结构完善追求的终极目标，也可以说是旅游发达程度的重要标志。

（三）促进区域的协调发展

我国旅游业有效地促进了区域的协调发展，主要体现在以下四个方面。

1. 东西部的布局和关系

中东部地区是我国旅游发展的基地，也是中国旅游发展的主体。我国原来的旅游业主要集中于中东部地区，但是随着旅游业的深入发展，旅游需求的多样化刺激，我国西部地区必将以其璀璨神奇的人文旅游资源，神秘独特的自然景观，以及丰富多彩的民族风情吸引中外游客纷至沓来。西部大开发的推进为西部旅游开发奠定了坚实的物质基础。西部地区是旅游发展的潜力，也是发展的后劲所在。西部旅游业必将成为 21 世纪中国旅游业发展建设最快的亮点。东西部地区在市场上是一种互补，在资源上也是一种互补。东西部互补关系的形成对东西部旅游业的协调发展会起到一个重要的作用。

2. 发展区域旅游

发达的区域旅游主要表现在两个方面，即两种方式。第一种方式是邻近区域的结合，邻近区域的结合目前已经形成了几个旅游发达地区。比如粤、港、澳大三角旅游到现在已经开展了20多年，客观上来讲在全国乃至世界上已经形成了一个旅游发达地区。第二种方式是以产品的组合、线路的组合形成的旅游区域。较典型的是长江三峡游和丝绸之路游。从未来的发展来看，地域邻近的区域旅游和产品串联的区域旅游两种模式都会共同发展。这种发展的态势会造成一个很好的局面，全国统一大市场的形成成为可能，而且条件越来越充分，也就会产生一种必然性。

3. 旅游城市的作用越来越大

随着城市化步伐加快，中心城市和区域旅游的发展会形成一个新的格局，即以中心城市为主带动区域旅游的格局，旅游城市在发展中的作用会越来越大。另外，每一个城市都会打造自己的整体形象，带动城市的旅游产品、旅游企业整体推出，在发展的过程中也会促进区域发展。

4. 城乡互动

城乡互动包括三个方面：第一方面是互为资源。城市性的资源形成了都市旅游，都市旅游具体的产品形式主要是文化旅游和专题旅游。乡村性的资源形成了乡村旅游，乡村旅游在产品上的主要表现形式是生态旅游和特种旅游。城乡互为资源使整个社会资源的利用度和广泛性大大增强。第二方面是互为市场。第三方面是城乡互为条件。尤其是城乡接合部和环城度假带，普遍形成了相互交融的局面。特别是交通技术的发展加速了城乡互动。正是在这个基础上，从城市旅游开始，扩展到城郊接合部，再进一步扩展到远郊甚至直接扩展到乡村，这样一层一层波纹式扩展的态势已经形成。

(四) 中国旅游业将完成粗放型增长方式向集约型增长方式的转变

中国旅游业多年来的发展基本上采用的是粗放型的增长方式。但是旅游业发展到今天，随着国际国内环境的改变，我国的旅游业必须向集约型增长方式转变。在开拓客源、降低成本、提高效益上下功夫。大规模投入的势头减缓，市场开拓的力度普遍加大，效益的观念普遍加强，企业的经营环境也会逐步好转。

(五) 中国旅游业将开拓知识化管理之路

面对新世纪的挑战，旅游业也面临着从经验管理向知识化管理的转变，知识化管理是旅游产业发展的重要趋势。知识化管理分为两个层次：第一个层次是行业管理，就是各级旅游局的素质问题和知识化应用程度问题；第二个层次是企业管理，就是各类企业的技术创新和管理创新问题。现在两个层次都有不足，所以加强知识化管理是一个历史性的任务，也是一个历史性的趋势。

开拓知识化管理的主要任务有两项，就是知识创新和人才培训。

1. 关于知识创新方面

知识创新主要体现在科学和技术上，在各个具体问题上形成知识化管理的开拓手段和开拓方式。在科学层面上，旅游领域的知识创新突出表现在三个方面：决策科学化、管理科学化和理论科学化。决策科学化包括决策的科学依据，决策过程的科学化和民主化，国际比较和方案创新等；网络经济带来了组织结构和管理架构的革命性变化，垂直型将为扁平化所取代，这就要求管理科学化；产业的成熟与理论的成熟是紧密联系在一起的，产业的创新更需要理论的超前创新和科学化。技术创新的领域是广阔的，技术应用的领域更是非常广泛的。目前旅游行业技术应用的概念已经形成，而知识创新这个概念还没有形成，所以这是知识化管理的主要任务。

2. 关于人才培训方面

现在我国的旅游教育体系已经建立，而且也比较完善，各个旅游企业也都重视对员工的培训。但教育如何面对实际、面对发展、面对知识经济的需要是一项历史性的任务。包括院校教育、在职培训、成人培训和国际上交流等一系列的任务，是很繁重的。

（六）突出文化性竞争将是中国旅游业的新亮点

从旅游企业在市场上运作的层面来看，从低级向高级依次为价格竞争、质量竞争、文化竞争。价格竞争是最低层次的也是最普遍的竞争方式，这是我国目前存在的主要问题，但是随着市场竞争体制的不断完善其必将退出历史舞台。质量竞争比价格竞争层次更高，它主要以产品质量、服务质量取胜。最高层次的竞争是文化竞争。旅游的本质属性是文化性，旅游企业是生产文化、经营文化和销售文化的企业，旅游者进行旅游，本质上也是购买文化、消费文化、享受文化。在旅游开发、旅游管理、旅游经营的过程之中没有文化就谈不上竞争力，追求文化底蕴和文化含量，成为旅游发展的必然趋势。今后旅游的发展、旅游产品的设计必将是注重文化内涵、注重文化形式、注重文化过程、注重细节的文化旅游。突出文化竞争将是我国旅游业的新亮点，也是我国与国际同行同台竞争，立于不败之地的根本。

（七）中国旅游业将走上可持续发展道路

旅游业的发展必须走可持续发展道路，这是世界各国发展旅游业的共识。我国的旅游发展也要坚持旅游的可持续发展道路，培育全民的绿色观念，指导推行绿色开发，鼓励生产绿色产品，大力开展绿色经营，最终使我国的旅游业走向良性的、可持续的旅游发展道路。

（八）中国旅游业发展将走向规范的法治之路

市场经济是法制经济，建立规范的法治体系是旅游发展的基础，是重要的保障，也是发展的大趋势。主要体现为：

1. 旅游立法体系化

旅游立法体系涉及六个方面：国家大法、旅游法、国务院法规、地方的旅游管理条例、旅游部门规章和其他部门相关的法规。目前，涉及旅游业的法规有《旅行社管理条例》《导游人员管理条例》《中国公民出国旅游管理办法》等。现在全国已有多个省市出台了旅游业管理条例。从目前的趋势来看，地方性的旅游条例的出台在今后仍会成为一股势头，也会使全国性的旅游法规建立在一个比较坚实的基础之上。这些相关法规对于旅游发展而言，有的起了促进作用，有的起了阻碍作用，有的是不相协调。部门割据的体制是现在客观存在的，需要进一步协调。总体来看，涉及旅游立法的这些方面应互相补充，互为基础和条件。

2. 旅游执法权威化

旅游执法目前主要有三种方式：一是比较成体系的三级旅游质量监督管理所作为一个授权管理执法队伍现在大体上已经开始形成，而且在逐步发挥作用。二是有些地方采取了一些创新的方式，实行了旅游警察制度，在实践中起着很好的作用。三是部门联动的执法方式。国家旅游局曾组织旅游市场专项治理，由国家旅游局、公安部、国家工商局三个部局十个司联合进行，在操作过程之中，实际上是借助工商的法规、借助公安的手段来加大旅游市场执法力度，对旅游市场的秩序确实起到了作用。作为一条成功的经验，部门联动的旅游执法方式现在多数地方已经定型，并且制度化了。今后，各个方面都会逐步发展，形成旅游执法权威化的趋势。

（九）国际化发展模式将是中国旅游业发展的新方向

作为后起的发展中国家，在旅游发展模式上，我们走的是一条与发达国家不同的道路。按照经济和社会发展的自然过程，旅游需求大体是先国内旅游，后入境旅游，再出国旅游，旅游产业的发展也大体按照这一顺序达到合理布局，逐步展开，档次提升，产业升级。而中国是以解决最短缺的外汇资源为起点，超前在国民经济体系中楔入一块国际化内容，客观上也成为国家赶超战略的组成部分。多年的发展，达到了设想的初衷，也不可避免地遗留下一些问题。进入 20 世纪 90 年代以来，国内旅游开始兴起，突飞猛进。近几年，出国旅游方兴未艾。中国旅游的发展模式产生了根本性的变化，也为我们在新世纪开创国际化发展模式奠定了坚实的基础。

开创国际化发展模式涉及的问题很多，从发展趋势来看主要有四个方面：

1. 全面加强环境建设

包括城市环境、自然环境和社会环境。

2. 进行体制和机制的创新

发展市场化的旅游经济体制和国际化的企业运营体制。衔接好市场化的旅游经济体制和政府主导型的旅游发展体制这两者的关系，积极发挥政府在创造环境、市场开拓、对企业的发展经营导向作用。在旅游企业里全面推行现代企业制度，使旅游企业逐步形成一种国际化的运营机制。进一步采取一些国际化的发展政策，如简化入境签证手续，甚至可以采取免签的政策，乃至于调整一些现有政策。

3. 建设举国竞争体制

目前，各国的旅游竞争已经成为一个完整的体系，即以企业竞争为基础，以联合竞争为主体，以国家直接参与和组织竞争为龙头，形成了举国竞争体制。对外的举国竞争同时必然要求国内竞争有序化和机制完善化，因此，微观和宏观层面的管理要素在其中发挥的作用也越来越大。比较通行的做法，一是增加投入，二是组织国家级的大型活动，三是全面调整企业结构，加强对运行秩序的调控。

4. 进行海外联动

即形成海外联动营销机制。现在各个方面的驻外机构很多，但是驻外机构在互相配合上不足。实际上驻外机构都应该有宣传中国、宣传旅游这种职能，这种职能发挥出来就会形成一个海外联动的营销机制。

（十）旅游业的全方位开发①

1. 入境旅游、国内旅游和出境旅游并举

入境、国内和出境旅游都将有较大发展，在今后一段时间，出境旅游发展幅度将会更大，旅游业增长幅度可能出现出境、国内和入境旅游业的排序。

2. 入境旅游近程、中程、远程旅游并举

中国入境旅游业的主要客源市场是近程市场，即日本和东南亚客源市场，客源市场开拓的主要潜力和工作重心将在中程和远程客源市场方面。

3. 国内旅游开发多层次并举

将会出现豪华型、经济型并举，自然型、人文型并举，城市型、乡村型并举的局面，尤其注意针对城市工薪阶层周末度假型和部分流动人口附带性观光型的一日游、半日游形式的开发，形成全方位开发格局。

4. 出境旅游适度发展

目前中国旅游业的一个主要特点是出境旅游特别是边境旅游发展势头猛，目前出境旅游的出游半径不大，主要目的地在东南亚一带，但具有出游半径扩大和出游人员增加的趋势。

二、现阶段中国旅游业的发展模式

教学视频3

（一）现阶段中国旅游业的发展模式

分析比较世界旅游业发展模式，结合中国旅游业发展现状和基本国情，中国的旅游业发展模式有以下几种②：

1. 适度超前型旅游业发展模式

从旅游产业的形成发展同国民经济的关系出发，旅游经济的发展模式分为超前型发展模式和滞后型发展模式③。适度超前型发展模式的基本含义包括两个方面：首先是其发展速度既要超过我国 GDP 的增长速度，又要超过国际旅游业的平均增长速度，以体现

---

① 许春晓. 中国旅游业的现状及其发展趋势［J］. 桂林旅游高等专科学校学报，1999（4）：48-52.

② 刘峥. 关于我国旅游经济发展模式的思考［J］. 商场现代化，2009（4）：573.

③ 田里. 旅游经济学［M］. 北京：高等教育出版社，2002：264-265.

一个新兴产业的内在生命力，以达到一个外向型产业的国际化要求；其次是适度，在发展速度上要略快于国民经济及工农业的发展，但必须与旅游业密切相关的产业，如民航、铁路等产业的发展相协调，不能盲目超前。

2. 推进型旅游业发展模式

从旅游业成长的演进模式来划分，旅游业发展模式可分为延伸型和推进型两种①。中国的社会条件、经济条件和消费条件决定了，我国旅游业发展只能采用推进型旅游经济发展模式，即由国际旅游向国内旅游推进的非常规发展模式。这种旅游经济发展模式在其初期阶段是完全建立在境外居民的旅游需求之上的，政府支持旅游业的主要目的是为了获得特定的经济效益。推进型发展模式强调政府所起的作用。

3. 政府主导型旅游业发展模式

从旅游业发展的调节机制出发，旅游经济的发展模式可分为市场型发展模式和政府主导型发展模式②。从发展中国家看，由于市场机制不健全，政府主导的程度一般都比较高，以高效率的政府行为弥补了市场缺陷，并以此加速了市场的发育。根据我国国情分析，我国有必要实施政府主导型旅游经济发展模式。一是随着经济全球化，企业面临日益激烈的全球化竞争及与之相联系的更复杂多变的营销环境。二是与发达国家比较，中国旅游业目前的基础条件，特别是旅游基础设施不够完善。三是中国是社会主义国家，发展国际旅游业经济意义和政治意义并举。这种模式很多方面都继承了计划经济的特点，充分发挥政府的主导能力，通过政府的产业政策等手段积极引导、规范旅游市场的行为。政府不仅通过制定有关的政策和法规对旅游业的发展进行规范，而且对旅游业的发展规模、发展速度进行计划和控制，与政府的宏观调控相比，市场对旅游产业的发展调节处于辅助地位③。

综上所述，我国旅游业发展模式属于在政府主导下的适度超前的、推进型发展模式，这是由我国30多年来的社会经济制度、经济发展水平、国内外环境和旅游业的发展现状等因素共同决定的，具有客观的必然性。

（二）现阶段中国旅游业发展模式的双重影响

1. 积极影响

我国采取的政府主导下的超前推进型的旅游发展模式，全面提升了旅游业的社会经济文化地位，迅速提高了我国旅游业在国际市场上的知名度和竞争力，给旅游业的发展带来了积极的影响。表现在以下几个方面④：

（1）在旅游业发展初期，政府利用行政体制动员所掌握的经济资源，使我国旅游业

---

① 张辉．旅游经济论［M］．北京：旅游教育出版社，2002：152-153.

② 田里．旅游经济学［M］．北京：高等教育出版社，2002：264-265.

③ 夏卫红，刘嗣明．转型时期中国旅游业的发展模式选择［J］．桂林旅游高等专科学校学报，2008（2）：166.

④ 张建梅．论我国旅游业由政府主导向市场主导模式的转换［J］．现代财经，2003（11）：59-60.

超前发展，迅速形成了较大的产业规模和供给能力。我国已开发建成了三大旅游发达区（环渤海旅游区、长江三角洲旅游区和珠江三角洲旅游区）、四大旅游带（西安丝绸之路旅游带、昆明生态旅游带、桂林山水风光旅游带、成都山水风光旅游带）、六大旅游金三角（京—沪—穗、京—西—沪、京—西—桂、穗—桂—昆、沪—苏—杭、粤—港—澳），不同特色、不同线路的旅游产品系列不断出现。2013 年我国接待入境旅游人数突破 12908 万人次。旅游外汇收入突破 517 亿美元，比 2012 年增长 3.3%。旅游业的发展速度快于国民经济发展速度。

现在我国已跻身世界旅游大国行列，正健步向世界旅游强国迈进。这些成绩的取得与我国政府把旅游业作为国民经济新的增长点、第三产业的龙头产业来强力扶持密不可分。

（2）在旅游法制建设方面已取得一定成效，初步建立了行业管理体系，规范了旅游市场交易行为。自旅游业在我国兴起后，中央政府相继出台了一系列法规和条例，如旅游法、风景名胜区管理暂行条例、旅行社管理条例、导游人员管理条例、旅行社质量保证金制度、饭店星级评定制度、旅游从业人员培训上岗和资格考试制度、旅游行业对客人服务的基本标准、导游服务质量标准、旅行社国内旅游服务质量标准等；各地方政府也在自己的立法权限内出台了许多地方性旅游法规，为旅游行业管理的法制化、规范化、系统化创造了必要的条件，为旅游市场的健康、有序和持久发展提供了法律保障。

（3）在进行国家整体形象宣传、协调社会各方力量方面，政府发挥了不可替代的重要作用。从 1992 年起，国家旅游局每年确定一个主题，进行我国主题旅游年的形象宣传活动，在国际上逐步树立了“最具活力的旅游目的地”形象。同时，我国政府还成功地申报了 47 处世界文化和自然遗产，批准了 225 处国家级风景名胜区，批准了 672 家国家 AAAA 级旅游区（点），命名了 192 个中国优秀旅游城市，极大地显示了政府统筹各部门、协调各方的能力，推动了一大批重点旅游景区景点的建设。

（4）在提供公共产品，改善旅游大环境等方面，政府做出了巨大的贡献。自 2000 年以来，国家先后安排 40 多亿元国债支持旅游基础设施建设，完成了一大批供水、供电、垃圾污水处理、环境整治和安全保障设施；各地政府也投入大量资金，加强和旅游相关的基础设施建设，提高了景区景点的可进入性，兴建了一批高规格的旅游接待设施。

（5）在刺激旅游消费需求方面，政府起到了积极的推动作用。旅游需求是旅游市场的根本基础。我国自 1999 年起实行“五一”“十一”连休后，国内旅游市场迅速扩大，出境旅游也勃然兴起，形成了黄金周的旅游消费热潮。毋庸置疑，自上而下的政府推动是我国旅游需求膨胀、旅游社会风气加速盛行的关键因素。

2. 消极影响

我国采取的这种政府主导下的超前的推进型的发展模式，虽然在很大程度上促进了我国旅游业的发展，促使我国顺利完成了从旅游资源大国向世界旅游大国的转变，但是要想从世界旅游大国发展成为世界旅游强国[①]，现有的模式并不适合，在过去多年的发展中，现有模式的弊端也逐渐暴露。这种消极影响表现在以下几个方面[②]：

（1）对政府主导型发展模式存在认识上的误区。第一，误把政府主导理解为政府主宰，沿用计划经济下高度集权的领导模式，由长官意志代替企业行为，以行政命令取代市场规律，造成决策失误，供求失衡；第二，误把政府主导理解为政府主财，即由政府的财政拨款包揽一切，一些行业、企业的官员眼睛向上，只盯着政府的口袋“等、靠、要”，束缚了自己的手脚，失去了抢占市场的有利商机；第三，误把政府主导理解为政府主干，即由政府投资兴办骨干旅游企业并直接管理，给予它们多种优惠和保护，以确保其领先地位，致使公平的旅游市场竞争难以形成。

（2）各级政府在实施政府主导型发展模式中存在许多问题。第一，夸大运用政府职能，一定程度上压抑了旅游市场的发育，阻碍了旅游经济的发展。众所周知，发展模式仅仅是手段，而壮大市场、发展经济才是政府工作的目的。但近年来，一些地区在实施政府主导型模式的过程中，过分强调政府主导的一面而忽略了市场机制的作用，利用行政力量干预资源配置过程，导致资源配置的低效率。而政府直接控制旅游价格的升跌，又束缚了市场和企业的发展。第二，政府直接参与企业的生产经营活动，导致政企不分，产权不明，企业的经营很大程度上依赖于政府的行政机制而非市场机制。由于产权关系不明晰，现代企业制度改革推进缓慢，许多旅游企业仍然遵从传统的经济体制，隶属于不同的政府主体与行政部门，行政干预过多，旅游企业缺乏独立自主的经营权，因而经常会出现经营管理不善、经济效益低下的通病。第三，政府调控作用有限，“主导”的结果是旅游产业结构失衡，一些部门过度竞争，经营活动举步维艰。旅游市场体系和市场机制的不完善，致使旅游产业规模急剧扩张，这在饭店业和旅行社业表现得尤为突出。而且某些主管部门没有发挥应有的宏观调控作用，盲目上部门工程和首长工程，加剧了旅游产业低层次的过度竞争，使得行业的平均利润很低，不少企业举步维艰，处于负债经营状态。而由于体制和产业特征，生产要素从行业中退出难度较大，从而使低利润或亏损在行业中长期存在。第四，政府调控失当，影响市场主体的培育。自 20 世纪 80 年代以来，每当宏观经济“过热”，实行宏观调控时，旅游业便首当其冲。政府的调控失当在一定程度上迟滞了旅游市场多元化、旅游业产业化的进程。第五，政府主导推行不当，长官意识和地方保护主义盛行等导致不可缓解的矛盾。有些地方为了本地本届政府的政绩，违背市场经济规律，过多干预经济活动，把“政府”的意志强加于企业和市场；有的囿于地方的眼前利益，固守门户之见，各自为政，条块分割，宁肯搞低水平的重复建设，也不愿各方协同开拓市场，资源浪费现象严重。

---

① 张吉林．建设世界旅游强国的基本方向［J］．旅游管理，2006（8）：9-10.

② 张建梅．论我国旅游业由政府主导向市场主导模式的转换［J］．现代财经，2003（11）：59-60.

（三）市场主导模式：旅游业未来的必然选择

1. 旅游业发展模式转换的必然性[①]

（1）从全球经济的发展历程看，市场主导是必然的趋势，而政府主导是或然的选择。政府主导具有阶段性，当市场经济发展到一定阶段，只有把政府主导型经济发展模式转换为市场主导型经济发展模式，才能保证国民经济的持续稳定增长。当今世界上一些国家经济发展的经验教训也说明了这一点。其中，较为成功的例子是新加坡。新加坡在实现了经济起飞后，政府便着手进行经济调整，在政府对经济保留某些直接干预的同时，更多地强调了市场机制和民间企业的作用，成功地实现了由政府主导型向市场主导型经济发展模式的转变，也实现了转型时期经济的持续稳定增长，并且较成功地抵御了亚洲金融危机。这就促使我们不得不反思政府主导型旅游经济发展模式，看到这种发展模式的局限性和过渡性，认识到旅游业只有实行发展模式的转换，把政府主导型发展模式转变为市场主导型发展模式，才能保证旅游经济的持续稳定发展；反之，如果不及时调整发展模式，势必使违反市场经济原则的不平等竞争进一步加剧，使政府主导下的旅游业的负面影响进一步扩大，最终导致旅游业的发展陷入困境。

（2）从产权结构来看，这些年来，以集体所有制为主要组成的经济结构在旅游业界得到了逐步的调整，旅行社、饭店、车船、旅游商店，包括新开发的各种主题公园、度假村等各个领域，国有制和公有制的比例正在发生变化。但是整个旅游行业国有经济或国有控股企业仍然占绝大比例。这种单一的经济结构一方面使得许多企业处于管理僵化、运作不灵的状态，减弱了旅游业可持续发展的动力，另一方面也阻碍了民间资本和外资的进入，使旅游业从深度和广度上发展进程受阻。因此，旅游企业的产权结构必须进一步改变，确定落实旅游投资国家、地方、部门、集体和个人一起上的方针，积极调动民间资本和引进外资[②]。

（3）从增长方式来看，旅游业必须彻底扭转只重视外延粗放式经营的运作惯性，向重视内涵集约型增长方式转变。具体而言，实现这种转变必须做到从注重数量型增长转向注重效益型增长，从单体的重视硬件（如旅游基础设施）建设转向强化软件（如企业文化和超值的服务感受）建设，从依赖政府投资转向投资主体多元化，从开发产品的生产型经营方式转向开发与营销并重的市场型经营方式，从传统的克敌制胜的竞争运作方式转向合作共赢的新运作方式[②]。

实践项目

① 张建梅．论我国旅游业由政府主导向市场主导模式的转换［J］．现代财经，2003（11）：60-61.

② 夏卫红，刘嗣明．转型时期中国旅游业的发展模式选择［J］．桂林旅游高等专科学校学报，2008（2）：166-167.

2. 转型时期的新模式选择①

在我国经济全面转型时期，旅游业要符合市场化、全球化、信息化的经济浪潮，必须有符合这一时期的发展模式。市场化程度越来越高的今天，政府的主导作用必须弱化，同时随着旅游业的产业功能和政策的转变，符合新时期的旅游发展模式应该是一种市场型的发展模式。这种模式以市场调节为主，市场通过供求关系的变化决定资源和要素的流向，在全球市场上，发展国际旅游还是国内旅游不再通过政府的政策进行规定，而是“哪里有需求，哪里就有供给”。政府的作用在于弥补市场的不足，政府对于旅游产业的发展处于辅助地位。这里主要从宏观的国家层面、中观的区域层面和微观的企业层面来阐述新模式的选择。

（1）从宏观的国家层面来看。在市场主导下，旅游业的资源配置将主要依赖于市场，但是市场主导型发展模式并不完全否定政府在旅游经济活动中的作用，只不过与市场相比，政府处于辅助地位，主要发挥宏观调控职能。政府调控的领域有：一是旅游法律法规建设；二是政府继续提供旅游基础设施；三是国家整体形象促销；四是进一步加强对旅游资源的保护。在这方面；五是提供服务。②。

（2）从中观的区域层面来看。选择市场调节为主的旅游发展模式并不代表区域可以无所作为。第一，从旅游产品开发的价值链的环节来看，无论是旅游资源、旅游产品、销售渠道还是旅游客源市场，都不可能实现区域间相互独立。第二，产品的销售渠道及产品市场的开拓，由于旅游产品内在的文化联系，以及市场竞争的加剧，区域合作便成了必要的选择，这也是近年来区域合作越来越频繁的原因。

（3）从微观的企业层面来看。如果说宏观和中观层面涉及的都是政府的行为，那么微观层面则主要是探讨企业行为。在市场调节为主的模式选择下，企业的行为目标自然是追求利润的最大化，但这种追求利润最大化的行为必须有一定的约束条件。这种约束条件来自两个方面，一是企业自身，企业必须重新确立价值取向和企业的核心精神，明确企业的社会责任；二是政府，政府是制定这些约束条件的主体，政府的责任在于制定各项旅游法律法规、产业政策，以及相应的衡量指标，把企业引导向健康、有序的发展轨道上来。在政府和企业自身的各项约束条件下，旅游企业应按照市场调节的规律，充分调动其发展的积极性。

第一，旅游企业的发展必须摒弃过去的粗放式线性增长模式，而转向重视内涵的集约型增长方式。旅游企业要有长远经营的眼光，从价格竞争转向质量和品牌竞争，从产品和服务的改善走品牌经营和集团经营的道路。

第二，旅游企业必须培养市场主体意识，改变过去更多地依靠政府，政企不分，企业盯着政府的口袋“等、靠、要”的思维模式，而应该主动参与到市场竞争中去，有竞

---

① 夏卫红，刘嗣明．转型时期中国旅游业的发展模式选择［J］．桂林旅游高等专科学校学报，2008（2）：167-168.

② 张建梅．论我国旅游业由政府主导向市场主导模式的转换［J］．现代财经，2003（11）：60-61.

争才有发展，一味地依靠政府只能培养脆弱的企业。

第三，建立现代企业制度，旅游企业要以完善的企业法人制度为基础，以有限责任制度为保证，建立公司企业为主要形式，形成产权清晰、权责明确、政企分开、管理科学的新型企业制度。同时在产品开发上根据市场的需求，以可持续发展的理念为指导，以市场为先导，以效益为准则，根据资源本身的特点，开发有特色的符合市场需要的产品。

【案例分析 9-1】

景区依托型：景区周边乡村旅游发展模式

景区依托型乡村旅游是指在成熟景区的边缘，以景区为核心，依托景区的客源和乡村特有的旅游资源发展起来的乡村旅游活动。

1. 一般特征

（1）区位优越，共享风景。景区依托型乡村旅游由于旅游地临近成熟景区的辐射圈，在地理区位上有显著优势，为乡村旅游发展提供了地域上的可能性。成熟景区拥有相对较好的交通条件，而乡村与景区构建起交通联系后，形成了良好的旅游通达性。文化、环境、旅游线路等区域上的一致性，也使乡村与景区之间更容易达成一体化发展。

（2）市场优越，客流集聚。乡村的“农家乐”设施可以承担景区的部分服务接待功能，成为景区天然的后方配套旅游服务区。依托景区的人气和客流，乡村成为天然的游客集聚地，并在发展中逐渐拥有自己市场的客群，为乡村旅游开发提供了市场前提。

（3）资源优越，互补发展。同区域旅游发展一个重要的内容就是“互助”和“求异”，乡村在生态风光和文化渊源上与初始景区具有一定的延续性，而其主要打造的田园风、民俗情，又与景区的发展特色具有方向上的差异，因此其发展是对景区旅游产品功能的有益补充，与初始景区形成差异化互补发展的格局。

2. 模式开发要点

景区依托型乡村旅游开发，要在深度契合依托景区品牌理念的基础上进行，依据客源市场及本身特点开发深度乡村体验产品，充分调动食、住、行、游、购、娱六大旅游要素，充分阐释乡村风俗风情。让开放式的乡村体验与封闭的景区观光形成鲜明的对比，依托景区之势，走自己的特色乡村旅游发展道路。

（1）消费群体界定。景区依托型乡村旅游主流客源是依托景区的客源，其次才是临近的核心城市的客源，因此市场分析时要将重点定位在对依托景区客源的吸引上。景区依托型乡村旅游开发要以景区客源市场需求为导向，充分考虑核心对边缘的带动作用，再依据乡村的游览特征和初期功能特征，界定旅游发展的主要消费群体。

（2）乡村性格凝练。乡村旅游开发，要将沉淀于乡村内的，能够代表乡村文化性格的元素和资源活化展示，转变成为具有吸引力的旅游产品。第一，要梳理乡村各种文化资源，包括有形的民居建筑、特色饮食、农业产业、遗址遗迹等，还有无形的故事传说、民间艺术、民俗节庆等。第二，要明确乡村各类资源的开发等级与利用方式，剖析其在区域文化格局中的地位。第三，结合市场需求和本身资源状况，抽离出能代表乡村文化个性的主题关键词，将乡村文化意象凸显出来，形成乡村旅游开发的核心线索。

（3）产业体系构建。产业体系构建中要突出主题化，注重特色产业的重点发展。综合分析市场和资源特点，结合依托景区的现况及发展前景，制定乡村旅游发展战略。通过主题产品与项目策划、主题设施策划和主题景观设计三个方面，将乡村性格转化为各种可视的文化符号，最终形成特色突出的旅游产品谱系。

针对目标消费群体的消费需求，进行产业业态的筛选，进一步明确重点发展业态、限制发展业态和禁止发展业态，确立主导业态，形成科学合理的业态体系。整合产业之外的其他旅游资源与旅游利用空间，构建包括主题餐饮、主题住宿、休闲娱乐等内容的旅游服务设施体系。适当策划重点休闲项目，联合景区文化特色融入，构建休闲产品体系。

（4）运营方案设计。目前乡村旅游经营主体有个人、公司、政府主管部门和多方联合合作等几种，开发当中要根据当地的实际产权状况进行选择。要理顺从业者、居民和外来游客的关系，构建合理的产业收益模式和日常管理模式，与其他相关部门有效沟通和协同发展，实现可持续发展。

分析内容：

1. 景区依托型乡村旅游发展模式的优势和劣势表现在哪些方面？
2. 如何利用景区的优势做好乡村旅游的营销？
3. 对本地旅游开发有何借鉴意义？

【本章小结】

本章首先介绍了旅游组织的成因、类型、性质和作用以及发展趋势，从目前旅游业的发展现状入手，探讨了世界旅游业的发展趋势，世界旅游业发展的四种类型和六种具体的表现形式，在此基础上阐述了我国旅游业的发展趋势和特点，我国旅游业发展模式的表现形式，以及现行发展模式对我国旅游业发展的利弊影响，并且分析了在新的历史条件下，我国旅游业未来发展模式的选择。准确把握世界及我国旅游业的发展特点、主流趋势和发展模式，对于我国确立旅游业发展战略，提升旅游业的国际竞争力，指导宏观、中观和微观层面的行为决策，实现我国由旅游大国向旅游强国的迈进具有重要的现实意义。

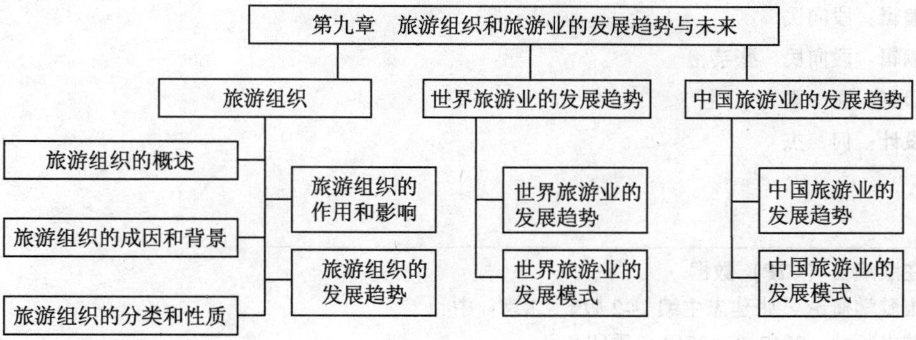

【学习网站】

1. http：//ctnews. toptour. cn
2. http：//www. stats. gov. cn/
3. http：//www. 51yala. com/
4. http：//www. cthy. com/

【复习思考题】

一、填空题

1. 大多数发达国家，旅游发展的模式是先发展__________，后发展__________。
2. 现阶段中国旅游业的发展模式主要有__________、__________和__________。

二、简答题

1. 世界旅游业的发展有哪几种类型，它们各自的特点是什么？
2. 世界旅游业的发展趋势有哪些？
3. 中国旅游业的发展模式更多的与世界旅游业发展模式中的哪一种相似？
4. 中国旅游业发展模式对中国旅游业的发展产生了哪些影响？
5. 我国为什么要进行旅游业发展模式的转型？
6. 未来中国旅游业发展模式会有什么样的路径选择？

策划编辑：段向民
责任编辑：段向民　张芸艳
责任印制：谢　雨
封面设计：何　杰

图书在版编目（CIP）数据
旅游学概论 / 张建忠主编 . --2 版 . --北京：中国旅游出版社，2017.7（2018.5 重印）
中国旅游业普通高等教育应用型规划教材　中国高等教育学会“十二五”规划教材　山西省特色专业支撑教材
ISBN 978-7-5032-5859-6
Ⅰ. ①旅…　Ⅱ. ①张…　Ⅲ. ①旅游学—高等学校—教材　Ⅳ. ①F590
中国版本图书馆 CIP 数据核字（2017）第 165380 号

书　　名：旅游学概论（第二版）
作　　者：张建忠主编
出版发行：中国旅游出版社
（北京建国门内大街甲 9 号　邮编：100005）
http：//www. cttp. net. cn　E-mail：cttp@ cnta. gov. cn
营销中心电话：010-85166503
排　　版：北京旅教文化传播有限公司
经　　销：全国各地新华书店
印　　刷：北京工商事务印刷有限公司
版　　次：2017 年 7 月第 2 版　2018 年 5 月第 2 次印刷
开　　本：787 毫米×1092 毫米　1/16
印　　张：15. 75
字　　数：320 千
定　　价：39. 80 元
I S B N　978-7-5032-5859-6